RAKETENSPUREN

Volkhard Bode
Gerhard Kaiser

RAKETENSPUREN

Peenemünde 1936–1996

Eine historische Reportage
mit aktuellen Fotos
von Christian Thiel

Bechtermünz Verlag

Für die Unterstützung unserer Arbeit
danken wir besonders:

Godfried Elzenga, Holland
Jan Steenkerk, Belgien
Zbigniew Szatanowksi, Polen
Reinhold Krüger, Koserow
Harald Tresp, Koserow
Joachim Saathoff, Karlshagen
Walter Petzold, Berlin
Rainer Adam, Karlshagen
Klaus Hein, Wolgast
sowie den Mitarbeitern der
KZ-Gedenkstätte Mittelbau-Dora,
des Historisch-technischen
Informationszentrums Peenemünde,
des Museums für Verkehr und
Technik Berlin und des
Berlin Document Center.

Genehmigte Lizenzausgabe für
Bechtermünz Verlag im
Weltbild Verlag GmbH, Augsburg 1997

Gesamtherstellung: Offizin Andersen Nexö –
ein Betrieb der INTERDRUCK
Graphischer Großbetrieb GmbH
Printed in Germany
ISBN 3-86047-584-3

Inhalt

Der Schuß in den Weltraum

Am frühen Nachmittag des 3. Oktober 1942 wölbt sich blauer, nur leicht bedeckter Himmel über Peenemünde. Von der nahen See weht eine frische Brise. Fast könnte man glauben, einen Ort unberührter Einsamkeit und friedlicher Stille vor Augen zu haben – eine seltsame Idylle fernab aller Fronten. Doch der Schein trügt. Über Prüfstand 7 liegt Ruhe vor dem Sturm.

Wer sich im dicht bewaldeten Gelände der Heeresversuchsanstalt einen Aussichtspunkt an einem Fenster oder auf einem Gebäudedach sichern konnte, schaut seit 12 Uhr ungeduldig in Richtung See. Denn trotz höchster Geheimhaltungsstufen und streng kontrollierter Sicherheitszonen hatte es sich im größten Hochtechnologiezentrum des Dritten Reiches unter den gut 10 000 Beschäftigten herumgesprochen: Das vierte Versuchsmuster der Fernrakete A 4 steht am Prüfstand 7 kurz vor dem Start.

Um 15.58 Uhr schiebt sich dann unter Brüllen und Dröhnen der Raketenkörper über die Waldlinie hinaus. Feuer und Rauch schießen in die Höhe. Der Befehl zum Start war durch Oberst Dornberger über Mikrophon an die Prüfstandsingenieure gegeben worden. Was weiter geschieht, kann die Führungsriege am Fernsehschirm verfolgen. Peenemünde ist mit der modernsten Technik ausgerüstet.

Im getarnten Bunker im Kiefernwald sitzen Physiker, Ingenieure und Soldaten an Schalthebeln und Kontrollinstrumenten – eine erfahrene Truppe, die mit geschulten Blicken den Aufstieg der Flüssigkeitsrakete verfolgt und jedes Signal des immer schneller dahinrasenden Geschosses registriert. Es ist der fünfte Startversuch innerhalb der letzten acht Monate, den sie verfolgen. Nach zwei Fehlschlägen im März und Juni war das dritte Projektil im August bereits für 25 Sekunden auf Steigflug gekommen, dann aber durch vorzeitigen Brennschluß des Sauerstoff-Alkohol-Gemischs wieder abgestürzt. Da die damals erreichte Gipfelhöhe bei fast zwölf Kilometern lag, wurde der Start als Erfolg verbucht. Die Rakete hatte wie geplant dabei 1,9fache Schallgeschwindigkeit erreicht. Mit solchen Parametern war man bereits in technisches Neuland vorgestoßen.

Allerdings, in der Heeresversuchsanstalt Peenemünde waren die Ziele wesentlich höher gesteckt. Das Aggregat 4 (A 4) war die erste Fernwaffe der Wehrmacht, die seit 1940 als „kriegsbrauchbar" galt. Nach den Vorstellungen ihrer Konstrukteure um Wernher von Braun und seiner 1 300 Fachwissenschaftler sollte die Rakete eine Sprengladung von 750 Kilogramm über eine Mindestdistanz von 200 bis 300 Kilometern tragen und dabei möglichst genau das anvisierte feindliche Ziel treffen. So steht denn auch für Oberst Dornberger, seit 1936 Chef der Heeresversuchsanstalt Peenemünde und Spiritus rector der deutschen Raketenproduktion, in diesem dritten Kriegsjahr so ziemlich alles auf dem Spiel.

Bereits im Sommer 1941, nach der verlorenen Luftschlacht um England, hatte Dornberger bei Hitler und dem Oberkommando mit seinem Raketenprojekt nahe Vergeltungshoffnungen geweckt. Neben der „materiellen Wirkung" der Waffe wurden damals „größte moralische Erfolge" versprochen. Mit dem Aggregat 4, das rechnerisch sogar eine Reichweite von über 300 Kilometern erreichen konnte, wollte man vor allem die Briten treffen und terrorisieren, zum Beispiel London mit einem Dauerbeschuß in Schutt und Asche legen. Doch bislang, so wenigstens konstatierten die Militärs und Nazigrößen enttäuscht, war alles Theorie und Utopie von „Raketenspinnern" geblieben.

Das allerdings sollte mit dem 3. Oktober 1942 anders werden. Als der 14 Tonnen schwere Raketenkörper der A 4 an diesem Tag nicht nur mühelos vom Peenemünder Boden abhebt, sondern bald auch stabil im Überschallbereich dahinschießt, scheinen für die Peenemünder Wehrmachtsoffiziere und Entwicklungsingenieure die Sterne wirklich näher zu rücken. Und als dann nach fünf Minuten Flugzeit der Raketenkörper in der Ostsee 192 Kilometer östlich von Peenemünde aufschlägt, herrscht Gewißheit: Die deutsche Wehrmacht kann auf eine neue Waffe setzen, für die es zu dieser Zeit keine Abwehr gibt – eine Fernrakete, die den Zugang zum Weltraum eröffnet und damit auch dem Krieg neue Dimensionen bahnt.

Nach sechsjähriger Entwicklungsarbeit gelingt im Oktober 1942 in Peenemünde der erste Start einer Fernrakete, die später von der Nazipropaganda als „Wunderwaffe" V 2 gefeiert wird

Generalfeldmarschall Wilhelm Keitel, Chef des OKW (v.l.), erwartet von den Peenemünder Raketenbauern (Generalmajor Walter Dornberger, v.r.) eine frontreife Vergeltungswaffe, die vorwiegend gegen England eingesetzt werden soll

Oberst Dornberger hält an diesem Abend im Peenemünder Kasino eine „Lobrede vor den engsten Mitarbeitern". Folgt man seinen Lebenserinnerungen, will er damals erklärt haben: *„Dieser 3. Oktober 1942 ist der erste Tag eines Zeitalters neuer Verkehrstechnik, dem der Raumschiffahrt."*[1]

Tatsache ist, daß sich an diesem Oktobertag die Vision einer flüssigkeitsgetriebenen Rakete in die Realität einer „kriegsbrauchbaren" Fernwaffe verwandelte, die ab September 1944 als „Vergeltungswaffe" V 2 vorwiegend gegen London gerichtet wird und Tod und Verwüstung bringt. Je intensiver sich in diesen Jahren die Wissenschaftler und Ingenieure von Peenemünde um die Komplettierung ihrer technischen Systeme mühen, um so tiefer und unentrinnbarer geraten sie in moralische Schuld. Ob sie sich als überzeugte Nationalsozialisten oder unpolitische Ingenieure verstehen, am Zweck ihrer Rakete kann spätestens seit Beginn des zweiten Weltkrieges kein Zweifel mehr aufkommen – ebensowenig wie an ihrer freiwilligen Einbindung in die Ideologie und Kriminalität des Dritten Reiches. Allen Beteiligten mußte klar sein: Die Spur der Peenemünder Raketen führt von der Hölle eines Konzentrationslagers bis in die Trümmerstätten eines Angriffskrieges.

Als sich am Abend jenes 3. Oktober 1942 die Herren von Braun und Dornberger mit anderen Offizieren und Direktoren der Heeresversuchsanstalt in der Zinnowitzer Nobelherberge „Schwabes Hotel" einfinden, um noch ein Glas Rotwein auf den Erfolg zu trinken, ahnen sie eines gewiß nicht: Nicht einmal drei Jahre später werden sich im gleichen Hotel – und möglicherweise auch am gleichen Stammtisch – erneut Offiziere über Start- und Aufschlaggeschwindigkeiten der A 4 unterhalten – nur: Sie sprechen russisch und kommen aus Moskau. Einen von ihnen, Major Sergej Koroljow, wird man später „Vater der sowjetischen Wostok-Raumschiffe" nennen.

1 Dornberger, Walter: Peenemünde. Die Geschichte der V-Waffen. Frankfurt/M., Berlin 1989, S. 27

Spuren im Sand

Anfänge deutscher Raketenforschung
1927 bis 1936

Am Abend des 5. Juli 1927 treffen sich im „Goldenen Zepter" zu Breslau etwa zwanzig technisch begeisterte Männer. Sie betreiben Raketenforschung und träumen davon, mit Flugkörpern den Weltraum und fremde Planeten zu erreichen. Noch ist ihr Experimentierfeld vor allem das Reißbrett und das Kleinlabor in der eigenen Werkstatt. Großversuche mit Antrieben für Flüssigkeitsraketen sind unbezahlbar, und bislang ist für sie kein Auftraggeber in Sicht. Dennoch, die jungen enthusiastischen Ingenieure stecken nicht auf. Sie gründen an diesem Abend den „Verein für Raumschiffahrt e.V."[1] Bereits nach sechs Monaten zählt er fast 500 Mitglieder. Die Deutschen hatte ebenso wie die Russen, Franzosen, Amerikaner und Briten in diesen Jahren eine merkwürdige Weltraum- und Raketenfaszination ergriffen. Der Zugang zu den Planetenräumen schien mit der sprunghaften Entwicklung der Technik aus der Utopie in den Bereich des Möglichen zu rücken. Was unter Wissenschaftlern und Raketentechnikern diskutiert und zunehmend praktisch erprobt wurde, war auch den Tageszeitungen oft eine Sensationsmeldung wert. Zudem erreichten Science-fiction-Produzenten seit Mitte der zwanziger Jahre mit dicken Romanen oder dünnen Groschenheften, zuletzt auch mit utopischen Filmen, Millionen begeisterter Konsumenten.

Johannes Winkler (1897–1946) versuchte bereits 1928, eine Methan-Rakete auf der Ostseeinsel Oie zu starten

Doch bislang blieb der Aufstieg einer Rakete aus dem Schwerefeld der Erde eine Vision der Theoretiker. Einzig im Kreis der Raumfahrtpioniere in Breslau mochte man vielleicht daran glauben, auch den Schlüssel für die praktische Lösung des Problems bald zu finden. Johannes Winkler, ein dreißigjähriger Kirchenangestellter, der sich als Ingenieur für den Bau von Raketenflugkörpern begeistert, läßt sich an diesem Abend zum Vorsitzenden des ersten deutschen Raumschiffahrtvereins wählen und übernimmt die Herausgabe der Zeitschrift „Die Rakete". Zwar erschüttern Verein und Fachorgan schon bald nach der Gründung heftige Turbulenzen – 1929 geht die Zeitschrift aus Geldmangel ein und muß durch ein bescheidenes Mitteilungsblatt ersetzt werden –, doch zur Einstellung der Arbeit wird man trotz anhaltender ökonomischer Misere erst Anfang 1934 durch die Nazis gezwungen. Bis dahin hatten der Gymnasialprofessor und Raketentheoretiker Hermann Oberth und nach 1930 der Major a.D. Hanns Wolf von Dickhut an der Vereinsspitze das Sagen. Geschäftsführer war über all die Jahre der Flugzeugkonstrukteur und Raketentechniker Rudolf Nebel. Sowohl Hermann Oberth als auch andere Vereinsmitglieder hatten nach dem ersten Weltkrieg überraschende Theorien und exakte Berechnungen zum Bau und zum Flug von Weltraumraketen vorgelegt. Bereits 1923 veröffentlichte Oberth sein später berühmt gewordenes Buch „Die Rakete zu den Planetenräumen" und sechs Jahre später sein Hauptwerk „Wege zur Raumschiffahrt". Max Valier, ein österreichischer Raketenpionier, stellte 1926 erstmals seine Gedanken zum „Vorstoß in den Weltenraum" vor, und der siebzehnjährige Gymnasiast Wernher von Braun entwarf 1929 in groben Zügen eine „Theorie der Fernrakete". Weitere, vor allem für die praktische Entwicklung der Raketentechnik richtungweisende Untersuchungen hatte Rudolf Nebel mit seiner Schrift „Raketenflugplatz" und der Physiker Eugen Sänger mit seinem Buch „Raketen-Flugtechnik" herausgebracht.

Zwar theoretisieren und experimentieren diese Pioniere der Raketentechnik in den zwanziger und frühen dreißiger Jahren noch ausschließlich in zivilen, zumeist finanzschwachen kleinen Forschergruppen, doch darf eines nicht übersehen werden: Sie alle hat-

1 Ausführliches Material zur Vereinsgeschichte findet sich im Museum für Verkehr und Technik, Berlin/Archiv (weiterhin zitiert als MVTBA), hier vor allem in der „Sammlung F. M. Feldhaus" und weiteren biographischen Sammlungen sowie in den Vereinspublikationen. Aufschlußreich sind außerdem die Erinnerungen von Zeitzeugen wie Rudolf Nebel: Die Narren von Tegel. Düsseldorf 1972

ten ihre ersten technischen Erfahrungen im gerade erlebten Weltkrieg gemacht. Alle Ingenieure, Konstrukteure oder Werkmeister, die sich in Deutschland der Raketenforschung verschrieben, waren durch Kaiserreich und Krieg militärisch geprägt. Einige, wie Rudolf Nebel oder Max Valier, dienten als Fliegeroffiziere und hatten während des Krieges bereits Feststoffraketen erprobt. Hermann Oberth, der zwar wegen eines begonnenen Medizinstudiums als Sanitäter eingesetzt worden war, hatte sogar den Kriegsverlauf mit einer von ihm vorgeschlagenen „England-Rakete" beeinflussen wollen. Im Verständnis von Artilleristen, das war allen Raketenpionieren von Nebel bis Oberth nur allzu klar, legt ein Geschoß, also auch eine Rakete, eine berechenbare Bahn zurück und transportiert dabei einen Sprengkörper vom Punkt A zum Punkt B. Eine Überlegung, auf die bald auch die Strategen des Waffenentwicklungsamtes zurückkommen sollten. 1932 verlegt der „Verein für Raumschiffahrt e.V." seinen Sitz von Breslau in das aufstrebende Wissenschafts- und Technologiezentrum Berlin. Die Raketeningenieure wollen den neuen Forschungsergebnissen näher sein, die aus Chemie und Mathematik, Physik und Metallurgie, Feinmechanik und Optik und nicht zuletzt aus dem Bereich des Funk- und Meßwesens vorliegen und die die Entwicklung von Raketen vorantreiben können. 1925 kommt der Foto-, später der Kinotheodolit in Gebrauch, ein Gerät zur genauen Distanzmessung und Berechnung von Höhenwinkeln. Im gleichen Jahr wird erstmals ein Fernsehbild übertragen. 1928 entsteht das Impulszeit-Fernmeßverfahren, und ab 1929 kann die Schlieren-Windkanal-Fotografie Aufschluß über die günstigste Konstruktionsform für Flugkörper geben. 1929 ist auch das Geburtsjahr der Mehrachsen-Kreisel-Steuerung für Fluggeräte. Außerdem stehen neue Metallegierungen zur Verfügung, und neue Bearbeitungsmaschinen revolutionieren ganze Fertigungstechnologien. All diese und weitere Erfindungen waren direkte oder indirekte Voraussetzungen für die Entwicklung von Raketen, die ihrerseits wieder neue Forderungen an die Leistungen anderer Wissenschaften, zum Beispiel an die Mathematik, stellt, weil immer bessere Rechenmaschinen verlangt werden.

Bemerkenswert ist: Zu dieser Zeit war die Raketenforschung durchaus noch offen für zivile Zielstellungen. Gearbeitet wurde an meteorologischen Raketen und sogar an Raketen für die Deutsche Reichspost. Das militärische Interesse blieb noch begrenzt und konzentrierte sich ausschließlich auf Pulverraketen.

Erst am Ende der zwanziger Jahre, als die Raketenforschung in Deutschland sich immer stärker der Entwicklung von Flüssigkeitstriebwerken zuwandte, veränderte sich das, denn flüssigkeitsgetriebene Raketen sind unabhängig vom umgebenden Medium, unbeschränkt in bezug auf die erreichbare Höhe und hinsichtlich ihrer Geschwindigkeit.[2] Das interessierte nun doch die Militärs.

Flüssige Treibstoffe erwiesen sich im Vergleich zu den Feststoffen als wesentlich leistungsfähiger und eröffneten technisch günstigere Steuerungsmöglichkeiten für einen Großflugkörper. Das heißt, mit der Flüssigkeitsrakete stand man am Anfang eines neuen Zeitalters technischer Transportmittel, die man für zivile wie für militärische Zwecke gleichermaßen einsetzen konnte.

Obwohl sich die technischen Perspektiven dieser Entwicklung bereits abzeichneten, konnte sich die Raketenforschung Ende der zwanziger Jahre zunächst nur auf eine bescheidene Produktionsbasis stützen. In Berlin befaßte sich vor allem die Heylandt-Gesellschaft für Apparatebau mit Raketen, in Wesermünde die Firma Fr. W. Sander. Finanzielle Mittel flossen in diesen Zeiten tiefster Wirtschaftskrise nur sehr spärlich. Mit Einzelspenden von zwei, fünf oder zehn Reichsmark war eine Grundlagenforschung mit technisch aufwendigen Erprobungen kaum zu finanzieren. Großzügige Stifter, wie zum Beispiel der Hutfabrikant Hückel, bildeten eine seltene Ausnahme. Nicht zuletzt deshalb suchte die deutsche Raketenforschung nach Öffentlichkeit.

So lassen sich einzelne Raketeningenieure oder ganze Forschergruppen in der zweiten Hälfte der zwanziger Jahre sogar von Filmgesellschaften oder Veranstaltern spektakulärer Automobilrennen unter Vertrag nehmen. Aus den Erlösen schafft man neue Labor- oder Werkstattausrüstungen an, um die laufenden Entwicklungsarbeiten an den Raketentriebwerken vorantreiben zu können.

Max Valier zum Beispiel, der mit der Firma Opel zusammenarbeitet, setzt wie andere ehemalige Offi-

„Die Rakete" ist die erste Fachzeitschrift für Raumfahrtwissenschaft und Raketentechnik

2 Vgl. Wolff, Waldemar: Einführung in die Ballistik. Raketen und Raketenballistik. 2. Aufl., Berlin 1964

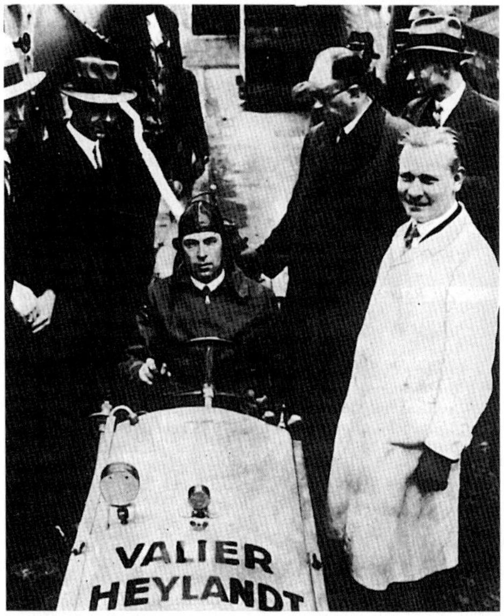

Max Valier am Steuer eines Raketenwagens der Firma Heylandt in Berlin-Britz, rechts neben ihm Firmenchef Dr. Heylandt, davor Raketenkonstrukteur Walter („Papa“) Riedel

ziere sein durch den ersten Weltkrieg unterbrochenes Studium fort. Seine Lebensaufgabe sieht er in der Raketenforschung.[3] Er erdenkt Raketenautos und Raketenschlitten sowie Schienenfahrzeuge mit Raketenantrieb. Am 4. April 1928 telegrafiert er an Johannes Winkler: *„versuchsfahrt erster rakwagen opelrennbahn ruesselsheim glaenzend gelungen. financier fritz von opel idee valier wagenbau ingenieur volkhart rakbau ingenieur sander“*. Aufsehenerregende Fahrten mit Raketenautos von Valier und Sander finden auf der Berliner Avus statt. Doch trotz aller öffentlichen Erfolge und Auftritte – von den Einnahmen können Valier wie auch andere Raketenforscher seiner Zeit eher schlecht als recht leben. Am 25. August 1929 notiert er: *„Mir ging es über den Sommer schlechter als je, so daß ich manchmal aus Mangel an jedem Geld auf Jause oder Abendessen verzichten mußte. Dabei arbeite ich Tag und Nacht, um mich über Wasser zu halten.“* Sehr früh sucht und findet Valier Anschluß bei den Nationalsozialisten, deren Führer seit 1927 für Valiers Raketenentwicklungen wirbt. Aber am 17. Mai 1930 zerreißt bei einer Explosion auf dem Prüfstand des Heylandt-Werkes ein Metallstück Valiers Lungenschlagader. Auf dem Münchener Ostfriedhof folgen außer Mutter, Gattin und Stieftöchtern sowie einem Major lediglich zwölf Hitleranhänger mit dem Stadtrat Grimminger dem Sarg.

Zwei Jahre zuvor, als noch Valiers „Rakwagen“ in Rüsselsheim rollte, ging in der Filmstadt Neubabelsberg im Westen Berlins der Filmregisseur Fritz Lang daran, die banale Liebes- und Erfindergeschichte „Die Frau im Mond“ zu verfilmen. Lang hatte von Hermann Oberth gehört und lädt ihn nun ein, als wissenschaftlicher Berater am Erfolg des Filmes mitzuwirken. Dieser zieht als Kompagnon Rudolf Nebel hinzu, und beide beginnen die Arbeit an einer Rakete, die als Reklamegag am Tag der Filmpremiere starten soll.[4] Doch trotz aller Bemühungen, die Werberakete wird nicht termingerecht fertig. Dafür kommt es allerdings im Film zu einem Trickfilm-Raketenstart, der wegen seiner perfekten Illusion bei der Premiere Szenenapplaus erhält.

Die Raketenpraktiker Oberth und Nebel haben sich jedoch inzwischen über die notwendigen Leistungsparameter der Rakete zerstritten, so daß der mit großem Reklamegetöse vorangekündigte Start im Ostseebad Horst in der Pommerschen Bucht, 50 Kilometer östlich von Peenemünde, schließlich nicht zustande kommt. Zwar ist das UFA-Geld ohne sichtbares Ergebnis „verpulvert“, doch Oberth und Nebel sind immerhin um einige Erfahrungen reicher geworden, wie man Flüssigkeitsraketen konstruieren und bauen muß. Nebenbei erprobten sie einen neuen Leichtmetallwerkstoff der IG Farben in Bitterfeld. Rudolf Nebel sucht sich nach der Trennung von Oberth einen neuen Mitstreiter. Er findet ihn in Klaus Riedel, der Erfahrungen als Werkmeister bei der Werkzeugmaschinenfabrik Ludwig Löwe hat. Zum beiderseitigen Vorteil bringt Riedel in die Zusammenarbeit sogar noch eine kleine Erbschaft ein. Ihre gemeinsamen Entwicklungen und Erfindungen, die sie in den nächsten Jahren machen, werden Riedels Weg nach Peenemünde vorbereiten. Am 23. Mai 1930 erproben beide in Berlin die erste Raketendüse im Brennversuch, und auf den Tag zwei Monate später findet in der Chemisch-Technischen Reichsanstalt ein erstes wissenschaftlich ausgewogenes Experiment mit einem Flüssigkeitsraketenmotor statt. Er läuft 96,5 Sekunden, obwohl eine Explosion vorausgesagt worden war. 1930 testen Nebel und Riedel dann auch ihre erste Flüssigkeitsrakete MIRAK 1, eine MIniRAKete, die mit einem einzigen Liter Brennstoff aufsteigt. Zwei Jahre später dient das Gutachten vom Raketenbrennexperi-

3 Vgl. Sammlung Max Valier, in: MVTBA.

4 Vgl. Nebel, Rudolf: Denkschrift über die Entwicklung des Raketenfluges vom 20. September 1940, in: Bundesarchiv Militärisches Zwischenarchiv, Potsdam (weiterhin zitiert als BAMZPo), Akte SF-01/31520, Bl. 581ff.

ment des 23. Juli 1930 dem Heereswaffenamt (HWA) der Reichswehr als Begründung für die Ausweitung der Versuche mit Strahlantrieben im entstehenden militärischen Raketenwaffenforschungszentrum in Kummersdorf-West, südwestlich von Berlin. Ein erneutes Prüfverfahren durch die Reichsanstalt im Jahre 1933 weist deutliche Fortschritte in der Leistung des Triebwerkes nach.
Damit scheint es für die Raketenforschung in Deutschland aufwärts zu gehen. Rudolf Nebel knüpft Verbindungen nach verschiedenen Seiten. Er trifft sich mit dem SA-Gruppenführer von Berlin-Brandenburg Wolf Graf von Helldorf und mit dem sozialdemokratischen Innenminister Carl Severing und erreicht sogar die Unterstützung Albert Einsteins, so daß nach dem positiven Gutachten der Reichsanstalt nun auch einige finanzielle Mittel fließen. Vor allem sucht und findet Nebel Schulterschluß mit dem Heereswaffenamt der Reichswehr.
In dem damaligen Major Professor Karl Becker, der zehn Jahre später zum General der Artillerie aufsteigt, trifft Nebel auf einen Berufssoldaten, der die Rüstungsforschung weitsichtig lenkt. Als sich Nebel 1930 erstmals bei ihm meldet, zeigt dieser starkes

Max Valier (1895–1930) mit einem seiner raketengetriebenen Schienenfahrzeuge

Major Prof. Dr.-Ing. Karl Becker (1879–1940) bindet Ende der zwanziger Jahre Pioniere der Raketenforschung an die Rüstung; 1938 wird er Chef des Heeres-waffenamtes, später General der Artillerie; die Reichsregierung beschloß auf seine Initiative, die Interessen von Politik, Rüstungs-industrie und Wehrwissenschaft zusammenzuführen

Interesse an den Raketenplänen. Immerhin hatte im Jahr zuvor bereits der Ministerkollege Severings, Generalleutnant Wilhelm Groener, den Auftrag erteilt, die Möglichkeiten der militärischen Nutzung des Raketenantriebes auszuloten. Eine geheime Denkschrift hält fest: *„Durch den Versailler Vertrag war Deutschlands Rüstung beschränkt. Das Heereswaffenamt war ständig auf der Suche nach neuen, die Bestimmungen des Vertrages umgehenden Waffenentwicklungen."* Die Raketenliteratur und die Raketenversuche, hieß es weiter, *„veranlaßten das Heeres-Waffenamt, diese Gedanken einer neuen Waffe aufzugreifen"*. Nach Vortrag beim Reichswehrminister *„wurden Ende 1929 entschiedene Versuche eingeleitet, um die Möglichkeit der Verwendung des Strahlantriebes für Kriegszwecke zu untersuchen"*.[5] Dieser „Kriegszweck" heiligte von Anfang an die Mittel der Raketenforschung in Deutschland.

Major Becker erklärt Rudolf Nebel unumwunden, es müsse durch die Raketenentwicklung eine waffentechnische Überlegenheit herbeigeführt werden, erst dann bestehe wirkliches Interesse. Nebel muß daraufhin noch einmal Oberst Karlowski, Chef des Heereswaffenamtes, seine Absichten im Detail vortragen. Auch dessen Reaktionen sind wohlwollend. Für Nebels Raketenforschung öffnet sich der Tegeler Weg im Norden Berlins. Das hier liegende Militärgelände war dem Ingenieur bereits 1927 aufgefallen. Einen Zugang fand er jedoch erst, nachdem seine Absichten und Möglichkeiten durch die Reichswehr geprüft und abgesegnet worden waren.[6] Oberst Karlowski genehmigt für Raketenforschungen 5 000 Mark und einen Pachtvertrag. Der symbolische Pachtpreis beträgt für den künftigen Raketenflugplatz ganze zehn Reichsmark. Am 27. September 1930 eröffnet Rudolf Nebel „seinen" Raketenflugplatz Berlin-Tegel, der nach einem Bericht im „Berliner Tageblatt" vom 2. 11. 1930 über eine Fläche von vier Quadratkilometern verfügt. Darauf befinden sich fünf betonierte Gebäude und ein Raketenprüfstand.

Im gleichen Jahr veranstaltet der „Verein für Raumschiffahrt e.V." eine großangelegte Propagandaschau inmitten der Reichshauptstadt. Am 21. Mai 1930 spricht Rudolf Nebel im großen Krollschen Festsaal über „Probleme der Raumfahrt". Auf dem Leipziger Platz steht das Modell einer Rakete, ausgelegt für eine Steighöhe von 100 Kilometern. Daneben ist auch Valiers Raketenauto ausgestellt sowie eine Anlage zum Betanken einer Rakete mit flüssigem Sauerstoff. Im unweit gelegenen Kaufhaus Wertheim führt im Sportlager des Zwischengeschosses der junge Raketen-Enthusiast Wernher von Braun den einkaufenden Hausfrauen, staunenden Damen und Herren einen Raketenkreisel mit 39 000 Umdrehungen pro Minute vor. Er erklärt Diagramme über Verbrennungsprozesse und weitere technische Einzelheiten aus der Werkstatt der Raketenkonstrukteure. Ein nachgebauter Unterstand enthält diverse Meßgeräte. Aufgebaut ist außerdem ein Düsenmeßstand. Von Braun ist tagelang auf den Beinen, verkauft wie auch andere Mitglieder Literatur des Vereins und Postkarten mit Fotos aus der Welt der Raketenforschung. Wie die Zeitungen berichten, herrscht die Begeisterung eines Aufbruchs zu neuen Ufern. Die Raketenpioniere sind sogar bereit, sich auf den Preis für einen Raketenstart festzulegen. Rund 7 000 Mark veranschlagt man für eine interplanetare Rakete, die nach ihren Plänen bereits in einem Jahr am Start stehen könnte. Ein Programmheft zur Ausstellung nennt als Endziel der Forschung „den Besuch benachbarter Himmelskörper".[7]

Das Projektil, das dann tatsächlich ein Jahr später am 14. Mai 1931 vom Raketenflugplatz der „Narren von Tegel", wie Nebel sich mit seiner Truppe nennt, in den Himmel schießt, erreicht die stolze Gipfelhöhe von 60 Metern. Für die erste flüssigkeitsgetriebene Rakete eine befriedigende Leistung, obwohl ihr Flug noch nicht stabil ist.

In den nächsten Wochen und Monaten wird das Versuchsgelände in Tegel eifrig ausgebaut. Gleichzeitig laufen die Testserien für Einzelaggregate der Raketen. Nach und nach kommen in die Werkstatt auch moderne Metallbearbeitungsmaschinen, so zwei Drehbänke, eine Fräs- und zwei Bohrmaschinen. Es entstehen ein Montageraum mit Schweißanlage, eine Schmiede. Der Raketenbau, das ist bereits an diesem bescheidenen Maschinenpark erkennbar, steckt weiterhin in einer vorindustriellen Entwicklungsphase. Einzig die Meß- und Prüfeinrichtungen, mit denen der Raketenprüfstand draußen im freien Feld bestückt ist, entsprechen mo-

„... anbiete erste Flüssigkeitsrakete für Ford-Museum +++ einlade zur Besichtigung des ersten Raketen-Flugplatzes ...", aus: Telegramm Rudolf Nebels an den amerikanischen Autoproduzenten Henry Ford, der im Oktober 1930 Deutschland bereist.

5 Dornberger, Walter: Denkschrift Die Eigenentwicklung des Heeres-Waffenamtes auf dem Raketengebiet in den Jahren 1930–1943, o.O.,o.J.(1944), in: Historisch-technisches Informationszentrum Peenemünde, Archiv (weiterhin zitiert als HTIZPeA)

6 Vgl. Nebel, Rudolf: Raketenflug. Berlin 1932

7 Vgl. Sammlung F. M. Feldhaus, in: MVTBA

Der Raketenflugplatz Berlin-Tegel wird 1930 zu einem „Vorort" der Heeresversuchsanstalt Peenemünde; die Raketenpioniere Rudolf Nebel (v.l.), Hermann Oberth (5.v.r.), Klaus Riedel (3.v.r.) und Wernher von Braun (2.v.r.) bei vorerst noch privaten Experimenten

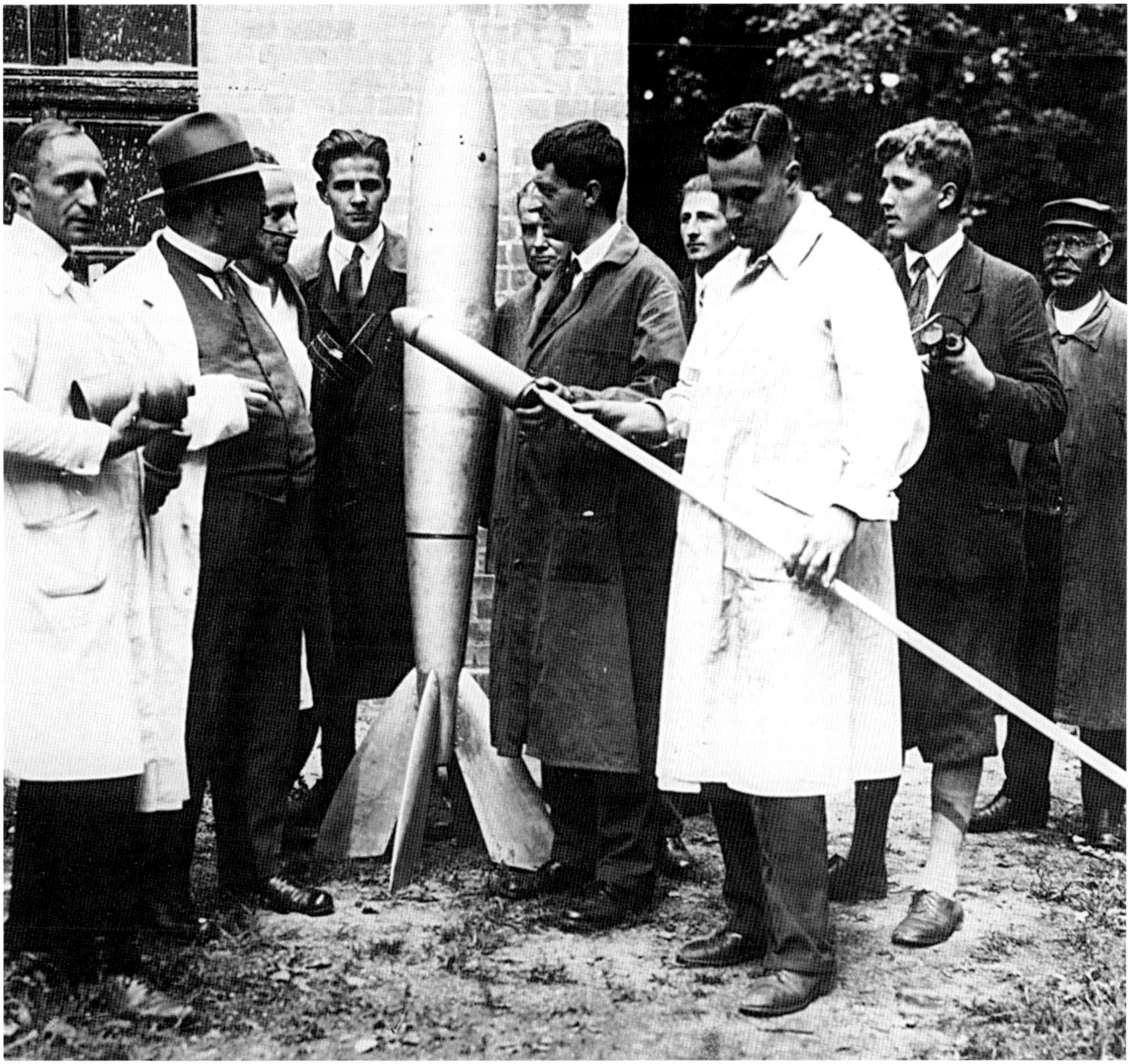

derneren technischen Standards. Die eine oder andere Spezialausrüstung bezieht man sogar von der Firma Siemens – und das sicher zu stolzen Preisen. Andererseits darf man mit Kulanz rechnen, denn wie vermeldet wird, bezieht die ganze Mannschaft der Raketenpioniere ihr tägliches Mittagessen aus der Wohlfahrtsküche des Großunternehmens.

1931 beginnt man auf dem inzwischen komplett eingerichteten Raketenflugplatz Tegel nach einem systematischen Forschungsprogramm zu arbeiten, das für einen Zeitraum von zehn Jahren ausgelegt ist. Bis März 1932 entsteht MIRAK 3 – eine Flüssigkeitsrakete, die mit drei Litern Treibstoff gestartet wird und – obwohl ihre Flugstabilität nach wie vor unbefriedigend ist – eine Gipfelhöhe von 4 000 Metern erreicht. Im Mai 1932 darf Rudolf Nebel dann auf dem Artillerie-Versuchsschießplatz Kummersdorf diese MIRAK 3 erstmals Vertretern des Heereswaffenamtes vorführen. Über das Ereignis wird strengste Geheimhaltung verhängt.

Doch die Demonstration mißlingt. MIRAK 3 schießt lediglich 900 Meter in den Himmel, so daß das Heereswaffenamt weitere Zahlungen verweigert. Oberst Becker wertet den Flug als nicht gelungen. Sein einziger Vorschlag bestand darin, schreibt Nebel später mit einiger Bitterkeit, *„Freiherrn Werner v. Braun, der bei mir als Chauffeur und Theoretiker tätig war, als Verbindungsmann abzugeben an das Heereswaffenamt. Es war kein Zweifel darüber, daß man durch Herrn von Braun nur in den Besitz des geistigen Eigentums des Raketenflugplatzes kommen wollte.“*[8]

Der Freiherr, inzwischen neunzehn Jahre alt, bezieht daraufhin unweit des Versuchsschießplatzes Kummersdorf zwei Zimmerchen in der Klausdorfer Straße von Mellensee, in einem Haus im Grünen beim Ehepaar Plaschke. Frau Plaschke betreibt am Bahnhof eine Selterwasserbude.

Wenig später richtet der Student Wernher von Braun unter dem Kommando des Hauptmanns im Heereswaffenamt Walter Dornberger eine Versuchstelle für Flüssigkeitsraketen in Kummersdorf-West ein.[9] Hier formieren beide den ersten festen Mitarbeiterstamm für eine künftige Raketenentwicklungsstelle des Hee-

Wernher von Braun (1912–1977) hatte sich im Herbst 1929 aus Faszination der Erfindergemeinschaft um Rudolf Nebel angeschlossen; 1930 legte er seine Reifeprüfung ab; durch praktische Tätigkeit in der Firma Borsig, bereitete er sich auf ein Studium an der Technischen Hochschule Berlin vor; am 3. November 1932 legt er die Vorprüfung für Maschinenwesen ab, mit gleichem Datum beginnt er seine Zusammenarbeit mit dem Heereswaffenamt, Abteilung Prüfwesen

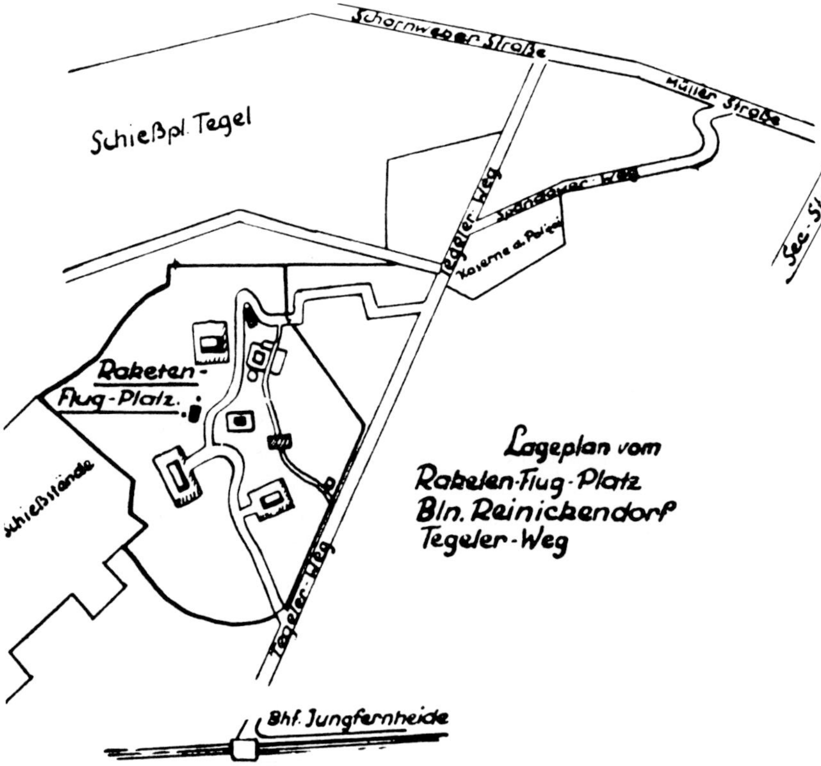

8 Nebel, Rudolf: Denkschrift, a.a.O.

9 Vgl. Dornberger, Walter: Peenemünde, a.a.O.

res. Zwischen 1932 und 1936 scharen sich 77 Mitarbeiter um Wernher von Braun. Damit wird das Raketenprojekt reif für eine großzügige industrielle Weiterentwicklung.
Federführend wird dafür auch weiterhin das Heereswaffenamt sein, dessen Tätigkeit sich in den ersten Jahren darauf konzentriert, eine Bestandsaufnahme von Projekten und Personen vorzunehmen, die für die Rüstung Bedeutung gewinnen könnten. Außerdem stellt das Amt technisch-militärische Forderungen an die Entwicklungen, bringt konstruktive Vorschläge ein und prüft Raketen oder deren Teile. Gerade für die Entwicklungsarbeiten werden differenzierte finanzielle Zuschüsse gezahlt.
Vorerst bleibt der Ort für die Kooperation zwischen Raketen-Pionieren und Heereswaffenamt auch weiterhin die Raketenforschungsstelle Kummersdorf-West. Sie wird unter höchster Geheimhaltungsstufe mit der erklärten Absicht ausgebaut, *„sich baldigst von der Möglichkeit der Verwendung des Flüssigkeitsstrahlantriebes für Kriegszwecke zu überzeugen“*[10]. Die Leitung der Arbeiten wird dem Referat für Sondergeräte übertragen. Außer Wernher von Braun zieht der Leiter des neu geschaffenen Referats, Hauptmann Walter Dornberger, den Diplomingenieur Walter („Papa“) Riedel, den Meister Heinrich Grünow und einen Mann namens Arthur Rudolph hinzu. Rudolph hatte mit Riedel und Valier in der Firma Heylandt gearbeitet. Der schmächtige, rotblonde Diplomingenieur hatte bereits ein vollautomatisches Flüssigkeitstriebwerk mit einer Schubleistung von 300 Kilogramm entwickelt. Er kam aus Stepfershausen, einem armen Dorf in der Rhön, und hatte sich früh den Nazis angeschlossen. Seit dem 1. Juni 1931 war er Mitglied der NSDAP.[11]
1932 entstanden in Kummersdorf-West weitere Anlagen für den Versuchsbau von Raketen. Im Herbst liefen endgültig die Forschungs- und Entwicklungsprojekte an. An erster Stelle stand die Prüfung und Entwicklung von Raketen für Fernkampfzwecke. Dazu wurden alle brauchbar erscheinenden Kräfte herangezogen, um sie *„an einer Stelle zur Schaffung der ersten Großrakete einzusetzen. Nicht brauchbare Kräfte wurden ausgeschaltet.“*
Das Heereswaffenamt konzentrierte sich von Anfang an auf Perfektion, um *„das Vollendetste an Waffen (zu) schaffen“.*[12] Doch trotz aller hochfliegenden Pläne sollte sich die Entwicklung der Raketenwaffen zunächst weiterhin unter recht bescheidenen Bedingungen vollziehen. So gingen auch nach 1933 auf dem Artillerie-Versuchsschießplatz gleichzeitig die Schießen mit herkömmlicher Artillerie und mit Raketenwerfern weiter. Unmittelbar neben den Werfern entstand die Versuchsstelle für Flüssigkeitsra-

Heeresfeuerwerker der Reichswehr mit der Rakete MIRAK 3 auf dem Versuchsgelände Kummersdorf-West

In seiner „Denkschrift zur Entwicklung des Raketenfluges“ vom 20. 9. 1940 erinnert sich Nebel an die offizielle Vorführung seiner Erfindung vor etwa 30 Offizieren des Heereswaffenamtes: „Abfahrt 2 Uhr nachts vom Raketenflugplatz, Ankunft Kreuzung Sperenberg 4 Uhr, Empfang durch Hauptmann Dörnberger (gemeint ist Dornberger, d. Verf.), Fahrt über unwegsames Gelände bis zum Startplatz ... Meldung der Startbereitschft ab 6 Uhr bei Herrn Oberst Becker, anschließend Start der Rakete ... 7 Uhr Räumung ...“

10 Dornberger, Walter: Denkschrift, a.a.O.

11 Akte Arthur Rudolph, in: Berlin Document Center (weiterhin zitiert als BDC)

12 Völkischer Beobachter. Berliner Ausgabe vom 11. April 1940

Der Artillerie-Versuchsschießplatz Kummersdorf bei Zossen wird ab 1932 zum ersten militärischen Forschungs- und Erprobungszentrum für Raketenwaffen

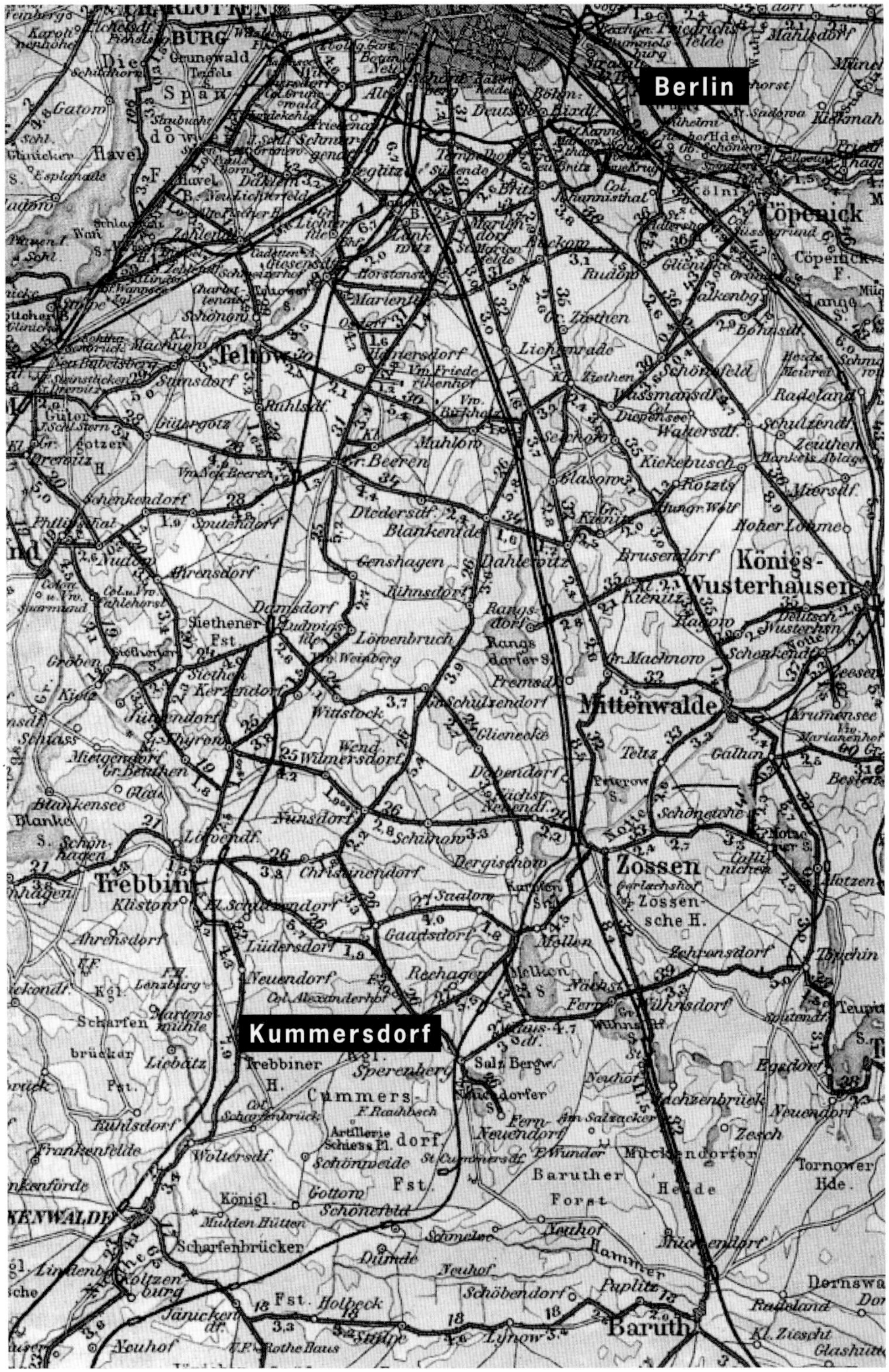

keten.[13] Zwei Baracken bildeten den Anfang. Zeichensaal, Meßräume, eine winzige Werkstatt und der erste Prüfstand folgten. Ein Büro wurde eingerichtet, eine Garage – preußisch nüchtern und einfach das Ganze. Im Meßraum allerdings standen die modernsten Geräte, die Schießbahnen konnten bereits mit Kinotheodoliten vermessen werden. Erich Warsitz, der spätere Test- und Chefpilot von Peenemünde, der in Kummersdorf-West zur ersten Betriebsmannschaft um Wernher von Braun gehörte, erinnert sich später, daß noch 1936 Arbeitsbesprechungen in einer *„verqualmten und vergammelten Baracke"* stattfanden. Im Zimmer stand ein einziger Holztisch, an dem stundenlang Formeln gewälzt wurden.

Die eigentliche technische Entwicklungsarbeit und der Sprung nach vorn beginnt dann mit dem Bau des Triebwerks für Großraketen – dem „Ofen".[14] In seiner Promotionsschrift hatte sich Wernher von Braun mit der Thermodynamik des Strahlantriebes befaßt, also theoretische Grundlagen beschrieben, während Walter Riedel nun für die Konstruktion der überaus komplizierten Anlage verantwortlich zeichnet. Arthur Rudolph leitet die Werkstattarbeiten.

Alle geben sich dem Rausch der Entdecker hin. Von Braun legt wenig Wert auf sein Äußeres. Die Ärmel sind durchstoßen, die Wäsche ist alles andere als vom Feinsten. Gegessen wird, wenn Zeit ist – Gemüse zumeist. Alkohol ist mit Ausnahme von Rotwein verpönt. Kurz: Die Arbeit hält alle Beteiligten mit ungemeiner Faszination gefangen.

Dann, wenige Tage vor Heiligabend, in der frostklaren Winternacht des 21. Dezembers 1932, scheint es nach monatelanger Arbeit und aufreibenden Verzögerungen endlich soweit zu sein. Der erste Brennversuch soll starten. Drei Betonmauern, sechs Meter lang, vier Meter hoch, in U-Form angeordnet – das ist der Prüfstand. Darüber schließt sich ein hölzernes Schiebedach. Alles ist noch neu und erst vor wenigen Tagen fertig geworden. Hinter einer der Mauern befindet sich ein Meßraum. Der silbergrau schimmernde Raketenofen aus Duraluminium ist 50 Zentimeter lang und mit der Düsenmündung senkrecht nach unten montiert. Von Braun tritt vor dem Tor zum Prüfstand frierend von einem Fuß auf den anderen. Auf Kommando zündet er mit Hilfe einer vier Meter langen Stange, an deren Ende ein mit Benzin gefüllter Becher angebracht ist, das Triebwerk. Doch dann zerreißt eine Explosion den Raum. Stille. Die Prüfstandeinrichtung ist zerstört. Es ist, wie in den nächsten Jahren so oft, ein einfacher Fehlschlag, aus dem die Raketentechniker nüchtern ihre Lehren ziehen. Als drei Wochen später auf dem wiederhergestellten Prüfstand der erste „Ofen" erfolgreich zündet, ist damit nicht nur das Tor zu einer weiteren rasanten Entwicklung der Raketentechnik aufgestoßen, sondern auch der Weg nach Peenemünde geebnet, der teuersten Waffenschmiede des Dritten Reiches. Denn nun geht es bald um größere Reichweiten.

Nach wenigen Monaten ist ein Raketenantrieb mit einem Schub von 300 Kilogramm konstruiert und gebaut, der gleichbleibende, wenngleich noch nicht ganz befriedigende Ergebnisse liefert. Ein zweiter Prüfstand kommt hinzu. Auf ihm ereignet sich im März 1934 eine schwere Explosion beim Test neuer Treibstoffmischungen. Vom Prüfstand steht allein noch das Bleirohr der Wasserleitung. Der Unfall fordert drei Tote.

Arthur Rudolph (geb. 1906), Diplomingenieur, kommt 1932 von den Heylandtwerken zum Referat „Sondergerät" des Heereswaffenamtes

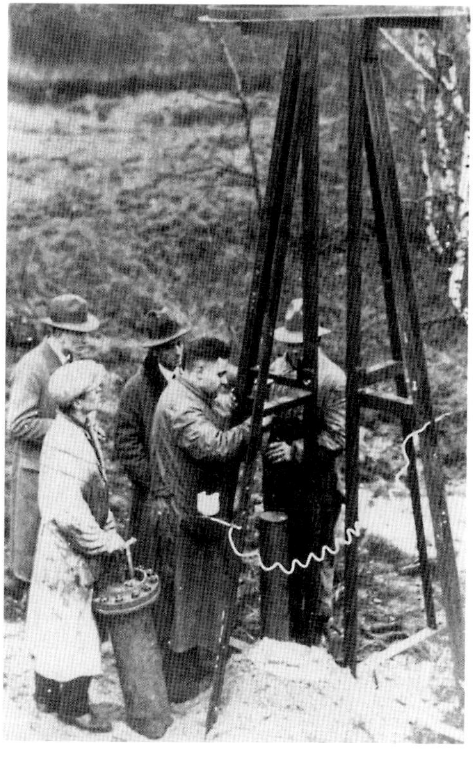

Rudolf Nebel mit seinem Arbeitsteam am Startplatz einer Flüssigkeitsrakete

13 Vgl.: Erinnerungen und Aufzeichnungen des Ingenieurs Rudolf Wackernagel, o.O., o.J., in: HTIZPeA, sowie Akten Erich Warsitz und Wernher von Braun in: BDC.

14 Vgl. Dornberger, Walter: Peenemünde, a.a.O.

A 3-Rakete auf dem Prüfstand in Kummersdorf-West (links)

Schnittdarstellung des Aggregats 2, 1934 (rechts)

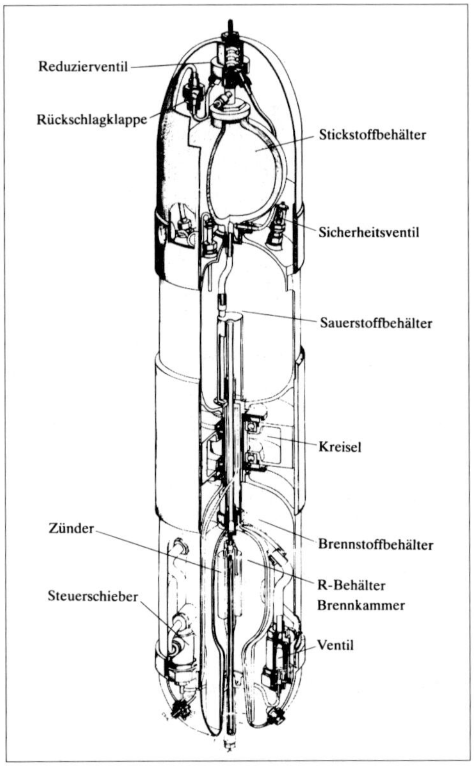

„Die wichtigsten Aufgaben der Brennkammer sind in der kleinen Skizze deutlich gemacht. Die beiden Treibstoffkomponenten, die in sie eintreten, müssen aufbereitet, das heißt in eine feinere Verteilung gebracht werden, als sie sie beim Eintritt besitzen. Gleichzeitig müssen diese feinverteilten Tröpfchen der Treibstoffkomponenten miteinander vermischt werden, damit sie dann um so leichter und vollständiger verbrennen können. Der Verbrennungsvorgang, also die Reaktion der beiden Treibstoffkomponenten miteinander, erfüllt fast den gesamten Kopf der Brennkammer. Die freiwerdende chemische Energie erzeugt die für den Druckaufbau notwendigen hohen Temperaturen. Im Hals der Brennkammer und in der Düse wird die Druckenergie in Energie der Bewegung umgewandelt, so daß der Strahl der immer noch heißen Verbrennungsprodukte die Brennkammer schließlich mit hoher Geschwindigkeit verläßt."
Aus: Gröttrup, Helmut: Über Raketen. Berlin 1959, S.134f.

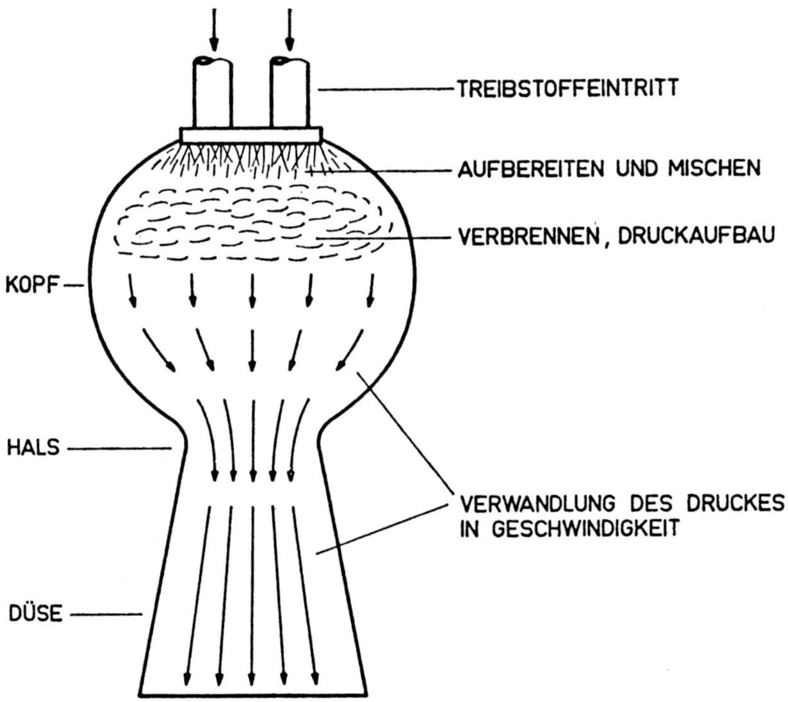

Bunkeranlage auf dem Gelände der Raketenforschungsstelle Kummersdorf-West

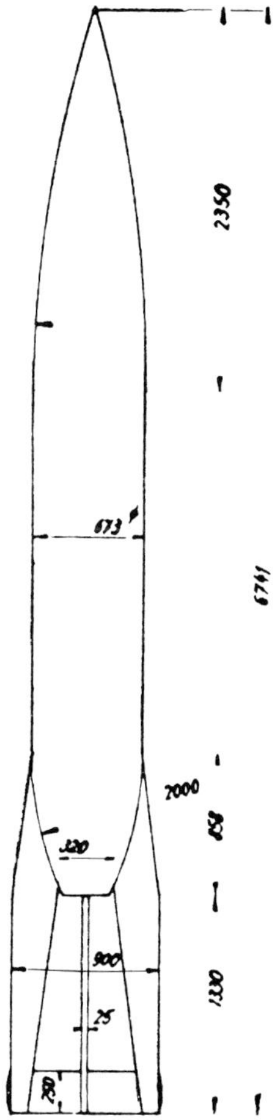

Schematische Darstellung der aerodynamischen Form einer Rakete vom Typ A 3

Diese frühen dreißiger Jahre sind für die Raketenbauer eine Zeit des Experimentierens, Prüfens und Neukonstruierens. Erprobt werden Raketenform, Einspritzmaschinen für den Treibstoff und weitere Funktionssysteme. Die Kummersdorfer gehen von der Zug- zur Schubrakete über, arbeiten an der Stabilisierung des Fluges und suchen die Steuerung zu verbessern. Ein dritter Prüfstand wird geplant, um vollständige Aggregate im Brennversuch erproben zu können. Einbezogen in den Betrieb wird die Kreiselgeräte GmbH, die wie die Heylandt-Werke in Berlin-Britz angesiedelt ist. Direktor Johann Boykow, österreichischer Marineoffizier a. D., hatte die Grundlösung der Raketensteuerung durch einen Kreisel gefunden.

Schritt für Schritt entsteht Mitte 1933 das Aggregat 1, ein annähernd 140 Zentimeter langer und 30 Zentimeter starker Flugkörper, dessen Triebwerk eine Schubkraft von 300 Kilogramm entwickelt. A 1 erweist sich jedoch bei den ersten Probestarts als zu vorderlastig und kann deshalb nicht einwandfrei fliegen. So fällt die Entscheidung zum Bau einer Weiterentwicklung, der A 2. Zwei Raketen dieser Reihe werden als „Max“ und „Moritz“ im Dezember 1934 auf der Nordseeinsel Borkum verschossen. Die erreichte Gipfelhöhe beträgt 2 200 Meter. Aufgrund der Borkumer Ergebnisse legt von Braun anschließend ein weiteres Programm vor. Es hat die „Neukonstruktion und Entwicklung eines Aggregats für 1500 Kilogramm Rückstoß, 45 Brennsekunden, mit Steuereinrichtungen nach Boykow“ zum Ziel, die sogenannte A 3.[15]

Damit wird es auf den Prüfständen in Kummersdorf-West recht eng, denn die A 3 hat bereits eine Länge von siebeneinhalb Metern und einen Durchmesser von 75 Zentimetern. Das Startgewicht gegenüber der A 1 hat sich verfünffacht, und das Triebwerk entwickelt eine Schubkraft von 1 500 Kilogramm. Die Fernkampfrakete ist reif für die Insel. Für eine intensive Weiterentwicklung werden neue Prüfstände und vor allem längere Schußbahnen erforderlich.

Dabei sorgt für die notwendige Kontinuität in der Planung und vor allem für die Deckung des inzwischen enorm gewachsenen Finanzierungsbedarfs weiterhin das Heereswaffenamt. Die hier seit 1930 eingerichtete Abteilung „Sondergerät“ sorgt auch weiterhin für eine gute personelle Ausstattung des

15 Braun, Wernher von: Arbeitsprogramm vom 23. November 1934, in: HTIZPeA

Unternehmens. Wie Dornberger Jahre später in seiner Denkschrift festhält, sollen schließlich *„Waffen von einmaliger Bedeutung"* entstehen. Für das Ziel, eines nicht so fernen Tages über *„automatisch gesteuerte(r) Raketen als Kriegswaffe gegen Großflächenziele"* zu verfügen, setzen Walter Dornberger und Wernher von Braun *„den größten Teil der Fachkräfte und Spezialisten Deutschlands"* ein.[16]

16 Vgl. Dornberger, Walter: Denkschrift, a.a.O.

Seit 1933 ist durch eine sogenannte Führerentscheidung ausschließlich das Heereswaffenamt für das Gebiet der Raketenforschung zuständig. Damit ist der Grundstein für die Monopolisierung der Raketenentwicklung durch Reichswehr und Wehrmacht im Dienste der Aufrüstung gelegt. Die politischen und militärischen Entscheidungsträger wollen sich auf diese Weise einen Rüstungsvorsprung verschaffen. Deshalb führen von Berlin-Tegel und Kummersdorf-West die Raketenspuren auf die Insel Usedom, nach Peenemünde.

Reif für die Insel

Aufbau der Versuchsanstalten und Entwicklung der Raketenwaffe 1936 bis 1942

Aufbau der Versuchsanstalten

Der Ort Peenemünde liegt im äußersten Nordwesten der Ostsee-Insel Usedom und ist Mitte der dreißiger Jahre ein winziges Fischerdorf mit 96 Wohnhäusern, einer Schule und 447 Einwohnern. Vom nächstgelegenen Seebad Zinnowitz verirren sich selten Sommergäste in diese Gegend. Bauingenieur Abendroth, der in Peenemünde Anfang April 1936 die Erschließungsarbeiten für das künftige Militärgelände übernimmt, hält fest, daß er eine *„trostlose moor- und grundwasserreiche Gegend"* vorgefunden habe. Sein Auftraggeber, das Luftwaffenbauamt, läßt zur Erschließung des weitläufigen und unwegsamen Geländes zunächst Straßen und Gleise anlegen und Unterkünfte für die Bauarbeiter schaffen.[1] Zeitgleich dazu nimmt in der Französischen Straße in Berlin ein zweites Baubüro seine Tätigkeit auf, um alle technischen Gebäude für den ersten Betriebsteil, das Werk Ost, zu entwerfen. Ab Mitte September 1936 siedelt auch dieses Baubüro endgültig an den Ort des Geschehens über. Alle Planungen und Bauerschließungen laufen unter höchstem Zeitdruck.

Dem ersten Spatenstich der Bauleute im August 1936 lag eine Folge überraschend kurzfristig getroffener Entscheidungen der Militärs zugrunde. Im März 1936 hatte der Oberbefehlshaber des Heeres Werner Freiherr von Fritsch erstmals Kummersdorf-West einen Besuch abgestattet, um sich ein Bild vom Entwicklungsstand der Arbeiten an der neuen Raketenwaffe zu machen. Offenbar verließ er stark beeindruckt den Prüfstand. Dornberger und von Braun hatten ihm ihre neuen Raketentriebwerke mit 300, 1 000 und 1 500 Kilogramm Schubleistung vorgeführt.

Der Generaloberst sagte Unterstützung zu, wenn das Geld dazu benutzt wird, *„aus dem Raketenantrieb eine brauchbare Waffe zu machen"*.[2]

Da auch die Generale Walther von Brauchitsch, Fritz Fromm und Friedrich Olbricht die Entwicklungsarbeiten in Kummersdorf für förderungswürdig halten, steht ab sofort ein eigener Etat in Millionenhöhe zur Verfügung. Wenige Tage nach der Inspektion des Oberbefehlshabers des Heeres informiert sich auch der Chef der Entwicklungsabteilung des Reichsluftfahrtministeriums, Oberstleutnant von Richthofen, über den Entwicklungsstand der Raketenwaffe. Unverzüglich erstattet er dem Chef der Luftzeugmeisterei Albert Kesselring Bericht. Bei einer schnell arrangierten Zusammenkunft zwischen Heer und Luftwaffe entscheiden sich dann noch Anfang April 1936 Karl Becker, Walter Dornberger, Wernher von Braun, Wolfram von Richthofen, Albert Kessel-

Das Fischerdorf Peenemünde um 1930

1 Zum Baugeschehen siehe vor allem die Chronik: 1936 – 1941 Bauleitung der Luftwaffe Peenemünde. Berichte, Zeichnungen und die entsprechende Sammlung von Architektenentwürfen, ebenfalls in: HTIZPeA

2 Dornberger, Walter: Peenemünde, a.a.O., S. 50f.

Die Ostseeinsel Usedom, historische Karte aus den zwanziger Jahren

Dorfidylle in Peenemünde vor Baubeginn 1936

ring und weitere Militärs, nachdem sie sich mit Plänen, Diagrammen und Karten vertraut gemacht haben, für den ersten Entwurf einer Heeresversuchsstelle Peenemünde. Sie soll unter einer gemeinsamen Verwaltungsspitze aus einem Luftwaffen- und einem Heeresteil bestehen. Federführend, so wird beschlossen, soll das Heer sein.

Auch diesmal hatten Major Dornberger und Wernher von Braun nichts dem Zufall überlassen. Ihren ersten Gedanken, die Schmale Heide an der Prorer Wiek auf Rügen als Ausgangspunkt für ihre Raketenstarts zu nutzen, mußten sie bald fallenlassen. Bei einer Inspektionsreise dorthin hatte von Braun im Dezember 1935 feststellen müssen, daß andere Bauherren ihnen bereits zuvorgekommen waren. Das fragliche Gelände hatte im Sommer die KdF-Organisation („Kraft durch Freude") erworben, um hier ein gigantomanisches Urlauberzentrum zu errichten. Wernher von Brauns Mutter erinnerte sich an die Erzählungen ihres Vaters. Als alter Jäger hatte er stets davon geschwärmt, daß auf dem Peenemünder Haken, wo nahezu jeder Hase dem Schrot verfiel und die Wasserjagd reiche Beute ergab, ein ganz abgeschiedenes Fleckchen Erde zu finden sei. Noch in der gleichen Woche fährt von Braun auf die Insel Usedom, und einen Monat darauf, im Januar 1936, sieht sich auch Dornberger dort um. Beide sind sich schnell einig. Peenemünde ist genau das, was sie suchen.

Die mitgebrachten Karten und Planungen überzeugen auch den Chef der Luftzeugmeisterei Kesselring. Dieser sagt auch den unverzüglichen Einsatz seiner Baudienststellen für die Errichtung einer geheimen und gemeinsamen Forschungsstelle für Heer und Luftwaffe in Peenemünde zu. Parallel zu den Entwicklungsarbeiten für das Heer sollten Raketenantriebe für Jagdflugzeuge, Flugabwehrraketen und für weiteres Kriegsgerät entstehen. Unmittelbar nach der Zusammenkunft läßt Kesselring einen Ministerialrat mit Kraftwagen und dick gefüllter Aktentasche nach Wolgast in Marsch setzen. Dieser erfüllt noch am gleichen Tag seinen Auftrag und läßt den Bürgermeister von Wolgast einen Kaufvertrag unterschreiben. Danach verkauft die Stadt das ihr gehörende Gelände am Peenemünder Haken an das Militär. Eingeschlossen sind Optionen für Kaufverträge mit allen betroffenen Privatpersonen, die im Ort oder Gelände über Landeigentum verfügen. Ein Fall von Verweigerung war nicht vorgesehen. Nach jüngsten Erkundungen soll das Gelände für die Versuchsanstalten in Peenemünde für die stolze Summe von 1,2 Millionen Reichmark erworben worden sein.[3]

Für Peenemünde sprach aus der Sicht der Militärs neben einem freien Schußfeld entlang der pommerschen Küste vor allem die Abgeschiedenheit des Ortes, die die Geheimhaltung erleichtern konnte. Peenestrom und Achterwasser im Süden und die Ostsee trennen Usedom vom Festland. Zur Insel führen nur drei Brücken, auch sie sind, wie alle weiteren Zugänge, leicht zu kontrollieren. Die Greifswalder Oie, eine vorgelagerte kleine Insel, bietet zusätzlich einen idealen Ort für die Erprobung der neuen Waffe. Außerdem ist das eigentliche Hauptfeld, der „Peenemünder Haken", bis auf das Dorf und wenige Vorwerke unbesiedelt. Die natürlichen Gegebenheiten, wie Waldungen, Wiesen und Küstensaum, versprechen einfache Tarnungsmöglichkeiten. Für die vorgesehenen Anlagen ist Platz in Hülle und Fülle vorhanden, und auch die nächsten Siedlungen liegen so weit ab, daß anfangs selbst das Heulen und Dröhnen der Raketentriebwerke fast unbemerkt bleibt. Raketenstarts, auch das ist ein wichtiger Punkt für die Konstrukteure, können entlang der gesamten pommerschen Küstenlinie an einzurichtenden Meßstellen beobachtet und registriert

3 Vgl. Tresp, Harald: Privatarchiv, Koserow

werden. Und schließlich, und auch das hat enorme Bedeutung, der Ort Peenemünde ist an Schiene und Straßennetz anzuschließen und verfügt über einen günstig gelegenen natürlichen Hafen. Alles in allem also scheinen ideale Bedingungen gegeben zu sein. Von der Siedlung Peenemünde ist urkundlich erstmals 1250 die Rede.[4] Der Ort gehört im Wechsel der Zeiten pommerschen Herzögen und schwedischen Generalen und Grundbesitzern, die später von preußischen und anderen weltlichen und geistlichen Herren abgelöst werden. Für die Peenemünder bleibt alles beim alten. Im Dorf leben vorwiegend kleine Landwirte, Weidebauern, Fischer und wenige Zollbeamte. Elektrisches Licht kennt man erst seit 1928, aber viele ziehen noch die Petroleumlampe vor. Der Lehrer Ernst Zastrow beschreibt Peenemünde als ein ruhiges Dorf, von dem aus bis zum nächsten Bahnhof Trassenheide zwölf Kilometer Fußweg zurückzulegen sind. Zwischen roten und weißen Blüten der Sommer- und Herbstblumen stehen uralte, freundlich anzusehende Wendenhäuser mit blauweiß getünchten Mauern. Die mächtigen moosbewachsenen Rohrdächer reichen oft bis hinunter in die bunten Bauerngärten. Inmitten des Dorfes liegt ein idyllischer Teich, am Südrand der Ortschaft öffnet sich im Schilfgürtel die Einfahrt zum kleinen Fischerhafen. Das weltentlegene Dörfchen ist abgeschieden und seit Mitte 1936 nun auch abgeschrieben.

Wie die Chronik der Peenemünder Bauleute ausweist, bleibt von solcher Romantik kaum eine Spur. Oft wird das Unterste nach oben gewühlt, um festen Baugrund für Fabrikhallen und Verwaltungsgebäude zu finden. Aufwand und Tempo der Erschließungs-

Im Spätsommer 1936 beginnen die ersten Bauarbeiten für die künftige Heeresversuchsanstalt und die Luftwaffenerprobungsstelle Peenemünde

4 Rolfs, Peter August (Hrsg): Die Insel Usedom. Ein Heimatbuch und Reiseführer. Swinemünde 1933, Faksimilenachdruck, Husum 1991

Strandpromenade des Ostseebades Karlshagen; ab 1937 entsteht am Nordwestrand des Ortes eine Wohnsiedlung für das Führungspersonal der Heeresversuchsanstalt Peenemünde

arbeiten sind kaum noch zu übertreffen.[5] Verkehrswege aller Art werden angelegt, asphaltiert, betoniert oder mit Schienenschotter aufgefüllt. Wenn die Termine drücken, wird auch auf Knüppeldämme nicht verzichtet. Auf der Nordwestspitze Usedoms arbeiten vom Sommer 1936 bis zum Kriegsbeginn gut 10 000 Bauarbeiter, unter Kontrakt bei zivilen Firmen, bei der Organisation Todt (OT) oder beim Reichsarbeitsdienst (RAD). Zeitungsanzeigen werben für eine nicht näher bezeichnete Baustelle, direkt an der Ostsee, in sehr schöner Landschaft. Das verspricht Arbeit, Brot und Freizeitvergnügen und lockt viele junge Leute.

Die Alteingesessenen von Peenemünde müssen unterdessen ohne Pardon ihr Heimatdorf verlassen.[6] Für Grund und Boden wird allerdings ziemlich großzügig entschädigt. Erst mit Kriegsbeginn ist die Umsiedlung abgeschlossen. Nach 1945 kehren lediglich vier der ehemaligen Dorfbewohner wieder an die Stätte ihrer Kindheit zurück. Sie werden den Ort kaum wiedererkannt haben, denn bis auf den Namen ist nichts geblieben, wie es war.

Ein Schreiben der Preußischen Bau- und Finanzdirektion vom März 1941 bezeichnet das Dorf als „einwohnerlos“. Die Vermögensliquidation „aus Anlaß der Auflösung der Gemeinde Peenemünde“ schlägt den Rest des kommunalen Besitzes, wie Schule und Friedhof, dem neu gegründeten Heeresgutsbezirk Karlshagen zu. Dem letzten Kaufvertrag vom 17. September 1942 zufolge zahlt der Reichsfiskus 20 000 Mark für den Gemeinderest. Auf einem Teil der ursprünglichen Dorfgemarkung entsteht ein Gutshof des Heeres, der die Versorgung der wachsenden Mitarbeiterschar der Versuchsanstalten mit Fleisch, Wurst, Butter und Milch übernimmt. In einigen der freigezogenen Häuser des Dorfes richten sich Bauarbeiter, Handwerker und Bauleitungen ein. Die Firma Grün & Bilfinger bezieht eines der Vorwerke und beginnt mit der Anlage des Flugplatzes und des Westhafens. Am Ostrand des Dorfes mehren sich die Barackenunterkünfte für Bauarbeiter.

An den Abenden zieht man häufig in das alte Gasthaus „Zur Schwedenschanze“, das sinnigerweise nicht der Abrißbirne überlassen worden war. Mit den Resten der alten Pommerschen Schanzwerke, die

Entwurf von 1937 für den Prüfstand 7 – später die wichtigste Startanlage für die Peenemünder A 4/V 2-Raketen

5 Vgl.: Chronik …, a.a.O.

6 Akte 51: Peenemünde. Behördenschriftverkehr, in: Brandenburgisches Landeshauptarchiv Potsdam (weiterhin zitiert als BLHAPo)

Entwurf für die Fertigungshalle F 1; das Fabrikgebäude war mit einer Spannweite von 96 Metern seinerzeit die modernste Konstruktion im Industriebau und ausgelegt für die Montage senkrecht stehender Raketen

auch an Gustav Adolfs Landung bei Peenemünde erinnerten, war man, wie sich später herausstellen sollte, weniger feinfühlig umgesprungen. Im gemütlichen Wirtshaus mit dem martialischen Namen jedenfalls sitzen die Bauleute mit den wenigen Einheimischen beim Bier, philosophieren über den „ollen Ostwind" und essen Bratkartoffen und frisch angelandeten Fisch. Beim Klaren, der auf den Tisch kommt, will keiner an Krieg denken, obwohl man gerade mit seiner Vorbereitung befaßt ist.

Während im August 1936 in Berlin Sportler aus 52 Nationen an den Olympischen Spielen teilnehmen und die nationalsozialistische Propaganda dieses internationale Sportereignis als „Fest der Freude und des Friedens" feiert, zeichnen sich in den Sanddünen von Peenemünde die ersten Baukonturen für den modernsten Rüstungsbetrieb Deutschlands ab. Noch im gleichen Jahr sind der Gleisanschluß an die Reichsbahnstation Zinnowitz gelegt und die Landstraße für den zu erwartenden Verkehr ausgebaut. Erste Verwaltungs- und Wirtschaftsgebäude für das Heer stehen im Rohbau. Auf dem künftigen Rollfeld können die Naßbagger- und Erdarbeiten abgeschlossen werden. 1937 wird mit dem Bau der meisten technischen Versuchsanlagen und Werkstätten für das Werk Ost begonnen.

Bis zu diesem Zeitpunkt war das Baugelände, wie sich Reinhold Krüger aus Koserow erinnert, auch für Zivilpersonen noch zugänglich. Als er als Achtjähriger bei einem Sonntagsausflug mit den Eltern über die Landstraße bis Karlshagen und Peenemünde radelte, stand er bald am Rand des Baugeländes. *„Ich erinnere mich, riesige Baustellen gesehen zu haben, große, planierte Flächen, aufgeworfene Gräben, viele Tiefbauarbeiten. Aber ich konnte mir natürlich nicht vorstellen, was das einmal werden sollte."* Erst im Frühjahr 1944 löst sich für ihn das Geheimnis. Dann nämlich betritt er als Lehrling im Metallbau Peenemünde-Nord das Gebäudelabyrinth der Heeresversuchsanstalt.[7] Wieder wird überall im Gelände der Dünenboden aufgeworfen sein – aber die tiefen Trichter im Sand sind dann letzte Spuren von Sprengbomben, die die Geschwader der Royal Air Force hinterlassen haben.

Vorerst, im April 1937, bezieht man in Peenemünde das erste Verwaltungsgebäude. Im Mai folgen Werkstätten, der Militärstab nistet sich ein, und auch für Ingenieure und Personal stehen erste Unterkünfte bereit. Zudem kommt auch der Aufbau der eigentlichen Siedlung, die zwischen militärischen Anlagen für Luftwaffe und Heer und der alten Ortschaft Karlshagen entstehen soll, sichtbar voran. Im Juli 1937 beziehen die ersten Fachwissenschaftler und Ingenieure mit ihren Familien die neuen Wohnhäuser. Ende des Jahres stehen wesentliche Teile der Werke West und Ost. Ein Jahr später wird über die Hälfte der Werkstätten und Prüfstände übergeben. Im April 1938 startet das erste Flugzeug auf der Rollbahn der Luftwaffenversuchsstelle.

Ende 1939 ist der erste Bauabschnitt mit der Inbetriebnahme der Versuchsstellen so weit fertiggestellt,

7 Hier und in anderen Zusammenhängen: Interview mit Reinhold Krüger, Koserow, März 1994

daß die Entwicklungsarbeiten von nun an vollständig nach Peenemünde verlagert und unter modernsten technischen und technologischen Bedingungen vorangetrieben werden können. Vom Beginn der Bauarbeiten bis zum Jahre 1940 sind inzwischen über eine halbe Milliarde Reichmark verbaut worden.
Im zweiten Anlauf werden die Anlagen erweitert und Möglichkeiten für eine Serienproduktion vorbereitet. Da die Baueinheiten der Luftwaffe mit Kriegsbeginn ebenso wie die jungen Männer des Reichsarbeitsdienstes an der Front eingesetzt werden, wird nicht nur die Leitung der Bauarbeiten in andere Hände übertragen. Unter anderem werden Bauarbeiter vom KdF-Bauplatz an der Prorer Wiek auf Rügen nach Peenemünde umgesetzt. Das KdF-Seebad bleibt unvollendet, Peenemünde wird beschleunigt fertiggestellt.
Mit Wirkung vom 1. Mai 1940 übernimmt Albert Speer, der von Hitler 1937 eingesetzte Generalbauinspekteur für die Reichshauptstadt, die weitere Verantwortung für Peenemünde. Den Vorrang hat nicht mehr der Ausbau Berlins zur Reichshauptstadt „Germania", sondern die Kriegsproduktion. Deshalb wird mit der weiteren Ausführung der Arbeiten in Peenemünde auch fortan die Berliner Baugruppe Schlempp (BGS) beauftragt. Als Bauleiter und Vermessungsingenieure sowie als Verantwortliche für den Arbeitskräfteeinsatz und den Bau von Baracken zeichnen von nun an Erwin Maß (auch als E. Mahs geschrieben) und Heinrich Lübke. Letzterer leitet in Peenemünde und weiteren Orten bis zu 40 Baustellen. Eingesetzt wird er *„für vordringliche Aufgaben im Reichsinteresse"*. Wernher von Braun wird später, 1969, im letzten Dienstjahr des Bundespräsidenten, bestätigen, daß Herr Lübke damals *„immer zur Stelle"* war, *„wenn irgendwo ganz schnell eine neue Baracke oder ein anderes kleines Bauwerk erstellt werden sollte"*. Die Gestapoleitstelle Stettin, in deren Bereich Usedom und auch Peenemünde lagen, bestätigt den *„Herren Mahs und Lübke"*, daß sie sich *„als vertrauenswürdig"* erwiesen hätten.[8] Das war wichtig, denn unter den Arbeitern auf der Baustelle Peenemünde hatte sich bereits vor Kriegsbeginn erhebliche Unzufriedenheit angestaut, was auch die Geheimpolizei auf den Plan rief. Der Unmut nahm bis 1940 noch weiter zu, da die Unterbringung Tausender Bauarbeiter in riesigen Barackenlagern unzumutbar war und die Verpflegung und gesundheitliche Betreuung viel zu

Entwurf für die nationalsozialistische Mustersiedlung Karlshagen aus dem Jahre 1937

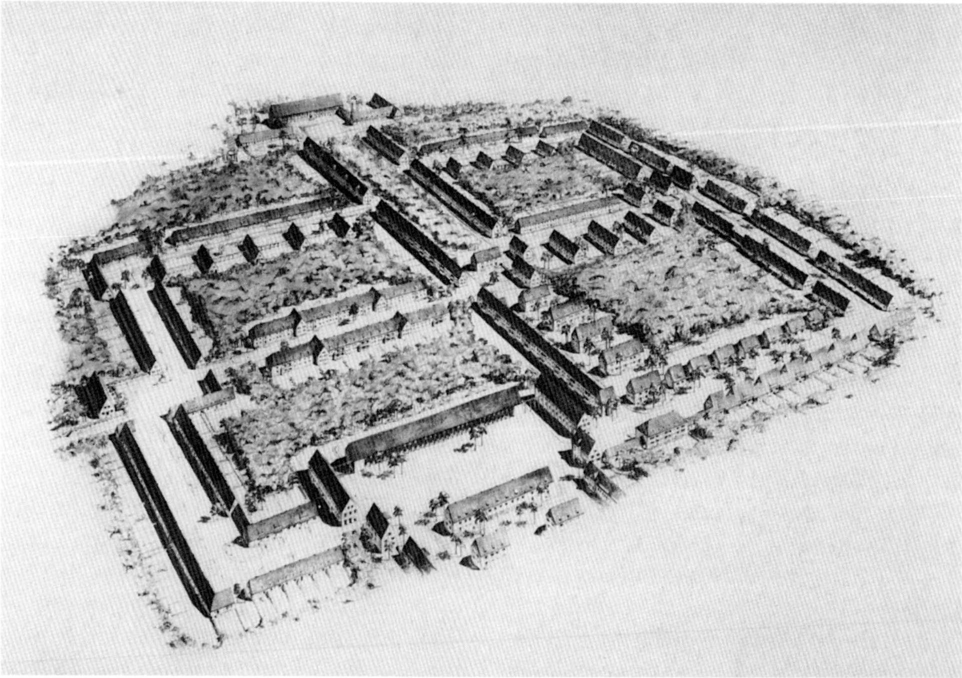

8 Peenemünde und Umfeld betreffende Akten einschließlich Bauzeichnungen, Berichte, Aktennotizen und Briefverkehr der Baugruppe Schlempp, in: HTIZPeA, siehe vor allem: UK-Stellungen der Baugruppe vom 21. Juni 1941 und Zusatz zum Bericht vom 14. Juni 1940, weiterhin: Berliner Zeitung vom 9. März 1994

Gebäude der Bauleitung von Peenemünde im traditionellen norddeutschen Stil; nach Kriegsbeginn dürfen nur noch nüchterne Zweckbauten ausgeführt werden

Die Aufbauleitung der Heeresversuchsanstalt lag bei Fritz Todt (erste Reihe, 2.v.l.), Chef der nach ihm benannten „Organisation Todt", hier bei einer Inspektion 1941 in Peenemünde; rechts daneben: Oberst Walter Dornberger, ganz rechts: General Olbricht; im Hintergrund links: Bauleiter Heinrich Lübke, späterer Bundespräsident

Strandpromenade der Peenemünder Siedlung, angelegt im bombastischen Stil des nationalsozialistischen KdF-Seebades auf Rügen

wünschen übrigließ. Um weiteren Konflikten aus dem Wege zu gehen, forderte die Bauleitung deshalb mit Kriegsbeginn starke Bau- und Transportkompanien der Wehrmacht an. Schließlich zog man nicht nur dienstverpflichtete deutsche Arbeiter, sondern ab 1940 auch eine zunehmende Zahl ausländischer Zwangsarbeiter heran. Außerdem spielte auch die „Deutsche Arbeitsfront" (DAF), eine der gleichgeschalteten Organisationen des Dritten Reiches, ihren Part in Peenemünde. Ihre Führer konzentrieren sich mit Baubeginn, wie sie selbst formulieren, auf die *„Pflege und Erhaltung des Arbeitsfriedens, die Erhöhung der Arbeitsleistung sowie auf die weltanschauliche Erziehung der Arbeitskameraden"*.[9] Eigens zu diesem Zwecke veranstaltet man ganze Serien von Vorträgen über Baustofffragen im Vierjahresplan, über Siedlungs- und Städtebauprobleme und setzt sogenannte Appelle an, bei denen Gauleiter der Nazipartei wie Julius Streicher und Franz Reinhard Schwede-Coburg, aber auch der ortsansässige Pfarrer Hörstel sprechen. Veranstaltet werden außerdem Betriebsausflüge zum Wolgast-See oder „Kameradschaftsabende mit bunten Programmen". Was anfangs nur für Bauarbeiter bestimmt war, wird bald auch mit Dankbarkeit von der immer schneller anwachsenden Belegschaft der Versuchsanstalten und von Militärangehörigen wahrgenommen. Als Höhepunkt gilt in der tristen Gegend, wenn in „Schwabes Hotel" nach Zinnowitz geladen wird. Festredner ist oft der Technische Direktor der Heeresversuchsstelle Wernher von Braun, auf dessen Rede dann „Preußens Gloria" folgt.

Mit Kriegsbeginn, im Herbst 1939, nehmen nicht nur die Materialengpässe zu, auch der Mangel an Arbeitskräften wird immer fühlbarer. Die Schere zwischen Rüstungsanforderungen und Ressourcen klafft ständig weiter auseinander. Heereswaffenamt und der militärische Chef von Peenemünde, der inzwischen zum Oberstleutnant beförderte Walter Dornberger, drücken trotzdem unentwegt auf Tempo beim Ausbau der Heeresversuchsstelle. Einer von ihm unterzeichneten Aktennotiz zufolge sahen die ursprünglichen Planungen vor, daß bei einer vierjährigen Entwicklungszeit nach Kriegsbeginn auch die Fertigung der Rakete in Peenemünde aufgenommen werden sollte. Ins Auge gefaßt war ein Ausstoß von 1 500 Fernkampfraketen pro Jahr mit einer Schußweite von 270 bis 300 Kilometern oder von 500 Geräten mit einer Schußweite bis zu 800 Kilometern. Einzelne Bauteile sollten von der Industrie zugeliefert werden, die Hauptproduktion und Montage der Rakete jedoch in Peenemünde stattfinden. Standort der Sauerstofferzeugungsanlage, der Prüfstände und der Fertigungshallen sollte ohnehin allein Peenemünde sein.

9 Vgl.: Chronik ..., a.a.O.

Doch nach Kriegsbeginn befahl Walther von Brauchitsch, Oberbefehlshaber des Heeres, eine radikale Verkürzung dieser Entwicklungszeit auf anderthalb Jahre. Die Konstruktion und Erprobung der Waffe sollte noch 1940 soweit vorankommen, daß sich die Serienfertigung unmittelbar anschließen könnte. Der Generalstabschef des Heeres, Franz Halder, hatte sogar in einer Tagebucheintragung vom 26. September 1939 unter dem Stichwort „Peenemünde" festgehalten, daß man davon ausgehe, London in drei bis vier Jahren mit der neuen Raketenwaffe unter Beschuß zu nehmen.
Wenige Tage nach Kriegsbeginn jedoch hatte Hitler angewiesen, daß die Versorgung der Wehrmacht mit herkömmlichen Waffen, also Panzern, Artillerie, Flugzeugen und Maschinenwaffen, die vordringlichste Aufgabe der deutschen Wirtschaft zu sein habe. Der vom Zaun gebrochene Blitzkrieg setzte vor allem auf den überraschenden Einsatz von Heer und Luftwaffe. Deren Wirkung schien der Mehrheit der Militärs im Unterschied zu den in Peenemünde entstehenden Waffen berechenbar. Für die Heeresversuchsanstalt hätte das im Klartext die Zurückstellung aller Raketenprojekte bedeutet, soweit sie nicht Bestandteil von Entwicklungen konventioneller Waffensysteme waren. Der Weisung wurde zwar nicht widersprochen, aber das Raketenprojekt trieb man trotzdem weiter voran.
Von Brauchitsch kommandierte sogar im Laufe der ersten Kriegsjahre 3 500 bis 4 000 Soldaten mit hoher technischer Ausbildung und Berufserfahrung nach Peenemünde ab. Sie sollten mithelfen, die Entwicklungsarbeiten an der Rakete noch zu beschleunigen. Für diese Angehörigen des Versuchskommandos Nord wurde das VKN-Lager errichtet.[10] Südlich der Werkbahnlinie, gegenüber der Siedlung, standen hufeisenförmig angeordnet 14 einstöckige Gebäude. Ihre Giebelseiten waren auf eine Einbahnstraße gerichtet. Die Torwache kontrollierte Ein- und Ausgang der in Kompanien zusammengefaßten, aber dezentral eingesetzten Soldaten. Vor allem waren Fachkenntnisse und Erfahrungen in verschiedenen technischen Berufen gefragt. Einer der Soldaten des Versuchskommandos war Erich Apel, der später in der DDR als Wirtschaftsexperte höchste Parteifunktionen und Staatsämter bekleidete.

Wohnsiedlung für Wissenschaftler und Techniker

In Schwabes Hotel an der Zinnowitzer Strandpromenade traf sich die Peenemünder Führungsspitze gern zu ziviler Geselligkeit

10 Eine eindrucksvolle Beschreibung hierzu liefert Dieter Huzel in seinem Buch „Von Peenemünde nach Cap Canaveral". Berlin 1994

Das Kameradschaftshaus diente auch Soldaten und Unteroffizieren als Freizeittreffpunkt

Erich Apel (1917–1965) kommt nach einem Studium an der Ingenieurschule Ilmenau 1939 als Soldat zum Versuchskommando Nord nach Peenemünde; nach dem Krieg gehört er zu den deutschen Ingenieuren, die ab Oktober 1946, interniert in der UdSSR, beim sowjetischen Raketenbauprogramm eingesetzt sind; nach Rückkehr in die DDR steigt Apel zum Kandidaten des Politbüros, Stellvertretenden Ministerpräsidenten und Chef der Plankommission auf; im Dezember 1965 scheidet er durch Selbstmord aus dem Leben, weil sein wirtschaftspolitisches Konzept an sowjetischen Positionen scheitert

Doch trotz aller personellen Aufstockungen mit Wehrpflichtigen wird Ende des Jahres 1939 auch dem Heereswaffenamt klar, daß der bisher vorgesehene Termin für den endgültigen Abschluß aller Bauarbeiten, der 31. März 1941, nicht zu halten ist, wenigstens nicht, wenn die äußeren Bedingungen fortbestehen. Es fehlen annähernd 9 000 Bauarbeiter.

Am 15. August 1940 übernimmt Speer die direkte Bauleitung für Peenemünde. In den folgenden Wochen mehren sich unendlich viele Verfügungen, Weisungen und Richtlinien. Sie lösen einander ab oder schließen sich sogar gegenseitig aus. Dringlichkeitsstufen werden zugeteilt und aberkannt, ohne daß sich grundlegend etwas ändert, denn weder Kräfte noch Mittel reichen. Um zuwiderlaufende Weisungen zu umgehen, wird die Raketenentwicklung zeitweilig sogar unter der Bezeichnung „Rauch-Spur-Gerät II" kaschiert. Im Sommer 1941 schlägt dann der Reichsminister für Bewaffnung und Rüstung, Dr.-Ing. Fritz Todt, zu. Er verlangte bereits im Jahr zuvor von Generaloberst Fromm, daß angesichts des Kriegsgeschehens in Peenemünde kein „Paradies" geschaffen werden dürfe. Die Aufwände seien drastisch zu kürzen. An Dornberger schickt er Richtlinien für Behelfsbauten der Rüstung. Kein „Höchstmaß an Aufwand" mehr für Unterkünfte, Sozialeinrichtungen, Kasinos und Wohnungen, auch nicht für Fabrikhallen. Die Fabrikanlagen seien in „allereinfachster Holzbauweise" auszuführen, Warmwasserheizungen sind untersagt, elektrische Leitungen über Putz zu verlegen. Todt verlangt die Aufstellung eines Kriegsbauprogramms. Dornberger wird aufgefordert, „die bindenden Anordnungen der vereinfachten Bauweise" in Peenemünde durchzusetzen.[11]

Wenig später fordert Hitler in einer jähen Wendung den beschleunigten Abschluß der Raketenentwicklung. Da Großbritannien sich von See aus als unverwundbar erwiesen hat, die Luftschlacht um das Inselreich für die Luftwaffe des Dritten Reiches in einer Niederlage endete und das Heer vor allem im Osten auf einer Frontbreite von einigen tausend Kilometern eingesetzt ist, sucht Hitler nach einer Waffe, mit der er London treffen kann. Nach Lage der Dinge ist das zu diesem Zeitpunkt die Fernkampfrakete A 4. Hitler denkt allerdings an den Einsatz von mindestens 3 000 bis 5 000 Raketen ab 1942.

Unterkünfte des Versuchskommandos Nord (VKN); Anfang des Krieges werden die Belegschaften der Peenemünder Entwicklungsanstalten durch 4 000 technisch versierte Soldaten verstärkt

11 Der sich über Jahre hinziehende Schriftwechsel zwischen Heereswaffenamt und Reichsministerium für Bewaffnung und Munition sowie der Heeresversuchsanstalt Peenemünde befindet sich fotokopiert in: HTIZPeA

Am 20. August 1941 sitzen Dornberger und von Braun, Dr. Ernst Steinhoff, der Chef für die Entwicklung der Bord-, Steuerungs- und Meßgeräte, sowie General Fromm und andere Militärs im Führerhauptquartier Hitler und dessen engerem Stab gegenüber. Hitler ist nach zwei Monaten Rußlandfeldzug im Siegesrausch. Er sieht in den Peenemünder Raketen Waffen *„von revolutionierender Bedeutung für die Kriegsführung der ganzen Welt“*. Nach seinen Vorstellungen müßten *„hunderttausende von Geräten pro Jahr gefertigt und verschossen werden können“*.[12]

Nach dieser euphorischen, völlig realitätsfremden Beurteilung verlangt Dornberger, die Voraussetzungen für Peenemünde deutlich zu verbessern. Mehr Bauarbeiter, mehr Material und mehr Fachkräfte sollen zur Verfügung gestellt werden, damit ab Herbst 1942, dem angekündigten Termin für den ersten Versuchsstart einer Großrakete, kontinuierlich produziert werden kann. Hitler hebt daraufhin alle einschränkenden Bestimmungen auf und genehmigt die höchste Dringlichkeitsstufe der Rüstungsproduktion. Doch Todt kann nicht zuteilen, was die überlastete Kriegswirtschaft nicht hergibt. Dornberger erreicht trotzdem, daß zusätzliche Versuchsmuster gefertigt werden und die Bauarbeiten vorangehen.[13]

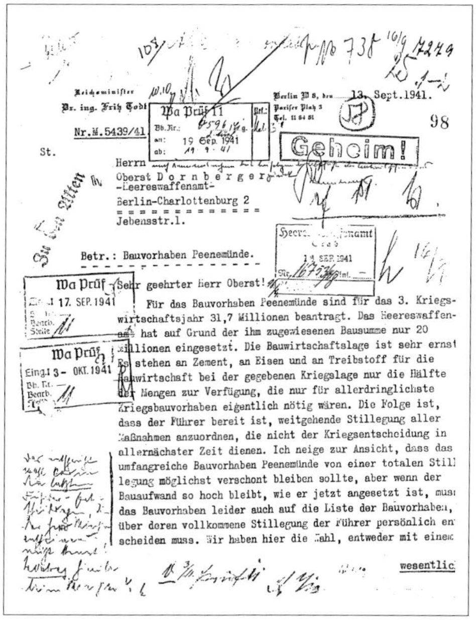
Reichsminister
Dr. ing. Fritz Todt
Nr.M.5439/41
St.

Berlin W 8, den 13. Sept.1941.
Pariser Platz 3
Tel. 11 64 51

98

Wa Prüf 11
19 Sep 1941

Geheim!

Herrn
Oberst D o r n b e r g e r
-Heereswaffenamt-
Berlin-Charlottenburg 2
Jebensstr.1.

Betr.: Bauvorhaben Peenemünde.

Wa Prüf
17. SEP. 1941

Wa Prüf
Eing. 3 - OKT. 1941

Heereswaffenamt
14. SEP. 1941

Sehr geehrter Herr Oberst!

Für das Bauvorhaben Peenemünde sind für das 3. Kriegswirtschaftsjahr 31,7 Millionen beantragt. Das Heereswaffenamt hat auf Grund der ihm zugewiesenen Bausumme nur 20 Millionen eingesetzt. Die Bauwirtschaftslage ist sehr ernst Es stehen an Zement, an Eisen und an Treibstoff für die Bauwirtschaft bei der gegebenen Kriegslage nur die Hälfte der Mengen zur Verfügung, die nur für allerdringlichste Kriegsbauvorhaben eigentlich nötig wären. Die Folge ist, dass der Führer bereit ist, weitgehende Stillegung aller Maßnahmen anzuordnen, die nicht der Kriegsentscheidung in allernächster Zeit dienen. Ich neige zur Ansicht, dass das umfangreiche Bauvorhaben Peenemünde von einer totalen Stillegung möglichst verschont bleiben sollte, aber wenn der Bauaufwand so hoch bleibt, wie er jetzt angesetzt ist, muss das Bauvorhaben leider auch auf die Liste der Bauvorhaben, über deren vollkommene Stillegung der Führer persönlich entscheiden muss. Wir haben hier die Wahl, entweder mit einem

wesentlic

Zwei Jahre nach Kriegsbeginn droht Reichsminister Todt aus Kapazitätsgründen mit „vollkommener Stillegung“ des Projektes Peenemünde, sofern der Bauaufwand nicht erheblich gekürzt wird

Militärs des Heereswaffenamtes inspizierten den Fortgang der Entwicklungsarbeiten: Wernher von Braun (vorn), Generalmajor Dornberger (links), Oberst Leo Zanssen, Standortkommandant (rechts)

12 Vgl.: Niederschrift W. Dornbergers nach dem Gespräch im Führerhauptquartier vom 20. August 1941, in: HTIZPeA, vgl. außerdem Dornberger, Walter: Peenemünde …, a.a.O., S. 113f.

13 Niederschrift W. Dornbergers …, a.a.O.

Die meisten der Konstruktionsbüros, Prüfstellen und Laboratorien werden in moderner Industriebauweise errichtet und sind durch den Küstenwald gedeckt

Neben einem Stapel von Papier in Form von Dutzenden Geheimer Reichs- oder Kommandosachen, Weisungen und Richtlinien um die Zuteilung von Baustahl, Zement, Bauarbeitern und die Art und Weise der Bauausführung entstehen zwischen 1936 und 1942/43 auf dem Peenemünder Haken annähernd 70 große Bauwerke und Bauwerkkomplexe.[14] Sowohl die Anlagen als auch deren technische Ausstattung haben nicht ihresgleichen in der Welt. Ähnliche Hochtechnologiezentren des Raketenbaus entstehen in den USA und in der UdSSR erst ein- bis anderthalb Jahrzehnte später. Das einmalige Forschungspotential Peenemündes bringt ein einmaliges Vernichtungspotential hervor.

Technischer Aufwand und Baugeschwindigkeit sind selbst für das an Rüstungsbauten nicht arme Jahrzehnt zwischen 1935 und 1945 außergewöhnlich. Ein annähernd vergleichbares Beispiel sind die Forschungs- und Fertigungsstätten für die Flugzeugmotorenindustrie, die Daimler-Benz im Raum Ludwigsfelde, südlich von Berlin, errichtet.

Wie aus einer nach dem Krieg entstandenen Übersichtskarte des Geländes ablesbar wird, erstrecken sich gegen Ende des Jahres 1941 die Luftwaffen- und Heeresanlagen sowie die dazugehörige Wohnsiedlung von der Nordostküste des Peenemünder Hakens bis zum Seebad Karlshagen über eine Gesamtdistanz von gut zwölf Kilometern.

Die Luftwaffenerprobungsstelle wurde einschließlich ihres Flugplatzes als Peenemünde-West, die Heeresversuchsanstalt als Peenemünde-Ost geführt. Auf dem Heeresgelände standen als Werk Süd das Versuchsserienwerk (VW), als Werk Ost das Entwicklungswerk (EW). Zu letzterem gehörten Ingenieurbüros, die Instandsetzungswerkstatt (IW Nord), die Teilewerkstatt (TW) und die Zusammenbauwerkstatt (ZW). Zugeordnet waren das große Meßhaus mit dem Steuerungslaboratorium, eine Prüfstand- und Ventilwerkstatt, der Windkanal und die Flüssigsauerstoff-Anlage. In ihr dröhnten vier Aggregate der Firma Linde. Das riesige Betonskelett der einstigen Fabrikhalle ist bis heute erhalten. Zum Prüfgelände gehörten neben dem kleinen Meßhaus die Prüfstände 1 bis 10. Sie lagen parallel zur Nordküste, exakt hintereinander aufgefädelt, und dienten unter anderem der Triebwerkforschung, den Treibstoff- und Einspritzversuchen und der Brennkammereichung der A 4. Prüfstand 7, der mit einem Erdwall umgeben war, wurde Hauptprüf- und Startanlage für die Rakete.

Nach Osten anschließend und ebenfalls in etwa parallel zur Küste befanden sich die Fertigungsanlagen. Sie bestanden aus der Fertigungshalle 1 (F 1) sowie den nicht zu Ende gebauten Hallen F 2 und F 3. Drei weitere blieben Papierprojekte. F 1 war seinerzeit die Fabrikhalle mit der größten Spannweite im deutschen Industriebau. Die überwölbten 96 Meter galten bis dahin als undenkbar. Das Gebäude hatte nur Fenster an der Stirnseite. Durch die sägezahnartige Konstruktion des Daches fiel gleichmäßiges Oberlicht ein. Der Fußboden bestand überwiegend aus teergetränktem Holzpflaster, die Halle war ohne störende Stützen aufgeführt. Kranbahnen liefen unter der massiven Deckenkonstruktion. Die Fertigungshallen waren für die stehende Montage der Fernkampfraketen vorgesehen. Diese lief jedoch erst kurz vor dem ersten Luftangriff der britischen Luftwaffe (RAF) im August 1943 an.

Kurz zuvor war in einem Teil der Halle zu ebener Erde die erste Ausbaustufe des Peenemünder Konzentrationslagers eingerichtet worden. Bereits im Juli 1943 wurden hier einige hundert KZ-Häftlinge aus den Lagern Buchenwald, Sachsenhausen und Ravensbrück zur Zwangsarbeit hergebracht.

Etwas abseits, getrennt von den anderen Prüfständen, befand sich südlich des Versuchsserienwerkes der Serienabnahmeprüfstand P 11. Die Prüfstände 12 und 13 wurden nicht mehr gebaut. In nordwestlicher Richtung war dem Heeresgelände das Luftwaffengelände vorgelagert. Auf ihm befan-

14 Neben den Bauunterlagen im HTIZPeA siehe auch Dornberger, Walter: Peenemünde, a.a.O., und Huzel, Dieter: Von Peenemünde …, a.a.O., sowie Klee, Ernst; Merk, Otto: Damals in Peenemünde. An der Geburtsstätte der Weltraumfahrt. Oldenburg, Hamburg 1963

Baustelle des Peenemünder Kraftwerks; zwischen Dezember 1939 und März 1942 werden hier 7,2 Millionen RM verbaut

Die Ausbaggerung des Kühlwassergrabens wird auf dem sumpfigen Gelände durch einen hohen Grundwasserspiegel behindert

Hoher Bauaufwand und zunehmende Materialengpässe zwingen zur Reduzierung der vorgesehenen Kraftwerksleistung von 110 auf 30 Megawatt; Blick in die Turbinenhalle

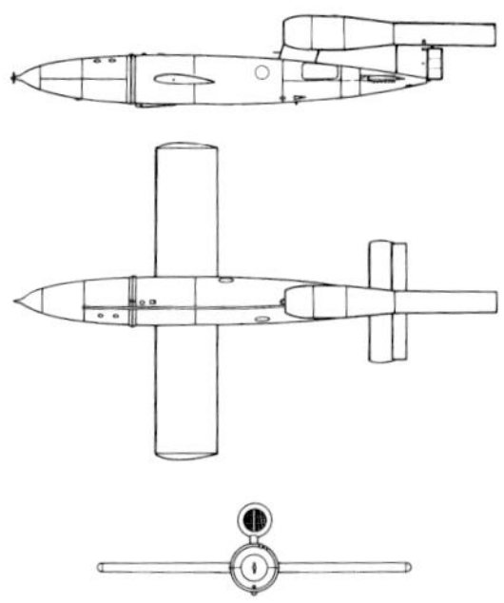

Die in den Fieseler-Flugzeugwerken hergestellte Flugbombe Fi 103 (ab Sommer 1944 V 1 genannt) wird ab Dezember 1942 von der Luftwaffenerprobungsstelle Peenemünde-West getestet; der Antrieb erfolgte durch ein Pulsionsstrahltriebwerk (Argus-Schmidt-Rohr)

den sich vor allem technische Büros, Werkstätten und Laboratorien. Der Flugplatz wurde von beiden Wehrmachtsteilen genutzt.

In unmittelbarer Küstennähe, nordöstlich des Flugfeldes, diente ein eigens eingerichtetes Prüfgelände der Flugbombenerprobung. An Usedoms Himmel zog seit der Jahreswende 1942 zu 1943 die Flugbombe Fi 103 mit traktorähnlichem Geknatter und einer Verbrennungsflamme hinter dem Staurohr ihre Bahn. Schließlich gehörten zu Peenemünde-West ein Hafen für Wasserflugzeuge und Wasserflugzeughallen.

Gemeinsam betrieben Heer und Luftwaffe neben anderem die Werkbahn und das Wasserwerk, außerdem den Anlieferungshafen und das Kraftwerk. An dessen Bau beteiligten sich 146 italienische Metallarbeiter, die bei der Firma Siemens unter Vertrag standen. Wie aufwendig die Arbeiten waren, ist unter anderem daran zu ermessen, daß zur Baugründung 3 500 Stahlbetonpfähle in den Sumpf gerammt werden mußten und anfallender Sand bis zu einer Höhe von 2,88 Metern aufzuspülen war, um das direkt am Hafen gelegene Betriebsgelände vor Überschwemmungen zu schützen. Baubeginn für das Kraftwerk war der 6. Dezember 1939. Die ersten Pfähle, auf denen der Bau ruht, wurden im Juni 1940 gesetzt. Die Maurerarbeiten begannen im darauffolgenden Dezember. Am 1. Juni 1942 ging die Schaltwarte in Betrieb. Die gesamte technische Ausrüstung für das Kraftwerk lieferten die Siemens-Schuckert-Werke. Die Kohleanlieferung erfolgte über einen eigens angelegten Hafen.

An das Heeresversuchsgelände schloß sich nach Osten die Wohnsiedlung an. Die überwiegend zweistöckigen spitzgiebligen Häuser fügten sich wie die Werkbauten in den ursprünglichen Kiefernbestand ein. Sie lagen zwischen Küste und Werkbahn. Parallel zu den Gleisen führte die Landstraße von Karlshagen nach Peenemünde. In der Siedlung lebten vorwiegend Wissenschaftler, Ingenieure und Stabsoffiziere mit ihren Familien. Anfang 1940 wurde der Wohnungsbau eingestellt.

Nördlich von Karlshagen und seiner Siedlung befanden sich die Versorgungsgebäude mit Großkantinen und anderen Wirtschaftseinrichtungen sowie die Massenunterkünfte für die zahlreichen Mädchen und Frauen, die als Zeichnerinnen oder Sekretärinnen in den Diensten der Versuchsanstalten standen. Weiter östlich, nach Trassenheide zu, schlossen sich abgesperrte Gelände mit Zwangsarbeiter- und Kriegsgefangenenlagern an. Für Besucher, die sich noch bis Kriegsbeginn in Karlshagen aufhalten konnten, waren diese Barackenlager kaum einsehbar, wohl aber fielen die blitzblanken Neubauten der Mustersiedlung ins Auge, die den Zustand paradiesischer Lebensverhältnisse suggerierten. Wie dem Lehrling Reinhold Krüger mochte es damals vielen gegangen sein: *„Angetan war ich vor allem von den neuen Häusern in der sauberen, intakten Stadt. Sicher empfindet man das als Kind oder als Jugendlicher noch übersteigert, größer und weiter, als das in Wirklichkeit gewesen ist. Aber dieses Bild war für mich damals der Inbegriff der deutschen Exaktheit und Sauberkeit. Das hatte ich auch nicht vergessen, als sich dann die Gelegenheit bot, hier in Peenemünde eine Lehrlingsausbildung beginnen zu dürfen. Da war ich doch ziemlich stolz darauf."*

Die Siedlung war ursprünglich über ein großangelegtes Torgebäude zu betreten, das mit einem Hakenkreuz versehen war. Da es die „Germania"-Architekten aus der Reichshauptstadt dem Brandenburger Tor nachempfunden hatten, wurde es „Berliner Tor" genannt. Sowohl dieses Gebäude als auch der größte Teil der Siedlung wurden durch Luftangriffe zerstört und sind heute verwüstet oder mit Wald bewachsen.

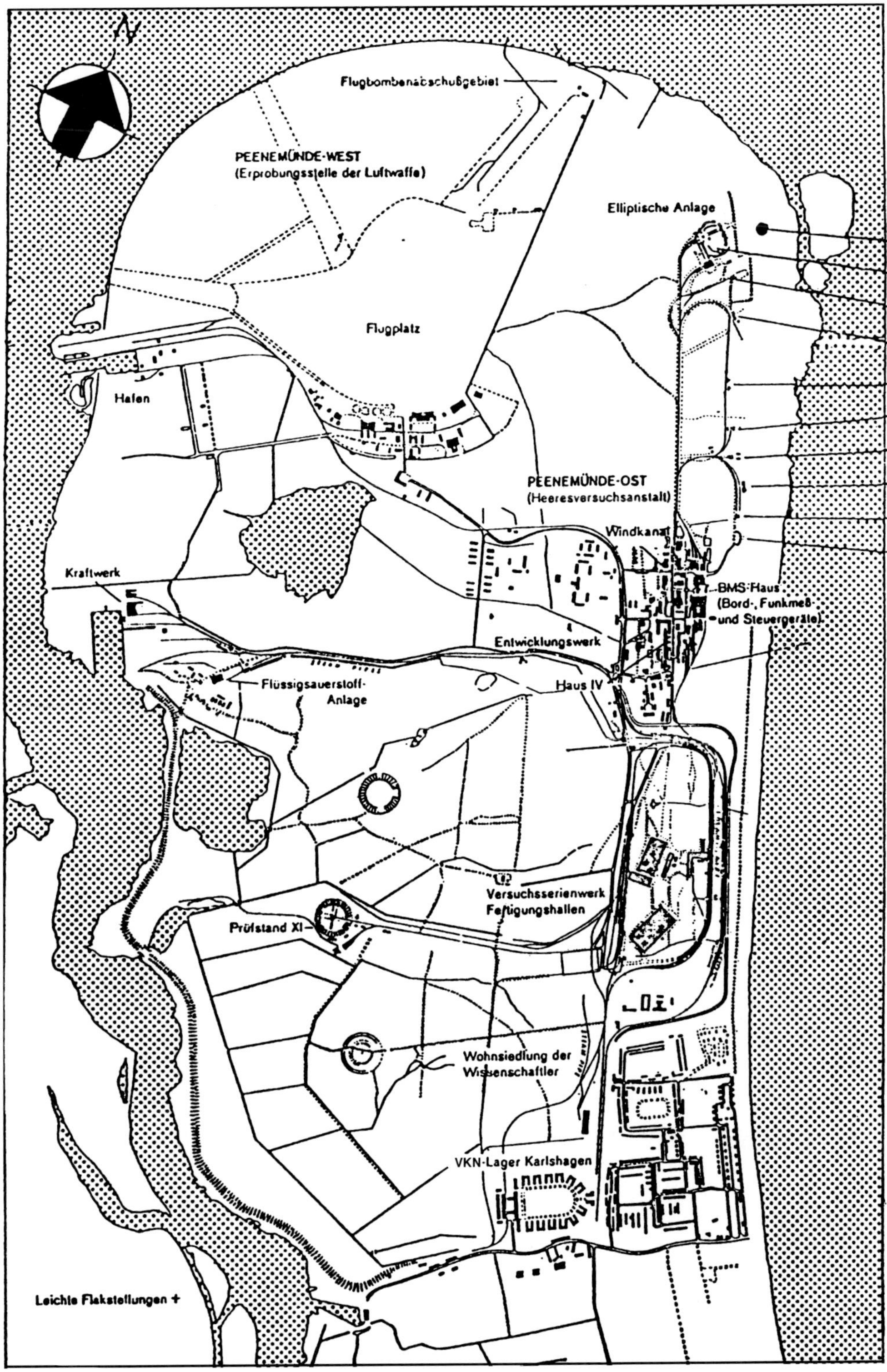

Übersichtskarte zu den Einrichtungen der Heeresversuchsanstalt und der Luftwaffenerprobungsstelle Peenemünde

Wache und Postgebäude am Beginn des engeren Sperrkreises; bis 1943 trug die „Feldpost" den aufgedruckten Absender „Heeresanstalt Peenemünde". Ab 1943 wurden Tarnstempel benutzt, aus denen der Absendeort nicht mehr feststellbar war.

1938 hatten die Peenemünder Architekten zunächst Baupläne für eine völlig neue städtische Siedlung auf Usedom vorgelegt. Zwischen Zinnowitz und Trassenheide sollte sie entstehen und ein Zuhause für 25 000 Einwohner bieten. Der großzügigste Entwurf bezog den Mölschower See ein und sah sogar einen Hafen unweit des Bahnhofes Trassenheide vor. Hier sollte sich auch das Industriegelände anschließen. Die entworfenen Straßenzüge verliefen vom Bahnhof aus in nordöstlicher Richtung bis zum Ostseestrand. Die Architektenzeichnungen lassen Rathaus und Schulen, Parks, Plätze und Schwimmbad, Geschäftsstraßen und Gasthäuser erkennen. Doch das alles blieb nur ein Plan. Schon die Korrekturentwürfe fielen wesentlich bescheidener aus. Verwirklicht wurde am Ende keiner davon. Es blieb bei der uniformen Siedlung im Anschluß an Karlshagen.

Aufmarsch der Hitlerjugend der Insel Usedom in der Karlshagener Siedlung zum Sportfest 1941

Ungeachtet aller Planungen für die Wohnviertel hatte der Industriebau jederzeit Vorrang. Der militärische Chef von Peenemünde, der inzwischen zum Oberst avancierte und mit dem Ehrendoktortitel ausgezeichnete Walter Dornberger, ließ zu keiner Zeit sein Ziel aus den Augen. Er wollte die verschiedensten Zweige von Wissenschaft und Technik, Technologie und Produktion, die der Waffenentwicklung direkt oder indirekt dienten, einschließlich der Prüfstände, zwar nicht unter einem Dach vereinen, wohl aber organisatorisch fest in eigener Hand behalten. So entstand ein Forschungs-, Entwicklungs- und Produktionskomplex für die neuen Waffen, der beispiellos war.

Deshalb galten auch in Peenemünde die höchsten Geheimhaltungsstufen. Die entsprechenden Verpflichtungen übertrafen alles bisher Bekannte in den Waffenfabriken des Dritten Reiches. Jeder Mitarbeiter wurde eindringlich über Spionage- und Sabotageabwehr, Landesverrat und Wahrung der Dienstgeheimnisse belehrt. Bei Zuwiderhandlung drohten Höchststrafen. In mehr als zwanzig Fällen wurde die Todesstrafe verhängt. Jedem Angestellten und jedem Wehrmachtsangehörigen war eine rigorose Post- und Fernschreibzensur auferlegt. Das Personenkontrollsystem wurde über die Jahre immer feinmaschiger. An mehreren, zuletzt elf Sperrkreisen prüften Wehrmachtsoldaten oder spezielle Wachmannschaften, an den Zugängen zu den Konzentrationslagerbereichen auch SS-Posten, die Ausweise und Genehmigungen. Stacheldrahtverhaue und Laufposten mit Wachhunden sicherten zusätzlich besonders ausgewiesene Sperrgebiete im Gelände. Werkangehörige trugen ihren Ausweis sichtbar an Jacke oder Mütze. In besondere technische Einrichtungen, Prüfstände zum Beispiel, fand nur Zugang, wer über ganz spezielle Metallplaketten verfügte. Militärische Abwehr, Gestapo und Sicherheitsdienst (SD) wirkten in Peenemünde sowohl eigenständig als auch zusammen. Sie schleusten auch Spitzel ein, wenn sie dies für notwendig erachteten. Schließlich operierten die Militärs mit wechselnden Tarnbezeichnungen. HAP 11, die Abkürzung von „Heimat-Artillerie-Park 11" stand für Heeresversuchsanstalt Peenemünde, die Bezeichnung „Elektromechanische Werke Karlshagen/Pommern" für das Entwicklungswerk in Peenemünde.

Der Hauptzugang zur Wohnsiedlung führt durch das „Berliner Tor“

Verschiedenfarbige Metallplaketten dienen der Identifizierung der Belegschaft und regeln den Zugang zu den einzelnen Betriebsteilen

Da bereits zu Kriegsbeginn die Zahl der Beschäftigten in Peenemünde auf über 10 000 angewachsen war, wurde auch eine Lösung der entstandenen Verkehrsprobleme immer dringlicher. Nur der Einsatz einer Werkbahn konnte Abhilfe schaffen, denn der Einzugsbereich der Arbeitskräfte reichte inzwischen weit über die Orte Wolgast oder Zinnowitz hinaus. Dazu kamen nach wie vor Bauarbeiterkontingente und in immer stärkerem Umfang Zwangsarbeiter aus vielen europäischen Ländern. Sie alle mußten täglich zur Arbeit und zurück befördert werden. Deshalb begann man nach Kriegsbeginn ein Werkbahnnetz für den Personenverkehr aufzubauen, in dem später bis zu 800 Eisenbahner eingesetzt waren. Der regelmäßige Zugverkehr, für den zwischen Trassenheide und der Endstation Peenemünde Nord insgesamt neun Haltepunkte angelegt wurden, begann im Oktober 1940 mit einem Akkumulatoren-Triebzug.[15] In Zinnowitz bestand Anschluß ans Reichsbahnnetz. Jeder Zug führte fünf Wagen mit je 50 Sitzplätzen. Die Strecke Zinnowitz – Peenemünde wurde täglich sechsmal befahren, mit jeweils einem Zugpaar am Morgen, zur Mittagszeit und am Abend. Jede Fahrt dauerte 35 Minuten. Von 1941 an befuhr der Triebwagenzug zweimal täglich auch die anschließende Reichbahnstrecke zwischen Zinnowitz und Zempin. Nichtöffentlicher Werkverkehr bestand zwischen Zinnowitz und Ückeritz. Die Triebwagen waren äußerlich weitgehend mit der Baureihe 167 der Berliner S-Bahn identisch. Die Stromzuführung erfolgte durch Oberleitung, nachdem am 15. April 1943 die Werkbahn bis Zinnowitz elektrifiziert worden war. Außerdem bestand auch weiterhin Dampfzugbetrieb.

Ab Herbst 1940 transportiert eine elektrisch betriebene Werkbahn zwischen Zinnowitz und Peenemünde täglich über 10 000 Betriebsangehörige

15 Zum Werkverkehr siehe Kuhlmann, Bernd: Die Akku-Triebzüge der ehemaligen Werkbahn Zinnowitz – Peenemünde, in: Der Modelleisenbahner 4/90, S. 11f.

„Gefolgschaftsversammlung" in der Fertigungshalle F 1

Peenemünder Triebwerkspezialisten vor dem 3. Modell der A 4-Rakete im Juli 1942; 2.v.r. Dr.-Ing. Walter Thiel

Entwicklung der Raketenwaffe bis zum 3. Oktober 1942

1935 waren noch in Kummersdorf-West die Entwicklungsarbeiten an einem mit A 3 bezeichneten Raketenwaffenprojekt angelaufen. Das Triebwerk der Flüssigkeitsrakete entwickelte einen Schub von anderthalb Tonnen. In dieser Arbeitsphase sollten sich die besonderen wissenschaftsorganisatorischen Begabungen Wernher von Brauns beweisen. Er vermochte es, auch die entferntesten Randgebiete der Technik für die Lösung kompliziertester und völlig neuartiger Aufgaben nutzbar zu machen.[16] Das galt zum Beispiel auch für zahlreiche bisher unbekannte thermodynamische, physikalische oder chemische Probleme sowie für den Werkstoffeinsatz. 1936 wird der Triebwerkspezialist Dr.-Ing. Walter Thiel eingestellt, der Hochleistungstriebwerke entwickelt und dazu ein besonders wirkungsvolles Zerstäuberverfahren anwendet. Sein Auftrag ist es, ein Triebwerk mit einer Schubleistung von 25 Tonnen zu konstruieren. Dornberger schildert Thiel als mittelgroßen, blassen Mann mit schwarzumrandeter Hornbrille, zurückgekämmtem dunkelblondem Haar und energischem Kinn. Nach seinem Urteil ist dieser ein überaus fleißiger, gewissenhafter und systematisch vorgehender Wissenschaftler. Er erfindet mit der kreisförmigen Anordnung von 18 Einspritzköpfen auf der Brennkammer eine einfache und zugleich wirkungsvolle technische Lösung zur Verkürzung des Antriebsblocks. Bis Sommer 1940 bleibt Thiel mit fünf weiteren Konstrukteuren und einigen erfahrenen Schlossern noch in Kummersdorf-West, wo Anlagen genutzt werden können, die in Peenemünde erst errichtet werden müssen.
Bereits im Mai 1937 war die Mehrheit der Mitarbeiter nach Peenemünde umgezogen. Während zwischen 1932 und 1936 der engste Kreis der Fachleute noch auf 78 Raketenkonstrukteure und Raketenbauer beschränkt blieb, erhöhte sich deren Zahl zwischen Januar 1938 und September 1939 von 411 auf annähernd 1 200 Personen. An dieser Entwicklung hat Wernher von Braun entscheidenden Anteil. Wie ihm sein Dienstherr Dornberger bescheinigt, hatte er sehr früh erkannt, *„daß die Voraussetzung zum Erfolg eines neuen technischen Gedankens die Heranbildung und Auswahl eines geschulten, mit der Materie vertrauten und mit der*

16 Beurteilung W. v. Brauns vom 19. Februar 1936 durch W. Dornberger, in: HTIZPeA

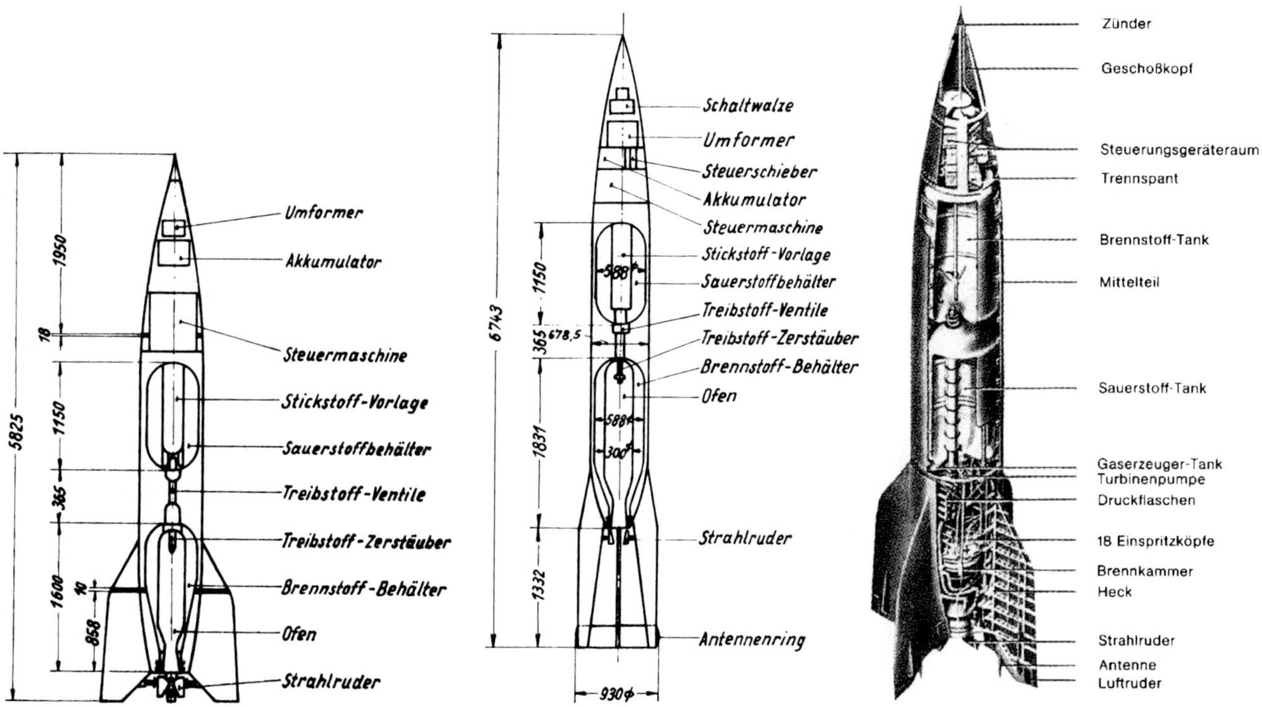

Schnittdarstellungen zu den Entwicklungsstadien der Peenemünder Fernrakete, links: A 5 (ab 1937), Mitte: A 3 (um 1937), rechts: A 4 (ab 1942)

Idee verwachsenen Stammpersonals ist".[17] Zu Peenemündes führenden Köpfen unter dem Militär Dornberger und dem „geistigen Oberhaupt" von Braun gehören ab 1939 die Wissenschaftler Walter Thiel, der Forscher-Unternehmer Helmut Walter in Kiel sowie Eberhard Rees und Moritz Pöhlmann. Oberingenieur Walter Riedel ist bereits seit Anfang der dreißiger Jahre dabei. Da es außerdem zwei weitere Ingenieure mit dem Namen Riedel gibt, wird der eine (Klaus), zuständig für die Einsatzvorbereitung der Rakete, als Riedel II und der andere (Walther), eingesetzt in der Konstruktionsabteilung des Entwicklungswerkes, als Riedel III bezeichnet. Die aerodynamischen Arbeiten im Windkanal sind Aufgabe Rudolf Hermanns, ebenfalls einer der führenden ingenieurtechnischen Köpfe seiner Zeit. Ihm zur Seite stehen die Ingenieure Hermann Kurzweg und Ludwig Roth. Ballistische Aufgaben lösen Hermann Steuding und Ernst Stuhlinger. „Nutzlast"-Fachmann ist Fritz Gajewski, Sprengstoffkenner bei der IG Farben. Steuerungsmechanismen entwickeln oder adaptieren Carl Wagner von der Technischen Hochschule Darmstadt sowie Theodor Buchhold und Gotthold Vieweg. Im Bereich der Meßtechnik arbeiten Ernst Steinhoff und Helmut Gröttrup. Kurt Debus befaßt sich zu dieser Zeit vor allem mit Hochspannungselektronik.

Zu dieser Führungsgruppe kommen in den Versuchsanstalten Peenemünde während der ersten Kriegsjahre noch einmal gut anderthalbtausend weitere hochrangige Fachwissenschaftler vieler Bereiche hinzu. Sie alle bilden einen bis dahin unbekannt wirkungsvollen Zusammenschluß – einen Wissenschaftler-Pool, mit dem die Grenzen zwischen den Fachdisziplinen leicht zu überwinden sind. Ihnen zur Seite stehen seit 1940 noch einmal annähernd dreieinhalbtausend abkommandierte Soldaten und Offiziere mit hohen physikalisch-technischen Vorkenntnissen – das Versuchskommando Nord. Außerdem entwickelt die Heeresversuchsanstalt mit jedem Schritt im Ausbau des eigenen Wissenschaftspotentials auch ein enges Beziehungsgeflecht zu bestehenden wissenschaftlichen Forschungs- und Lehreinrichtungen in Deutschland. Zu ihnen gehören vor allem die Technischen Hochschulen in Aachen, Braunschweig, Berlin, Darmstadt, Dresden und Stuttgart, das Deutsche Institut für Luftfahrtforschung in

Nach dem ersten erfolgreichen Start einer A 4-Rakete: Gratulation des Chefs der Nachrichtentruppen, General Erich Fellgiebel, an Oberst Walter Dornberger und Wernher von Braun (v.r.)

Zuständig für die Einsatzvorbereitung der Fernrakete ist in Peenemünde Klaus Riedel, hier privat mit Ehefrau

17 Beurteilung W. v. Brauns aus dem Jahre 1943 durch W. Dornberger, in: HTIZPeA

Berlin, das Raketenflugtechnische Forschungsinstitut in Trauen sowie die als Wasserbauversuchsanstalt getarnte Forschungsstätte Kochel, ebenfalls in den Alpen. Schließlich bestehen Kontakte zum Luftfahrtforschungszentrum in Braunschweig-Völkenrode, wo der Raketenforscher Eugen Sänger seit Mitte der dreißiger Jahre tätig ist, nachdem er seiner NSDAP- und SS-Zugehörigkeit wegen Österreich verlassen hat. Sänger arbeitet nicht in Peenemünde, sondern weiterhin für die Luftwaffenforschung.

Zur Ermittlung der günstigsten aerodynamischen Form steht in Peenemünde der leistungsfähigste Windkanal Deutschlands

Obwohl bei den täglichen Arbeitsentscheidungen auch Wissenschaftler in Peenemünde Managementaufgaben wahrnehmen, werden alle wichtigen Entscheidungen in diesem Unternehmen des Heeres auch wirklich den Militärs übertragen. Alle Fäden laufen bei Oberst Walter Dornberger zusammen, der wiederum direkt dem Heereswaffenamt untersteht. Neben Oberst Leo Zanssen, der als Standortkommandant von Peenemünde zeichnet, gehören zur militärischen Führungsspitze die Generalmajore Wolfgang von Chamier-Glyczynski und Edward Metz sowie im Produktionsbereich die Oberstleutnante Stegmaier und Zippelius. Zur Gruppe der einflußreichen Militärs sind zudem einige hundert Abnahmeingenieure des Heereswaffenamtes zu zählen. Unter dem ingenieurtechnischen Personal befindet sich auch eine wechselnd große Gruppe von Ingenieuren, die im Auftrage von Zulieferfirmen in Peenemünde arbeiten. Durch ihre Präsens vor Ort und ihre Einbindung in die laufenden Entwicklungsprojekte stellt sich ein effektiver und dauerhafter Rückkontakt zu den Herstellerunternehmen her.

Wernher von Braun, dessen Aufgabe in der technischen Leitung des Gesamtunternehmens besteht, verbindet seit der zweiten Hälfte der dreißiger Jahre sein Lebenswerk immer enger mit der Entwicklung der neuartigen Waffe für das großdeutsche Reich und dessen imperiale Ziele. Er versteht es zugleich,

Typisches Peenemünder Konstruktionsbüro, nachgestaltet in der Ausstellung des Historisch-technischen Informationszentrums

sich mit einigem persönlichem Engagement die höheren Weihen der NSDAP und der SS-Organisation zu sichern. Seinen handgeschriebenen Personalunterlagen zufolge trat er in die Partei am 1. 12. 1938 ein und in die SS am 1. 5. 1940. Dieses Datum wird mit der SS-Stammrolle belegt, die im Berlin Document Center aufbewahrt ist (siehe Faksimile). Einer Veröffentlichung Julius Maders von 1967 zufolge (Geheimnis von Huntsville) soll Wernher von Braun bereits am 1. 11. 1933 SS-Anwärter geworden sein.

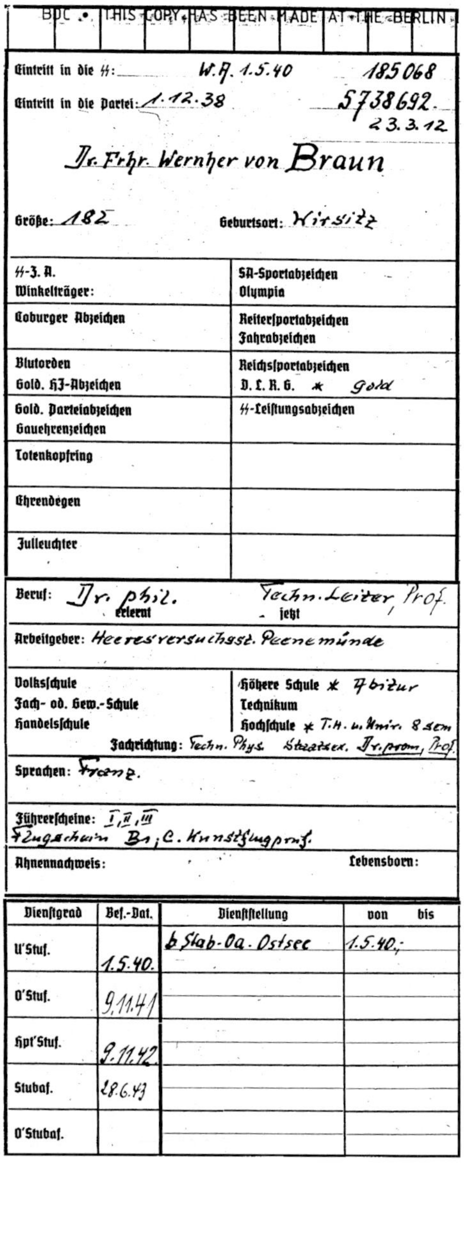

BDC • THIS COPY HAS BEEN MADE AT THE BERLIN

Eintritt in die SS: W.A. 1.5.40 185068

Eintritt in die Partei: 1.12.38 5738692.

23.3.12

Dr. Frhr. Wernher von Braun

Größe: 182 Geburtsort: Wirsitz

SS-J. A. Winkelträger:	SA-Sportabzeichen Olympia
Coburger Abzeichen	Reitersportabzeichen Fahrabzeichen
Blutorden Gold. HJ-Abzeichen	Reichssportabzeichen D. L. R. G. * Gold
Gold. Parteiabzeichen Gauehrenzeichen	SS-Leistungsabzeichen
Totenkopfring	
Ehrendegen	
Julleuchter	

Beruf: Dr. phil. erlernt – Techn. Leiter, Prof. jetzt

Arbeitgeber: Heeresversuchsst. Peenemünde

Volksschule / Fach- od. Gew.-Schule / Handelsschule

Höhere Schule * Abitur / Technikum / Hochschule * T.H. u. Univ. 8 sem

Fachrichtung: Techn. Phys. Staatsex. Dr. prom, Prof.

Sprachen: Franz.

Führerscheine: I, II, III
Flugschein B; C. Kunstflugprüf.

Ahnennachweis: Lebensborn:

Dienstgrad	Bef.-Dat.	Dienststellung	von	bis
U'Stuf.	1.5.40.	b. Stab-Oa. Ostsee	1.5.40.;	
O'Stuf.	9.11.41			
Hpt'Stuf.	9.11.42			
Stubaf.	28.6.43			
O'Stubaf.				

SS-Stammrolle Wernher von Brauns (Berlin Document Center)

Zu dienstlichen Veranstaltungen der Heeresversuchsstelle und bei anderen Gelegenheiten erscheint von Braun in SS-Uniform. Der Ordonnanzoffizier des Oberstleutnants Stegmaier, der seinen Vorgesetzten im Mai 1942 erstmals zu einem Prüfstandsversuch zu begleiten hatte, erinnert sich, daß er seinem Kommandeur zuflüsterte: „Der SS-Sturmführer dort könnte eigentlich für ein Weilchen mal nach Rußland geschickt werden, meinen Sie nicht auch?" Stegmaier darauf: „Der Sturmführer dort ist unser Technischer Direktor, Dr. von Braun. Den können wir keinesfalls nach Rußland schicken, denn ohne ihn kämen wir hier nicht weiter." Ernst Kütbach, Oberjunker bei der Waffen-SS, berichtet über die Ausbildung der Peenemünder SS-Angehörigen: „So ergab sich, daß der Dr., der auch in das vom Reichsführer SS befohlene Exterieur: groß – blond – blauäugig paßte, Dienst bei der allgemeinen SS mitmachte, genau wie ich. Besonders wenn es ums Schießen ging, mußte der Dr. immer herhalten, denn dank seiner Treffsicherheit waren wir Sieger in jedem Schießwettbewerb."[18]

Ein Quellenbeleg für diese Angabe wird nicht mitgeteilt.

In den Jahren zwischen 1935 und 1937 befaßte sich die Mehrzahl der Raketenforscher mit dem Raketenprojekt A 3, dem „Studiengerät zur Erprobung des Flüssigkeitsraketenantriebes für geschoßähnliche Körper".[19] Da in Peenemünde noch alles in Bau war, erfolgten Flugversuche von der Greifswalder Oie aus, einer Insel vor der Küste des Peenemünder Hakens.[20] Das winzige Eiland hatte in diesen Jahren noch immerhin rund 20 Bewohner, und auch in der Pension „Inselhof" sollen sich in den Sommermonaten bis 1937 wenigstens noch einmal so viele Ostseeurlauber aufgehalten haben. Dann zog die Wehrmacht ein und erklärte auch dieses Naturidyll zum militärischen Sperrgebiet. Zwar durften die Leuchtturmwärter, Fischer und Bauern auf ihrer Insel bleiben, aber in der Gastwirtschaft richtete sich die Schießleitung für die beabsichtigten Raketenstarts ein. Man baute Beobachtungsstände und einfache Bunker. Mit Bohlen abgestützt und von Erdreich verdeckt, schützten sie die Meßgeräte. Das Startgestell für die senkrecht abhebende Rakete war vor allem im Herbst und im Winter, wenn es stürmte, vom Einsturz bedroht. Die Meßkommandos blieben jeweils eine Sommer- oder eine Wintersaison auf der Insel. Gegessen wurde im Inselgasthof, wo die Wirtin eine einzigartige Biersuppe serviert haben soll. Schlafgelegenheit bot eine aufgestellte Baracke. Die hier aufgezeichneten Versuchsprotokolle der bei unwirtlichem Wetter zwischen dem 4. und 11. Dezember 1937 gestarteten drei Aggregate weisen jeweils einen einwandfreien Start, dann aber häufig Explosion und Absturz aus. Die Flugzeit dauerte nur wenige Sekunden.

Bereits die Erprobungen im Windkanal, die seit Juli 1936 vorgenommen wurden, hatten Stabilitätsmängel an der Rakete angezeigt. Dr. Hermann, der an der Technischen Hochschule Aachen die Prüfung des ersten Modells der A 3 vornahm, kam zu unbefriedigenden Ergebnissen. Die Schwierigkeit, so stellte er fest, lag in der Ermittlung der richtigen Flossenform für pfeilstabilisierte Flugkörper im Überschallbereich. Nach diesen kritischen Erfahrungen mit der A 3 wird das inzwischen aufgenommene Entwicklungsprojekt A 4 zeitweise zurückgestellt. Weitergeführt hingegen wird die Arbeit an Steuer-

18 Aufzeichnungen Ernst Kütbachs

19 Geheime Kommandosache vom 29.11.1937

20 Erinnerungen Beteiligter an die Erprobungen auf der Oie und Aufzeichnungen über den Ablauf

geräten, Ausströmdüsen und anderen Systemteilen. Die Leitung der Raketenentwicklung entscheidet, vor der uneingeschränkten Weiterarbeit am Gerät A 4 zunächst eine Zwischenstufe – die Rakete A 5 – einzuschieben. Diese bringt dann tatsächlich auch die angestrebten technischen Ergebnisse. Die ersten Modellaggregate dieser Reihe werden ab März 1939 verschossen. Sie sind mit einer Treibstoffturbine der Kieler Firma Walter ausgestattet. Ab Oktober 1939 findet das Versuchsschießen mit voll ausgerüsteten Raketen statt. Startplatz ist wiederum die Insel Oie. Diesmal erreichen die Raketen nicht nur Gipfelhöhen von über acht Kilometern, sondern mit dem dritten Start gelingt auch die Umlenkung der Rakete aus der Senkrechten in eine um 45 Grad geneigte Schußbahn – die entscheidende Voraussetzung, das Projektil als eine Fernkampfwaffe einzusetzen.

Am 21. August 1940 gelingt es schließlich, am Prüfstand 1 in Peenemünde ein neu entwickeltes Triebwerk zu testen, das der Rakete die geforderte Leistung von 25 Tonnen Schubkraft verleiht. In den Konstruktionsbüros von Peenemünde denkt man in dieser Zeit des nationalistischen Siegestaumels sogar an den ersten Entwurf einer zweistufigen Interkontinentalrakete, mit der man New York beschießen will. In die Arbeiten zur Triebwerkentwicklung werden indirekt auch die Raketenpioniere Rudolf Nebel und Klaus Riedel einbezogen. Sie unterzeichnen am 2. Juli 1937 einen Geheimvertrag mit dem Heereswaffenamt. Die beiden privaten Raketenforscher Nebel und Riedel sind Inhaber des Deutschen Reichspatents Nr. 633 667, „betreffend Rückstoßmotoren für flüssigen Treibstoff" und der Patentanmeldung N 32 827 I/46g. Der Geheimvertrag bestätigt ihnen, daß sie gemeinsam im Besitz von Entwicklungserfahrungen auf dem Gebiet des Rückstoßantriebes sind, und verpflichtet sie zugleich, *„der Wehrmacht für deren Zwecke und zur Anwendung in deren eigenen Betrieben und in Betrieben Dritter das uneingeschränkte Mitbenutzungsrecht"* zu gewähren. Die beiden verpflichten sich außerdem, dem Heereswaffenamt alle erforderlichen Zeichnungen und Unterlagen zur Verfügung zu stellen. Klaus Riedel tritt wenig später mit seinen Erfindungen und Erfahrungen „in die Dienste des Heereswaffenamtes-Prüfwesen" und verunglückt

Kraftstoffeinspritzsystem einer A 4-Rakete, Entwicklungsstand 1941/42

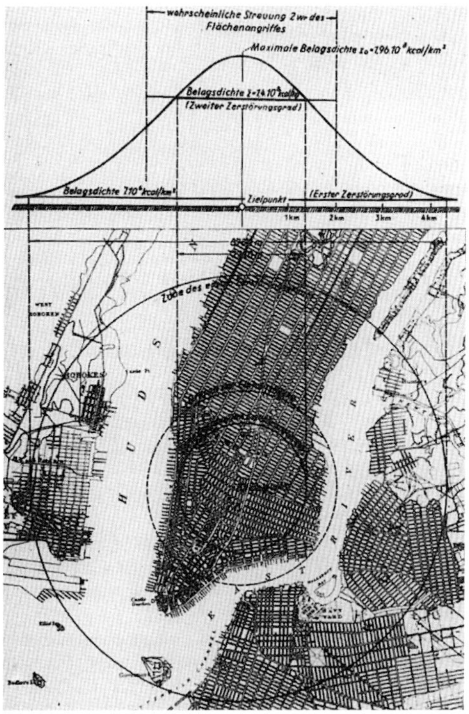

Zielpunkt New York; auf das frühe Projekt einer zweistufigen Interkontinentalrakete, mit der man die USA treffen will, kommt man in Peenemünde Anfang 1945 zurück

Vor dem Start am Prüfstand 7 (Herbst 1942)

am 4. August 1944 bei Peenemünde. Neben den Wissenschaftlern und Konstrukteuren, die sich mit der A 4-Rakete befassen, arbeiten in der Luftwaffenerprobungsstelle Peenemünde-West auch zahlreiche Ingenieure an der Entwicklung von Staustrahltriebwerkflugzeugen. Auch dafür waren erste Forschungsarbeiten bereits in Kummersdorf-West gemeinsam mit Wernher von Braun aufgenommen worden. Auf dem Rollfeld des Peenemünder Hakens erreicht man neue Dimensionen im Zusammenwirken mit der deutschen Flugzeugindustrie.

Besonders intensiv und technisch erfolgreich sind gemeinsame Entwicklungen mit den Firmen Heinkel und Messerschmitt. Im Juni 1939 fliegt erstmals eine Maschine mit einem flüssigkeitsgetriebenen Raketentriebwerk, die He 176. Testpilot ist Erich Warsitz.[21] Er erreicht eine Spitzengeschwindigkeit von 800 bis 850 Stundenkilometern. Kurze Zeit später folgt die He 178, das erste Strahltriebwerkflugzeug der Welt. Diese Flugzeugentwicklungen leiden jedoch ebenso wie die Fernkampfrakete A 4 an zahlreichen Kinderkrankheiten, die bis zum Kriegsende nicht überwunden werden.

Die Reichweite der Fernkampfrakete A 4 beträgt seit Oktober 1942 maximal 190 Kilometer. Sie ist 14 Meter lang, ihr Durchmesser beträgt 165 Zentimeter, das Leergewicht vier Tonnen. Zu betanken ist die A 4 mit knapp fünf Tonnen flüssigem Sauerstoff (–183 Grad), dem sogenannten A-Stoff, sowie fast vier Tonnen fünfundsiebzigprozentigem Alkohol, dem B-Stoff. Als Brenndauer erreicht man dadurch maximal 65 Sekunden. Bei einem Start-

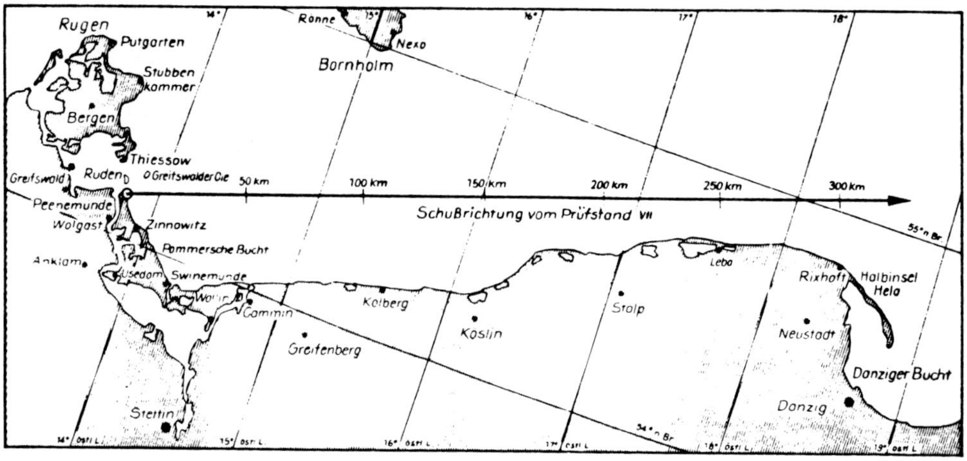

Peenemünder Hauptschießbahn in Richtung der Danziger Bucht; an der Pommerschen Küste waren zur Flugkontrolle Meßstationen eingerichtet

21 BDC-Akten Wernher von Braun und Erich Warsitz sowie unverzeichnete Erinnerungen von Zeitzeugen, in: HTIZPeA

Count-down zum A 4-Start

gewicht von nahezu 13 Tonnen und einer zuzüglichen Last von einer dreiviertel Tonne Sprengstoff beträgt das Verhältnis Schub zum Startgewicht 25 zu 14 Tonnen – also etwa 2 : 1. Am 25. Februar 1942 steht das erste komplette Versuchsmuster dieser einmaligen Waffe auf dem Prüfstand 7. Als allerdings am 18. März der erste Brennversuch gestartet wird, explodiert das Triebwerk, und das Aggregat wird zerstört.

Auch der nächste Versuch am 13. Juni endet mit Explosion und Zerstörung. Zu ihm hatte man, in der Hoffnung auf den großen Erfolg, zahlreiche Gäste geladen, für die ein Tagesprogramm vorbereitet worden war. Der Versuch Dornbergers, vor hohen Entscheidungsträgern und einflußreichen Besuchern zu glänzen, mißlingt gründlich. Der dritte Versuch am 16. August erweist sich dann wenigstens teilweise als erfolgreich. Die Rakete erreicht eine Gipfelhöhe von 11,7 Kilometern. Nachdem die Überschallgeschwindigkeit Mach 1,9 erreicht worden ist, kommt es allerdings erneut zur Explosion. Zum ersten Mal stehen die „gefrorenen Blitze“ am Himmel über der Ostsee. Erst am 3. Oktober 1942 gelingt ein nahezu perfekter Schuß. Nach dem problemlosen senkrechten Abheben vom Prüfstand 7 erreicht die neue Waffe nahezu Mach 5 und damit eine Gipfelhöhe von 84,5 Kilometern. Sie durchfliegt in 296 Sekunden die Distanz von 190 Kilometern. Das Schlangenei ist ausgebrütet. So war der Start, der später von den Peenemünder Raketenpionieren so oft als „erster Sprung in den Weltenraum“ gefeiert wurde, kein hoffnungsvoller Neuanfang, sondern nur der erste Schritt zu einem bitteren Ende.

Das Schlangenei

Vorbereitung zur Serienreife
1942 bis 1943

Start zu einem der ersten Testflüge einer A4-Rakete im Herbst 1942; dabei wurden Flugweiten zwischen 147 und 197 Kilometern erreicht

Die ersten Prototypen

Nach dem geglückten Start einer A 4-Rakete am 3. Oktober 1942 herrscht Hochstimmung in Peenemünde, doch der Fortgang der Entwicklungsarbeiten läßt sich kaum beschleunigen. Wie die Wochen- und Dekadenberichte der Prüfstände ausweisen, kann die Zahl der angelieferten vorgefertigten Geräte und Brennkammern für weitere Versuche und Schüsse vorläufig nicht gesteigert werden. Um das noch lange nicht in allen Reaktionen berechenbare Gerät mit seinen 20000 Einzelelementen in eine fronttaugliche Waffe zu verwandeln, müssen außerdem viele Systeme und Geräte vereinfacht und sicherer in ihrer Wirkungsweise gemacht werden. Fritz Fromm, Chef der Heeresrüstung, hatte bereits Mitte September dafür einen fest umrissenen Entwicklungsauftrag für zunächst 20 Raketen vom Typ A 4 herausgegeben.[1] Doch weiterhin mißlingen viele der Startversuche am Prüfstand 7. Es kommt zu ganzen Serien von gefährlichen Testabbrüchen und Explosionen. Die Beobachtungsposten schreiben in ihre Protokolle: *„taumelt, verliert Abdeckbleche und hat nur Schub für 37 Sekunden"* oder *„explodiert nach vier Sekunden"*. Dazu kommen Heckbrände und Versagen der Steuerung. Einmal explodiert die A 4 noch auf dem Prüfstand. Insgesamt sind 1942 lediglich zwei Starts erfolgreich – der vom 3. und der vom 21. Oktober. Doch trotz aller Mißerfolge, die die Entwicklung der Raketenwaffe zur Serienreife begleiten, die technisch erfolgreichen Versuche bestätigen jeweils die immer erneut von den Konstrukteuren vorausgesagten Leistungsparameter.

1 OKH Chef Heeresrüstung und Befehlshaber des Ersatzheeres. Entwicklungsauftrag vom 17. September 1942, in: HTIZPeA

Im Herbst 1942 wird im Reichsluftfahrtministerium entschieden, in Peenemünde neben den Arbeiten an der Rakete A 4 auch eine Flugabwehr-(Fla-)Rakete zu entwickeln. Der Auftrag geht zunächst an die Flakversuchsanstalt Karlshagen. Um sich für dieses aufwendige Projekt eine Mannschaft qualifizierter Arbeitskräfte zu sichern, werden nach dem Vorbild des Versuchskommandos Nord etwa 200 Soldaten mit ingenieurtechnischen Berufen aus der Flak-Artillerie in das neu gebildete Flakversuchskommando Nord dirigiert. Technischer Leiter wird Wernher von Braun. Als erstes beantragt er den Bau eines neuen Prüfstandes – P 9. Die Entwicklungsarbeiten laufen unverzüglich an. Mit den Erprobungen wird im Frühjahr 1943 begonnen.

Neben weiteren Waffenentwicklungen, die jedoch oft aus Kostengründen bald wieder abgebrochen oder wenigstens hinausgeschoben werden mußten, hatte sich bereits im Sommer 1942 das Projekt einer Flugbombe durchgesetzt. Der unbemannte Flugkörper, dessen Sprengladung durch Aufschlag explodierte, sollte mit einem Schubrohr (Pulsionsstrahltriebwerk) ausgerüstet und vorwiegend gegen dichtbesiedelte Großstädte eingesetzt werden. Am 5. Juni 1942 erhalten die Gerhard Fieseler Werke in Kassel durch die Luftwaffenführung den Auftrag, einen solchen Flugkörper für das bereits erprobte einfache Triebwerk zu entwickeln.[2] Als Konstrukteur der unter der Bezeichnung Fi 103 gefertigten Flugbombe wird Robert Lusser genannt, aber sein Name ist nicht der einzige in diesem Zusammenhang. Oberst Max Wachtel, der später eine militärische Schlüsselrolle bei der Vorbereitung und Führung des Einsatzes der Flugbombe Fi 103 einnehmen wird, bezeichnet diese bildhaft als ein verkleinertes Jagdflugzeug vom Typ Me 109. Die auf einen vorausbestimmten Kurs gesetzte Waffe ähnelt äußerlich einem Mini-Flugzeug mit Stummelflügeln. Der Start erfolgt anfangs von einem 55 Meter langen Katapult oder auch als Freistart von einem Bomber vom Typ He 111 aus. Die Flugbombe bringt 850 Kilogramm Sprengstoff zu ihrem Flächenziel. Peenemünde macht sie „frontreif".

Anfang Dezember 1942 fliegt Fieseler nach Peenemünde, um die Versuchsstarts auf der Katapultanlage zu beaufsichtigen. Knapp sechs Monate hat es

Flugbombe Fi 103 kurz nach dem Abheben von der Versuchsstartrampe

Explosion nach dem Fehlstart einer Testrakete auf Prüfstand 7 am 8. Januar 1943

2 Nowarra, Heinz J.: Die deutsche Luftrüstung 1933–1945. Bd. 4, Koblenz 1988, S. 55ff.; siehe auch Faksimile des Briefes von Max Wachtel in: Wojewodzki, Michal: akcja V 1, V 2 (Die Aktion V 1, V 2). Warszawa 1975, S. 433

Generalfeldmarschall Erhard Milch bei einem Besuch von Peenemünde im April 1943; dabei spricht er sich für den Einsatz von KZ-Häftlingen in der Luftwaffenerprobungsstelle aus

Gerhard Degenkolb, seit Januar 1943 Chef des Sonderausschusses A 4, entwickelt wirklichkeitsfremde Pläne: bis Ende des Jahres sollen bis zu 2 000 A 4-Raketen pro Monat vom Band laufen

gedauert, bis der geforderte Flugkörper entwickelt ist. Fi 103, auch „Kirschkern" genannt, kann gestartet werden. Die Entwicklung des Prototyps zur Serienreife liegt bei der Sonderentwicklungsstelle Peenemünde-West.

Major Stahms, Kommandeur von Peenemünde-West, nutzt im April 1943 eine Dienstbesprechung, an der auch der Generalinspekteur der Luftwaffe, Erhard Milch, teilnimmt, um einen Vorschlag zur Beschleunigung des Einsatzes durchzubringen. Da die Arbeitskraft der 3000 in Peenemünde-West eingesetzten Zwangsarbeiter unverzichtbar ist, diese jedoch die Geheimhaltung gefährden, möge Milch den Reichsführer SS Himmler veranlassen, diese Arbeiter abzuziehen und dafür ein Konzentrationslager einzurichten. Zeitgleich mit den Häftlingen sollen auch die SS-Wachmannschaften angefordert werden. Generalfeldmarschall Milch will die Sache auf den Weg bringen. Die Heeresversuchsstelle Peenemünde-Ost entsendet zur gleichen Zeit Direktor Rudolph nach Oranienburg und Sachsenhausen, um sich mit dem Einsatz von Häftlingen in der Rüstungsproduktion der Heinkel-Flugzeug-Werke vertraut zu machen. Zur Fortführung des A 4-Programms kommt am 22. Dezember 1942 aus dem Führerhauptquartier der Auftrag, im inzwischen entstandenen Versuchsserienwerk Peenemünde-Nord monatlich 250 A 4 herzustellen. Speer bildet dafür den „Sonderausschuß A 4" und setzt als dessen Leiter Gerhard Degenkolb ein.[3] Er hat das vierkantige Gesicht eines Bullbeißers und ist ein Mann der Tat. In Südwestdeutschland gehört ihm ein mittelständisches Unternehmen, seit gut einem Jahr sitzt er zudem in der Leitungsetage der DEMAG, der Deutschen Maschinenfabrik AG. Ausgestattet mit wirtschaftspolitischen Sondervollmachten, hatte er dort in kurzer Zeit die Produktion kriegswichtiger Lokomotiven gesteigert. Als Gratifikation waren ihm dafür 250 000 RM zugegangen. Nunmehr erhält Degenkolb die Vollmacht, beliebig in die Fertigung sämtlicher A 4-Betriebe einzugreifen, diese vollständig neu zu gliedern oder stillzulegen, um das Projekt auf vergleichbare Weise durchzusetzen. Er läßt am 29. Januar 1943 Wernher von Braun wissen, daß ein Sonderausschuß des Rüstungsministeriums geschaffen wird, der sowohl staatsdirigistische Eingriffe vornimmt als auch die Koordinierung der Interessen der Zulieferindustrie betreibt. Für Peenemünde bedeutet dies eine Entmündigung der bisherigen militärischen Leitung und die Inthronisierung eines Managements aus der privaten Rüstungsindustrie. Die heereseigene Raketenproduktion wird auf diese Weise „der beteiligten Industrie zu treuen Händen" übergeben, von Braun zum Leiter des „Arbeitsausschusses Endabnahme" berufen. Diesem Ausschuß obliegt die abschließende technisch-konstruktive Entwicklung von A 4, die Führung der Arbeiten bis zur Serienreife und die Aufnahme der Serienproduktion frontreifer Raketen. Damit verändern sich die Entscheidungsstrukturen in Peenemünde wesentlich. Das letzte Wort liegt nunmehr nicht allein beim Heer, sondern auch beim Rüstungsministerium, das die wirtschaftspolitischen Interessen der beteiligten Großindustrie bündelt.

Diese Entwicklung wurde im Jahr zuvor durch Dr.-Ing. Fritz Todt, Reichsminister für Bewaffnung und Munition, initiiert, der ganz auf eine staatsdirigistische Kriegswirtschaft setzt. Sein Ministerialdirektor Degenkolb will dafür vollendete Tatsachen schaffen, aber ihm fehlt der rechte Blick für die Realitäten. So soll die gerade erst im Versuchsmuster erfolgreiche Rakete A 4, ohne weitere Entwicklungsarbeiten abzuwarten, sofort in Serienfertigung überführt werden. Doch wie Dornberger und Wernher von Braun ständig beteuern, ist ihr „Vogel" noch lange nicht aus dem Nest. Man braucht weiterhin Zeit zur Vereinfachung und Vervollkommnung der Systeme.

3 Brief Degenkolbs vom 29. Januar 1943; weiterhin: Chronik der Dienststellen des Reichsministers Albert Speer 1943, in: HTIZPeA

So kommt es zum Ausbruch des massiven Interessenkonflikts.
Das Rüstungsministerium ist nicht mehr bereit, weitere nennenswerte Mittel in die laufende Produktion und den Ausbau der Anlagen zu stecken. Trotzdem dringt Degenkolb als Chef des Sonderausschusses darauf, daß ab Oktober 1943 monatlich 300 Raketen A 4 in Peenemünde vom Band laufen und daß der Ausstoß bis Dezember des gleichen Jahres auf 900 Fernkampfraketen erhöht werden soll.
Anfang Februar 1943, wenige Tage nachdem Degenkolb von Braun über die geplanten Veränderungen unterrichtet hat, wird Walter Dornberger vom Amtschef für Finanzierungs- und Organisationsfragen des Rüstungsministeriums dringend nach Berlin zu einer Besprechung beordert.[4] In seinem Dienstzimmer eröffnet Dr. Karl Maria Hettlage ohne Umschweife das Gespräch. *„Herr Oberst"*, beginnt Hettlage, *„ich habe Sie hierher gebeten, um mit Ihnen die Art und Weise der Überführung der Heeresanstalt Peenemünde in eine private Aktiengesellschaft zu besprechen."* Der erfahrene Berufssoldat erkennt sofort, daß damit ein Kriegsschauplatz eröffnet wird. Solange an der A 4 und ihren Vorläufern nichts zu verdienen und die Entwicklung ein schwer zu kalkulierendes Risiko gewesen war, hatte die Industrie kein oder lediglich ein selektives Interesse gezeigt. Nun will sie einsteigen und absahnen. Auf Dornbergers Frage nach der Art und Weise der geplanten Umwandlung antwortet Hettlage: *„Wir machen aus Peenemünde eine GmbH. Die Firma wird dann treuhänderisch von einer Großfirma, sagen wir AEG, Siemens, Lorenz oder Rheinmetall, geführt, mit der Absicht, die Anlage nach Amortisation der hineingesteckten Kapitalien in den Besitz der Firma überzuführen."* Dornberger kann es nicht fassen. Er glaubt, einem Staatsbetrüger und nicht einem Beamten gegenüberzusitzen, und weist das Konzept entschieden zurück. Man trennt sich, ohne eine endgültige Entscheidung getroffen zu haben. Dornberger mißtraut dem Ministerialrat gründlich, und Hettlage wiederum läßt nichts unversucht, um seine Privatisierungspläne durchzusetzen. Der Interessenkonflikt wird im Laufe des Jahres 1943 mit persönlichen Angriffen auf die Gegner der Privatisierung zu lösen versucht. Einbezogen werden hierfür auch SS, SD und Gestapo.
Gegen den Peenemünder Standortkommandanten Oberst Leo Zanssen wird in diesem Zusammenhang als erstes eine engmaschige Intrige gesponnen. Er lehnt wie Dornberger die Privatisierungspläne ab. Deshalb versucht die Gestapo-Leitstelle Stettin, ihn in die Nähe von Männern zu rücken, die aus religiösen und politischen Gründen gegen die großdeutsche Kriegspolitik auftreten. In diese Intrige einbezogen wird auch der katholische Standortpfarrer Peenemündes, Kuratus Leonhard Berger. Da es nicht möglich war, gegen Dornberger direkt vorzugehen, sollte er über Zanssen getroffen werden.[5] So warf ihm die Gestapo vor, mit bereits verhafteten katholischen Geistlichen Kontakte unterhalten zu haben.

Die Brennkammer, das Herzstück des Raketenmotors (Gewicht: 427 kg), wird in Peenemünde Anfang 1943 zur Serienreife geführt

4 Dornberger, Walter: Peenemünde, a.a.O., S. 94ff.

5 Aktenfaksimile siehe bei Irving, David: Geheimwaffen des Dritten Reiches. Gütersloh 1965, S. 36f.

Pfarrer Leonhard Berger wird im Dezember 1943 wegen seines Einsatzes für ausländische Zwangsarbeiter in Peenemünde zu eineinhalb Jahren Zuchthaus verurteilt; er fällt im Oktober 1944 in einem Strafbataillon

Neben den örtlichen Dienststellen von SS, SD und Gestapo spinnen auch Himmler und das Reichssicherheitshauptamt an der Intrige mit. Von Stettin aus hatte die SS den Spitzel Franz Pissaritsch unter dem Tarnnamen Georg Hagen in Peenemünde als Ingenieur eingeschleust. Er berichtet alles Erdenkbare über Zanssen, genau wie Oberstleutnant Gerhard Stegmaier, Leiter des Entwicklungswerkes und Stellvertreter Zanssens, der über seinen Vorgesetzten zu berichten weiß, daß dieser zum Nationalsozialismus „kein Verhältnis gefunden" habe, und, wenn er alkoholisiert sei, sogar „defaitistische" Reden führe. Generalleutnant Schmundt, Chef des Heerespersonalamtes, entscheidet nach diesen unbewiesenen Anschuldigungen, Oberst Zanssen seiner Dienststellung zu entheben. Nachdem die geplanten Umstrukturierungen vom Tisch sind, darf Zanssen im Oktober 1943 nach Peenemünde zurückkehren. Wie es heißt, hat sich inzwischen herausgestellt, daß die Vorwürfe gegen ihn größtenteils haltlos gewesen seien. Immerhin stand Dornberger hinter ihm. Dornberger hatte Himmel und Hölle in Bewegung gesetzt, um Zanssen zu entlasten und nachzuweisen, daß der Peenemünder Weg der richtige sei, da er ohne Zeitverlust zur Bereitstellung frontreifer Waffen führe. Letztlich konnte er sich der Intrigen und Privatisierungsabsichten nur dadurch erwehren, daß er sich höchste Unterstützung verschaffte. Er erreichte, daß er gemeinsam mit Wernher von Braun von Hitler empfangen wurde.

Am 7. Juli 1943 führen Dornberger und von Braun im Führerhauptquartier als Gesprächsauftakt einen berechnend montierten Farbfilm vor. Er ist als „Geheime Kommandosache" eingestuft. Nach dem Vorspann: „Die Heeresanstalt Peenemünde zeigt:" erscheint als einziger, ganz auf Wirkung bedachter Titel nur die knappe Zeile „A 4 – Stand der Entwicklung vom 3. Oktober 1942".[6] Fritz Langs Utopia-Streifen „Die Frau im Mond" läßt grüßen. Gewaltige Tore der Montagehalle öffnen sich und geben den Blick auf den 28 Meter hohen fahrbaren Versuchsstand mit der Rakete frei. Sequenzen wie Brennversuche, die Rakete beim Transport, Aufrichten der 14 Meter langen Waffe auf dem Abschußtisch, Betanken und Start hinterlassen beim ranghohen Zuschauerkreis tiefen Eindruck. Besonders die in Zeitlupe laufenden Bilder vom senkrechten Aufstieg der Rakete und die nachgeschobenen Trickaufnahmen und Dia-

In den Peenemünder Versuchswerkstätten werden etwa 60 000 technische Verbesserungen erprobt und ausgeführt, um die A 4-Rakete in Serie fertigen zu können

6 Heeresanstalt Peenemünde, Bildstelle, 2. Manuskript, in: HTIZPeA

gramme zu Flugbahn, Geschwindigkeit und Schußweite verfehlen offenbar nicht ihre Wirkung. Nachdem Dornberger und von Braun mit zweckdienlichen Hinweisen zu ihrer Waffe die Vorführung gebührend gerundet hatten, soll Hitler zu einer überraschenden Feststellung gefunden haben. Gegenüber Dornberger meinte er: *„Wenn wir diese Raketen schon 1939 gehabt hätten, dann wäre es nicht zum Kriege gekommen."*[7] Zu vermuten ist, daß Hitler meinte, er hätte die einsatzbereiten Peenemünder Raketen bereits damals als einmaliges Bedrohungspotential nutzen können. Europas Grenzen wären damit kampflos überrollt worden, weil Hauptstädte wie Warschau, Paris, London oder Brüssel fest im Visier deutscher Fernraketen gelegen hätten.

Das Wichtigste dieser Begegnung für Dornberger und von Braun war die lang herbeigewünschte Entscheidung, der Produktion der neuen Waffe die höchste Dringlichkeitsstufe zu verleihen. Tatsächlich läßt Hitler von nun an Peenemünde an die Spitze aller Rüstungsprogramme stellen. Er ernennt Walter Dornberger zum Generalmajor und Wernher von Braun zum Professor. Als Zeichen besonderer Wertschätzung behält Hitler es sich vor, die Ernennungsurkunde selbst zu unterschreiben. Dornberger fertigt nach dem Gespräch eine ausführliche Darstellung des Ablaufs an. Hitler habe danach unter dem Eindruck des Gesehenen und Gehörten nochmals festgehalten, daß A 4 mit allem Nachdruck zu fördern sei, da die Rakete kriegsentscheidend wäre. Die geforderten Materialien und Kräfte seien ohne Abstriche zu stellen. Degenkolb, der Chef des Sonderausschusses A 4, habe Rüstungsminister Speer alle vier Wochen über den Fortgang zu unterrichten. In der Fertigung seien nur Deutsche zu verwenden. Damit hatte Dornberger vorläufig seine Stellung in Peenemünde behauptet und die Privatisierungsangriffe zurückgeschlagen. Peenemünde bleibt heereseigener Betrieb. Doch wie sich bald herausstellen wird, sind alle generellen Festlegungen zur uneingeschränkten Bereitstellung von Kräften und Material das Papier nicht wert, auf dem sie festgehalten sind. Die überlastete und überforderte Kriegsindustrie gibt nicht mehr her. Weder Sondervollmachten noch Sonderausschüsse können Abhilfe schaffen.

Der Sonderausschuß A 4 hat im Laufe des ersten Halbjahres 1943, nicht zuletzt auch mit Blick auf

Oberstleutnant Gerhard Stegmaier, Chef des Entwicklungswerkes, versucht im Sommer 1943 durch Denunziation seines Vorgesetzten, Standortkommandant von Peenemünde zu werden, und geht nach gescheiterter Aktion im Herbst 1943 als Verantwortlicher in die Fernraketentruppen-Schule nach Köslin

In Anerkennung ihrer Verdienste um die Waffenentwicklung ernennt Hitler im Juli 1943 Dornberger (l.) zum Generalmajor und von Braun (Mitte) zum Professor; beide werden aus gleichem Anlaß mit dem Kriegsverdienstkreuz mit Schwertern ausgezeichnet

7 Dornberger, Walter: Peenemünde, a.a.O., und Aufzeichnungen Dornbergers nach dem Gespräch, in: HTIZPeA

1943 berechneten deutsche Rüstungsfirmen dem Heereswaffenamt folgende Preise (gerundet/in RM):

Panzer (Typ Panther)	120 000
Panzer (Typ Tiger)	260 000
Bomber (einschließl. Ausbildungskosten)	1 140 000
Flugbombe (Fi 103)	3 000
Rakete (A 4)	
Versuchsmuster:	100 000
Serienprodukt:	50 000

die privatwirtschaftliche Erfolgsbilanz, die Vorbereitung der Serienproduktion verfügt. Vorgesehen sind als Produktionsstätten die Zeppelin-Luftschiffbau GmbH in Friedrichshafen am Bodensee, die Rax-Werke in Wiener-Neustadt, das Versuchsserienwerk Peenemünde sowie ein nicht näher bezeichnetes Werk in Riga, der Hauptstadt des besetzten Lettlands. Bis auf Peenemünde sind diese Betriebe durchweg Tochtergesellschaften großer Unternehmen. Die Rax-Werke zum Beispiel gehören zum Maschinenbau- und Rüstungskonzern Henschel. Die Zeppelin-Werke stehen im Verbund mit Daimler-Benz. Degenkolb versucht damit, die Privatisierung schlicht und einfach durch die Hintertür einzuleiten. Seine Entscheidungen laufen auf eine Dezentralisierung der Produktion und ihre teilweise Verlagerung unter Tage hinaus.

Die Alliierten haben seit 1942 bereits die uneingeschränkte Luftüberlegenheit. Ihre Bomberverbände greifen Tag und Nacht an, wann und wo sie wollen. Die Angriffe richten sich sowohl gegen Wohnstätten als auch gegen ausgewählte Rüstungsunternehmungen.

Um die Zulieferungen unter diesen Bedingungen einigermaßen stabil zu gestalten, hatten kleinere und mittlere Unternehmen, die im weiten Raum zwischen der Pfalz und Schlesien, Bayern und Niedersachsen zu Hause waren, gleichlautende Zulieferungsaufträge bekommen. Beim Ausfall des einen oder anderen Betriebes wurden die Zulieferungen von anderen übernommen. Außerdem setzte der Sonderausschuß auf leistungsfähige Großbetriebe, von denen man annahm, daß sie außerhalb der Reichweite alliierter Luftangriffe lagen. Schließlich gehen Aufträge für die Zulieferung von Turbopumpen, Relais, Ventilen, Rudermaschinen, kompletten Heckteilen, Kreiseln und hundert weiteren Einzelteilen an die Großen wie die Kleinen. Jeder beteiligte Unternehmer scheint bei dieser Produktionsorganisation einen guten Schnitt zu machen. Im Raum Freiburg im Breisgau zum Beispiel werden 38 Firmen bedacht, von denen jede einzelne kaum mehr als 200 Mitarbeiter hat. Eine der Firmen ist das Unternehmen Degenkolb & Co. Aber auch Großunternehmen wie Hoffmann & Linke in Breslau, eigentlich auf die Herstellung von Lokomotiven und Eisenbahnwaggons spezialisiert, schreiben Aufträge aus Peenemünde in ihre Bücher. Die Siemens-Schuckert-Werke können beispielsweise ihr Betriebsvermögen von 293,3 Mill. RM im Jahre 1933 auf 803 Mill. RM 1942, also auf 276,2 Prozent erhöhen.

Im Sommer 1943 laufen Serienproduktionen der Raketen an verschiedenen Orten gleichzeitig an, so in Wiener-Neustadt und in Friedrichshafen am Bodensee. Den höchsten Produktionsausstoß erreicht jedoch das Versuchsserienwerk in Peenemünde. Erst nach der nahezu vollständigen Zerstörung der drei Betriebe durch alliierte Bomberverbände im August des gleichen Jahres wird das neu eingerichtete unterirdische Mittelwerk bei Nordhausen zur Hauptproduktionsstätte.

Der Raketenforscher Hermann Oberth (1894–1989), hier mit General Dornberger, hält sich zwischen 1941 und 1943 unter dem Decknamen Fritz Hann in Peenemünde auf, ohne jedoch Einfluß auf die Entwicklung der A 4-Rakete nehmen zu können

Enttarnung durch die Alliierten

Wer als erster Peenemünde enttarnte, ist selbst heute noch ein Geheimnis. Sicher ist aber, daß sich diese Enttarnung über zwei Jahre hinzog und aus verschiedenen Quellen gespeist wurde.

Bekannt ist auch, daß Hubert Garbe, ein Offizier der Luftwaffe, bereits kurz vor Kriegsausbruch polnische Sportflieger in Berlin darüber informierte, daß auf der Insel Usedom eine bedrohliche Waffenproduktion angelaufen sei. Entscheidend war schließlich der sogenannte Oslo-Bericht, mit dem der britische Geheimdienst kurz nach Kriegsbeginn auf mysteriöse Weise über neue deutsche Waffenentwicklungen unterrichtet wurde. Ob tatsächlich Dr.-

Ing. Hans Kummerow der Informant gewesen ist, läßt sich bis heute nicht beweisen. Er selbst wurde zusammen mit seiner Ehefrau und seinen Söhnen 1943 in Berlin-Plötzensee als Mitglied der Widerstandsorganisation „Rote Kapelle" hingerichtet. Nachzuprüfen ist schließlich auch nicht, was Paul Rosbaud, Agent des Secret Service in Berlin, nach London meldete. Rosbaud war als Journalist und Lektor im renommierten Wissenschaftsverlag Springer tätig und hatte seine Informationen über den Entwicklungsstand der Raketenforschung in Deutschland aus vielen persönlichen Begegnungen mit Wissenschaftlern gewonnen. Wie im Falle des Oslo-Berichts halten die Briten auch über diesen Vorgang die Akten bis heute geschlossen.

Sicher nachzuweisen ist hingegen, daß erste und noch unbestimmte Signale über Waffenentwicklungen auf Usedom in den Jahren 1940 und 1941 an die illegale Polnische Heimatarmee (AK) gelangten. Sie stammten von polnischen Zwangsarbeitern, die mit der Organisation Todt nach Peenemünde gekommen waren. Bereits ab Januar 1942 gingen ausführliche Meldungen aus Polen an General Wladyslaw Sikorski, den Chef der Exilregierung in London.[8] Ihr Kern bestand in der Aussage, auf Usedom würden Offensivhandlungen gegen die Verbündeten durch neue Waffenentwicklungen vorbereitet. Das heißt, erste Hinweise über die Existenz einer geheimen Raketenwaffenproduktion in der Nähe des Ortes Peenemünde mußten dem britischen Geheimdienst mindestens eineinhalb Jahre vor dem ersten Fronteinsatz der V 2 vorgelegen haben. Nach 1942 stellte die Polnische Heimatarmee auf Befehl von Oberstleutnant Marian Drobik spezielle Gruppen auf, deren Aufgabe die Aufklärung der Raketenwaffen Peenemündes war. Erste eingegangene Meldungen betreffen die Ausmaße und die technischen Parameter der Raketen. Ende 1942 verdichten sich die Aufklärungsergebnisse. Drobik und sein Nachfolger Oberst Kazimierz Iranek-Osmecki, beide Chefs der „Zweiten", der Aufklärungsabteilung des Oberkommandos, setzen den Flugzeugkonstrukteur Antoni Kocjan, „Korona", als Verantwortlichen für Raketenwaffen ein. Zu diesem Zeitpunkt hatte er bereits zehn Monate Auschwitz-Erfahrung hinter sich. Alle Ergebnise der Ermittlungen und Analysen gehen doppelt abgesichert, über Funk und durch Kurier, nach London. Wladyslawa Macieszyna, „Slawa", so wird berichtet, war eine der erfahrensten Kurierinnen. 1943 bringt sie einen Mikrofilm über Wien und Heidelberg nach London. Der Film enthält wichtige Anhaltspunkte für die Aufklärung des Peenemünder Geländes und wird umgehend an die Luftbildaufklärung der Royal Air Force weitergereicht.

Obwohl seit Juni 1943 in der Heeresversuchsanstalt und in der Luftwaffenerprobungsstelle nahezu alle Gebäude bereits durch Tarnfarben und Tarnnetze „versteckt" sind, kommt die systematische Luftaufklärung der Briten bald zu neuen Erkenntnissen. Kocjan erreichen nun immer detailliertere Aufträge aus London. Er überträgt die Ermittlungen an „Lombard", eine weitere polnische Aufklärungsabteilung, die sich seit 1940 ausschließlich mit der Rüstung im großdeutschen Reich befaßt. Bernard Kaczmarek, Nachrichtenoffizier mit spezieller Ausbildung und eine Schlüsselfigur von „Lombard", fährt ab 1942 regelmäßig nach Stettin oder Swinemünde, um hier Jan Schröder/Szreder, Deckname „Furman", zu treffen. Im Auftrag der Heimatarmee hatte er sich zum freiwilligen Arbeitseinsatz ins Reich gemeldet. Da er deshalb den Ort seines Einsatzes frei wählen konnte, entschied er sich für Swinemünde. Von hier aus liefert er nun täglich mit einem leichten LKW Lebensmittel für die Kantinen und Gemeinschaftsküchen der Heeresversuchsanstalt nach Karlshagen und Peenemünde ins Sperrgebiet. Zwar bleiben für ihn die meisten Schlagbäume geschlossen, aber dennoch sieht und hört der „Furman" viel. Seinem Vorgesetzten Kaczmarek meldet er die Anlage der elf verschiedenen Sperrbezirke und Sperrkreise, berichtet von den Zwangsarbeiterlagern, auch von KZ-Häftlingen. Die drei großen Speisesäle im Lager Trassenheide kennt er am besten, weil er sich hier am unauffälligsten mit seinen Landsleuten treffen kann.

Alle diese in der Londoner Geheimdienstzentrale zusammenlaufenden Teilinformationen bewirken, daß ab April 1943 britische Aufklärungsflugzeuge in Richtung Usedom auf Kurs geschickt werden. Die gelieferten Luftaufnahmen vermitteln in Verbindung mit den anderen vorliegenden Nachrichten ein ziemlich genaues Bild von der Situation der Raketenforschung in Peenemünde.

Antoni Kocjan, Kopf der polnischen Aufklärung für deutsche Geheimwaffen

Bernard Kaczmarek wurde für seine Aufklärungsarbeit zugunsten der Polnischen Heimatarmee in England ausgebildet

8 Centralne Archiwum Wojskowe (weiterhin zitiert als CAW) sowie: Wojskowy Instytut Historiczny (WIH), ebenfalls Warschau; siehe auch: Arct, Bohdan: Polacy w walce z bronia V (Die Polen im Kampf mit der V-Waffe). Warszawa 1972, und: Wojewodzki, Michal: akcja ..., a.a.O.

Roman Träger meldet aus Peenemünde nach London

Constance Babington-Smith entdeckt als Luftbildauswerterin einen Raketenprüfstand

Im Juni 1943 beobachten dänische Fischer eine deutsche Flugbombe und senden diese Handskizze nach London

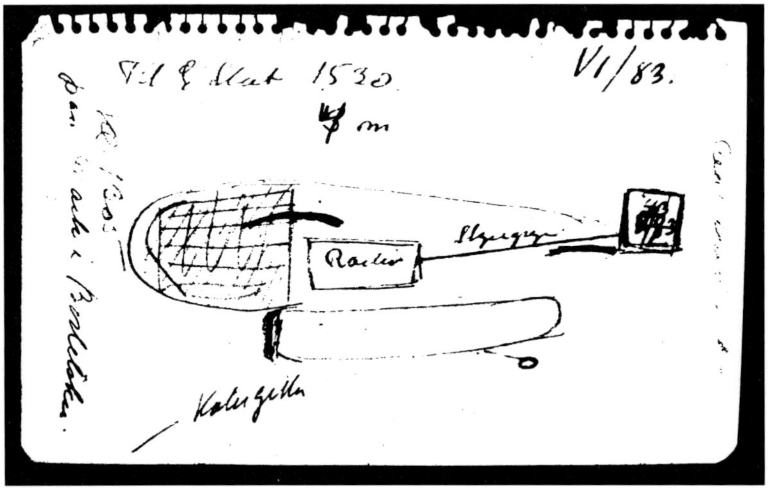

Aber erst Mitte Juni 1943 ist man sich sicher. Wie bei anderen strategischen Rüstungsprojekten Deutschlands warten die Briten erst einmal ab, lassen die deutsche Seite sich mit beträchtlichem Arbeitskräfte-, Material- und Zeitaufwand verausgaben und behalten den Fortgang der Arbeiten im Auge, um erst dann zuzuschlagen, wenn die Inbetriebnahme der Anlage unmittelbar bevorsteht.
Regelmäßig treffen jetzt Nachrichten auch von Augustin Träger ein, dem Chef der polnischen Operationsgruppe „Baltyk 303". Träger ist seiner Herkunft nach Österreicher und wohnt in Bromberg. 1939 erhielt er die Staatsbürgerschaft des Großdeutschen Reiches, nachdem Österreich „angeschlossen" worden war. Doch verbunden fühlt er sich dem polnischen Widerstand, für den auch sein Sohn Roman arbeitet. Dieser ist kurz zuvor zur Wehrmacht eingezogen und dort zum Funker ausgebildet worden. Als Unteroffizier dient er jetzt auf Usedom, unweit eines *„Erprobungszentrums, in dem neue Waffen entwickelt werden"*, wie er zu berichten weiß. Er informiert bald über Startzeiten und Werkhallen, Sperrkreise und Kontrollsysteme. Roman Träger wird von der Polnischen Heimatarmee zugesichert, daß er nach dem Sieg der Alliierten Deutschland verlassen und sein Leben in Polen gestalten könne, wo er wolle. Er liefert in der Folgezeit Informationen zur Lage und Funktion von Anlagen und Werkhallen sowie zum Straßenverlauf. Darüber hinaus macht er wichtige Angaben über den Startverlauf und die Steuerung der Raketen.

Hinzu kommen Nachrichten von hoch fliegenden britischen Aufklärern, die immer lückenlosere Luftbildinformationen aus dem Ostseeraum und von der Insel Usedom liefern. Die Luftbildaufnahmen des Oberfeldwebels E.P.H. Peek vom 20. Juni 1943 sind das Sahnehäubchen zu den jahrelangen Informationen der Polnischen Heimatarmee. Auf einer dieser Aufnahmen entdeckt die später zur „Miss Peenemünde" erhobene Luftbildauswerterin Constance Babington-Smith, Tochter des Direktors der Bank of England, höchst ungewöhnliche Punkte, darunter einen Prüfstand mit Rakete.
Damit ist man der Lösung des durch Premier Winston Churchill gegebenen Auftrags nahe, die Vorgänge um Peenemünde endgültig aufzuhellen. Am 29. Juni 1943 sind alle wesentlichen Fragen geklärt. Danach sind die früheren Auseinandersetzungen in der politischen und militärischen Führung Großbritanniens über den Grad der Bedrohungen durch deutsche Raketenwaffen beendet.
Churchill erteilt die Weisung, Peenemünde anzugreifen.
Am 9. Juli liegt der Angriffsbefehl vor. Danach ist das Bodenziel auf der Insel Usedom eine „experimentelle Radio Directing Finding-Anlage", ein Tarnwort für RADAR. Von Raketenbau ist nicht die Rede. Doch bis zum Angriff sollten noch eineinhalb Monate vergehen. Während man in England auf eine günstige Stunde wartet, nehmen in Peenemünde verhängnisvolle neue Entwicklungen ihren Lauf.

Peenemünde vor dem Angriff

Mitte Juni 1943 erreicht eine streng bewachte LKW-Kolonne das Werktor der Heeresversuchsanstalt. Ein SS-Kommando sichert die Fahrzeuge, auf denen dicht aneinandergedrängt blasse und ausgemergelte Gestalten stehen. Es sind Häftlinge aus dem Konzentrationslager Buchenwald, die per Bahn bis Wolgast transportiert und vom dortigen Güterbahnhof weiter per LKW nach Peenemünde gebracht worden waren. Zur Serienproduktion der Waffe, so wurde inzwischen beschlossen, sollen in verschiedenen Fertigungsbereichen künftig auch KZ-Häftlinge eingesetzt werden. Einer unter ihnen ist Godfried Elzenga, ein holländischer Landwirtschaftsstudent. Er hatte sich nach der Besetzung seines

Englische Aufklärungsflugzeuge fertigten seit Mai 1943 Luftaufnahmen der Peenemünder Versuchsanlagen an (hier Prüfstand 7), die zur Vorbereitung eines Luftangriffs dienten

Godfried Elzenga, als holländischer Student am Widerstand gegen die deutsche Besatzung beteiligt, wurde im März 1943 verhaftet und nach Lagerhaft in Frankreich und Buchenwald Anfang Juni 1943 in das Konzentrationslager Peenemünde eingeliefert; nach 1945 Agraringenieur in Indonesien, lebt heute als Pensionär in Holland

Heimatlandes am Widerstand gegen die Deutschen beteiligt und war beim versuchten Grenzübertritt in die Schweiz festgenommen worden. Nach Gefängnishaft und verschiedenen Lageraufenthalten hatte man ihn im Mai 1943 in das KZ Buchenwald verbracht. Kurz darauf wurden durch die SS Transporte für ein neues Arbeitskommando in Peenemünde zusammengestellt. *„Ich hatte mich gemeldet“*, erinnert sich Godfried Elzenga, *„weil der Ort, der an der Ostsee liegen sollte, als KZ-Lager bis dahin völlig unbekannt war. Schlimmer als in Buchenwald konnte es kaum werden.“*[9] Seinem Transport gehören 120 Häftlinge an, darunter ist eine größere Gruppe Holländer und Franzosen. Das Lager ist zugleich auch die Arbeitsstätte und befindet sich im Erdgeschoß und Keller der riesigen Fertigungshalle F 1. *„Das Werksgelände sah ganz normal aus, nur unser Fabrikgebäude war mit Stacheldraht und mit einem hohen Gitterzaun umgeben, an dem Wachen patrouillierten. In der Halle arbeiteten bereits viele Häftlinge, als wir ankamen. Da die Fabrik in einem hohen Kiefernwald lag, die Ostsee war ziemlich nah, hatten wir den Eindruck, daß die Verhältnisse in diesem Lager nicht die schlechtesten waren. Wir trugen als Widerständler rote Dreiecke an unserer Häftlingskleidung.“*
Godfried Elzenga und seine Kameraden werden angelernt, an einer Drehmaschine Schrauben und Bolzen für die Vorfertigung herzustellen. Die Aufsicht führen SS-Männer, die mitunter schon wegen geringster Unachtsamkeiten zuschlagen. Die Arbeitszeit beträgt zehn Stunden am Tag, einen Sonntag

9 Elzenga, Godfried: Interview, KZ-Gedenkstätte Mittelbau-Dora, April 1994

Prälat Dr. Karl Lampert verwendet sich in Peenemünde für holländische und polnische Zwangsarbeiter und wird im September 1944 wegen „Feindbegünstigung" zum Tode verurteilt

oder einen anderen arbeitsfreien Tag gibt es nicht. Das Essen besteht aus Kübelsuppen, meist Kohl oder Steckrüben. Ein holländischer Landsmann, Landesmeister im 100-Meter-Sprint, stark wie ein Baum, stirbt nach einem Monat an Entkräftung.

Der Einsatz von KZ-Häftlingen in Peenemünde war nicht von der SS initiiert worden, sondern kam auf Anforderung der technischen und militärischen Leitungen von Heeresversuchsanstalt und Luftwaffenerprobungsstelle zustande. Nachdem sich bereits im Frühjahr 1943 die Luftwaffe in Peenemünde-West um Arbeitskräfte aus Konzentrationslagern bemüht hat, wird bald darauf eine neue, grundsätzliche Entscheidung gefällt. Dazu findet am 2. Juni 1943 im Berliner Dienstzimmer des Direktors Kunze vom Sonderausschuß A 4 eine Besprechung statt.[10] Aus Dornbergers Waffenamt-Prüfstelle 11 nehmen daran die beiden Heeresoffiziere Hauptmann Schulte und Oberleutnant Walura teil, aus Peenemünde Direktor Arthur Rudolph, der von Anfang an zur Stammmannschaft um Dornberger und von Braun gehört hat und nunmehr das Versuchsserienwerk leitet. Außerdem sitzen am Tisch ein namentlich nicht genannter Vertreter der Baugruppe Schlempp, vermutlich Mahs oder Lübke, der für den Arbeitskräfteeinsatz verantwortlich zeichnet, und Assessor Paul Storch, hochrangiger Repräsentant der Firma Siemens in Peenemünde. Beraten wird als erstes der Häftlingseinsatz. Die bisherigen Gruppen, die aus einigen hundert Mann bestanden, sollen erheblich erweitert werden. Eine Anforderung von *„vorerst 1 400 Häftlingen – berufsmäßig gegliedert"* wird an Jäger, einen Mann des Rüstungsministeriums, übergeben. Die letzte Verantwortung dafür liegt beim SS-Wirtschafts-Verwaltungs-Hauptamt. Zunächst, so weist der erhaltene Aktenvermerk aus, wird der Lagerkommandant des KZ mit einem Vorkommando in Peenemünde Unterbringung und Einzäunung vorbereiten, so daß nach Schaffung aller Voraussetzungen *„in direkter Zusammenarbeit des Lagerkommandanten mit Herrn Dir. Rudolph Zug um Zug die Häftlinge nach Karlshagen abgerufen werden können"*.

Der Einsatz läuft sofort an. Er soll ausschließlich im Versuchsserienwerk in der Halle F 1 erfolgen. Nach den Plänen werden den ersten 1 400 Häftlingen so schnell wie möglich weitere folgen, so daß man in der Fertigung bald mit etwa 2 500 Häftlingen rechnen kann. Dafür sollen Fremdarbeiter, von denen die Franzosen, Belgier und Holländer urlaubsberechtigt sind, aus Peenemünde abgezogen werden.

Wie sich später herausstellt, wurden nach Einrichtung des Konzentrationslagers viele der belgischen und holländischen Arbeiter in die Häftlingskommandos eingegliedert. Ähnlich erging es auch Zwangsarbeitern aus der UdSSR und Polen, die ohnehin in ihrer Freizügigkeit eingeschränkt waren.

Bevor es zu dieser Entscheidung über den Häftlingseinsatz in Peenemünde kam, hatte sich einer der führenden Köpfe der Heeresversuchsanstalt, Direktor Arthur Rudolph, Anfang April 1943 im Konzentrationslager Sachsenhausen gründlich umgesehen. Was er bei seinem Besuch in der KZ-Fabrik der Heinkel-Flugzeugwerke im benachbarten Oranienburg gesehen hatte, beeindruckte ihn stark. In einer Aktennotiz vom 16. April geht er vor allem auf die nahezu totale Isolierung der Häftlinge ein und wertet sie als einen Vorteil. Besonders verweist er auf die 54-Stunden-Arbeitswoche der Häftlinge, zu der weitere fünf Arbeitsstunden an Sonntagen kommen. Positiv hebt er auch die vierstöckigen Schlafplätze für die Häftlinge hervor und die Wachtürme, die durch Posten mit Maschinenwaffen besetzt sind. Seine Schlußfolgerung für Peenemünde: *„Der Betrieb der Fertigungshalle 1 kann mit Häftlingen durchgeführt werden."*[11] Listen des KZ Buchenwald belegen bereits für den 9. Juni und sodann für den 15. Juni Häftlingstransporte nach Peenemünde, also nur wenige Tage nach der Beratung vom 2. Juni in Berlin.[12]

Direktor Rudolph und damit die gesamte Führungsriege von Dornberger bis von Braun und mit ihnen zahlreiche leitende Wissenschaftler und Ingenieure sprachen sich im Frühjahr 1943 für den Einsatz von KZ-Häftlingen in Peenemünde aus, weil ihnen damit auf einfachste Weise das Arbeitskräfteproblem gelöst schien. Aufkommende Bedenken, daß damit Menschen unter erbärmlichsten Lebensumständen, gegen ihren Willen und gegen ihre Überzeugung in den Dienst waffentechnischer Forschungstätigkeit ihrer Feinde gezwungen würden, ließen sich offenbar mit dem Argument der immer härter werdenden Kriegsbedingungen zur Seite schieben. Jedenfalls ist zu keiner Zeit etwas von Widerspruch

10 Aktenvermerk vom 3.6.1943 über die Besprechung beim A 4-Ausschuß (Arbeitseinsatz) am 2.6.43 in Berlin, in: HTIZPeA

11 Aktennotiz von Arthur Rudolph vom 16. April 1943, T Nr. 10/43, in: Fiedermann, Angela u.a.: Das Konzentrationslager Mittelbau-Dora. Ein historischer Abriß. Berlin, Bonn 1993; weiterhin: Interview mit Prof. Dr. Rainer Eisfeld, KZ-Gedenkstätte Mittelbau-Dora, April 1994

12 Polak, Edmund: Dziennik buchenwaldzki (Buchenwald-Tagebuch). Warszawa 1983

Gedenkstätte des antifaschistischen Widerstands neben dem Gemeindefriedhof Karlshagen

oder gar Widerstand dagegen bekannt geworden. Noch heute behaupten ehemalige Peenemünder Ingenieure, über all die Jahre nie etwas von der Existenz eines Konzentrationslagers in „ihrer" Heeresversuchsanstalt gewußt zu haben.

Aber nicht allein aus Mangel an fachlich qualifizierten Arbeitskräften sollte in Peenemünde zum massenhaften Einsatz von KZ-Häftlingen übergegangen werden. Seit Beginn des Jahres 1943 mehrten sich die Anzeichen, daß der Geheimhaltungskordon um die Versuchsanstalten mehrfach durchbrochen worden war. Die offenbar bestehenden Lücken im Sicherheitssystem sollten durch strengste Kontrollen geschlossen werden. Ausländische Arbeitskräfte durften von nun an den Ort nicht mehr verlassen. Erst ein KZ sicherte in den Augen der Nazis die absolute Isolation von der Außenwelt und damit die Wahrung des Peenemünder Geheimnisses.

Nachdem Anfang des Jahres 1943 annähernd 300 urlaubsberechtigte holländische Fremdarbeiter nicht vom Weihnachtsaufenthalt in ihrer Heimat zurückgekehrt sind, sucht die Gestapo-Leitstelle Stettin den Ursachen auf die Spur zu kommen. Dabei stößt sie auf den katholischen Standortgeistlichen von Peenemünde, Leonhard Berger, den aus Österreich stammenden Prälaten Dr. Karl Lampert und den holländischen Maurer Johannes ter Morsche, denen sie Wühlarbeit und Anstiftung zur Sabotage unter holländischen und polnischen Fremdarbeitern in Peenemünde vorwirft. Durch den Volksgerichtshof, das Reichskriegsgericht und das Sondergericht Stettin werden in über 40 Fällen Todesurteile und langjährige Zuchthausstrafen verhängt und vollstreckt.[13]

Dem ersten Häftlingstransport aus Buchenwald folgen Mitte Juni 1943 weitere Tag für Tag.

Walter Grewe, aus dem nahe gelegenen Dorf Mölchow, der damals zuerst im zivilen Wachschutz Peenemündes, später bei der Eisenbahn beschäftigt war, erinnert sich: *„Im Juli 1943 wurde ein großer Transport mit Häftlingen, die in Viehwagen auf dem Bahnhof Zinnowitz standen, schlimmer als Vieh ausgeladen. Als die schweren Schiebetüren geöffnet wurden, stürzten viele der sehr geschwächten Häftlinge vollständig kraftlos auf den Bahnsteig. Die Menschen lagen haufenweise auf dem Pflaster."*[14]

Keine zehn Tage nach der Entscheidung, in Peenemünde ein Konzentrationslager zur Fertigung der Raketenwaffen einzurichten, sind bereits die ersten 600 Häftlinge durch die SS überführt und mit Hilfe ziviler Facharbeiter in die Produktionsbereiche ein-

13 Knauft, Wolfgang: Fall Stettin ferngesteuert. Berlin 1994, S. 23; weiterhin siehe: Pruß, Ursula: Der Fall Stettin, in: St. Hedwigsblatt, Berlin 45–50/84

14 Aussagen der Zeitzeugen Walter Grewe, Fritz Schulz, Ernst Krenzlin und Karl Dachner in: BLHAPo, Akte 51: Peenemünde

Johannes ter Morsche (mit Ehefrau Margarethe) wird wegen seiner Hilfeleistungen für ausländische Zwangsarbeiter im Lager Trassenheide zum Tode verurteilt und 1944 hingerichtet; im November 1994 beschließt die Gemeindevertretung von Zinnowitz die Umbenennung der nach ihm benannten Straße in Waldstraße

gewiesen, wie Unterlagen des Brandenburgischen Landeshauptarchivs belegen. Vor allem Holländer, Belgier, Franzosen, Russen und Deutsche gehören zu den Arbeitskommandos. Sie kommen, wie auch ihre SS-Bewacher, aus verschiedenen Konzentrationslagern nach Peenemünde, darunter auch aus Auschwitz.

Fritz Schultz, Facharbeiter aus Wolgast, der von 1937 bis 1945 in Peenemünde arbeitete, berichtet, daß die Häftlinge sowohl in Baracken als auch in den eigens hergerichteten Kellern der Fertigungshalle 1 des Versuchsserienwerkes untergebracht waren. Otto Lippert, der im Konstruktionsbüro arbeitete, das sich an der Stirnseite der Halle befand, mußte im Sommer 1943 mit seinen Arbeitskollegen das Büro räumen. Um die Halle wurde ein Zaun mit Isolatoren und dicken Drähten errichtet. Auch er erinnert sich, hier Häftlinge in zebragestreiften Anzügen gesehen zu haben, die im Unterflur der Halle an Maschinen arbeiteten und gleichzeitig dort auch ihre Lagerstatt hatten.

Im Sommer 1943 kommt auch der Häftling Ernst Krenzlin aus Buchenwald auf die Insel. Zu seinem Transport gehören 65 Kameraden, 24 von ihnen stehen auf der Todesliste. Diese tragen auf der Häftlingskleidung zusätzlich zum roten Winkel des Politischen ein rotes Kreuz auf Brust und Rücken aufgenäht, das die Häftlinge „Andreaskreuz" nennen. Ehemalige Strafgefangene haben später ebenso wie Ingenieure und Facharbeiter aus Peenemünde unabhängig voneinander übereinstimmend berichtet, daß KZ-Häftlinge sowohl auf dem Luftwaffengelände Peenemünde-West als auch in der Heeresversuchsanstalt arbeiteten. Im freien Gelände hatten sie vorwiegend gefahrvolle Tätigkeiten auszuführen, zum Beispiel Treibstofftransporte, bei denen es nicht selten zu schweren Verätzungen kam. In den Hallen wurden sie entweder bei der Teilebearbeitung an Werkzeugmaschinen eingesetzt oder zu schweren Transportarbeiten herangezogen. Walter Petzold, ab 1942 Betriebsingenieur des Peenemünder Kraftwerkes, berichtet, noch bis Kriegsende KZ-Häftlingen auf dem weitläufigen Gelände begegnet zu sein. Er gewährte ihnen bei Luftangriffen Zuflucht in den Schutzräumen des Kraftwerkes, wenn sie in der Nähe eingesetzt waren. Karl Dachner aus Zinnowitz, der als Kraftfahrer auch im Dienste Oberst Zanssens stand, urteilte später aus eigener Anschauung: *„Die Ernährung der Häftlinge war katastrophal. Sie waren immer hungrig und sehr schwach."* Der Kraftfahrer läßt öfter an ihren Arbeitsstellen einen Teil seines Frühstücks zurück in der Hoffnung, dabei nicht selbst entdeckt zu werden. Im Frühsommer 1943 sind im Peenemünder Konzentrationslager mehr als 1200 Häftlinge hinter Stacheldraht. Die Wache besteht zu diesem Zeitpunkt aus annähernd 50 SS-Leuten. Lagerkommandant ist ein Hauptsturmführer. Sie glauben, den Betrieb fest im Griff zu haben. An eine Bombardierung durch britische Fliegerverbände denkt ernsthaft kaum jemand.

Nach dem ersten Luftangriff der britischen Bomber im August 1943 sind große Teile der Siedlung, des Zwangsarbeiterlagers und der Heeresversuchsanstalt ein Trümmerfeld

Bomben auf Peenemünde

Der Häftling Godfried Elzenga erlebte die Bombennacht vom 17. zum 18. August 1943 im Untergeschoß der Fertigungshalle 1. *„Wir schliefen und wurden durch das gewaltige Geräusch anfliegender Bomber geweckt. Sie kamen über die Ostsee heran, und kaum daß wir ihr Geräusch wahrgenommen hatten, gab es auch schon die ersten Einschläge. Die Angriffe gingen in mehreren Wellen über uns hinweg, und in unserer riesigen Fertigungshalle gab es mehrere Volltreffer. Ich hatte damals das Gefühl, daß dieses Bombardement Stunden dauerte. Andere sagten uns hinterher, nach etwa 30 Minuten sei alles vorbei gewesen."*

Ähnlich wie in Großstädten und anderen Rüstungszentren waren auch im Heeresgutsbezirk Karlshagen/Pommern Vorbereitungen für die Evakuierung der Zivilbevölkerung getroffen worden. Eine im August 1943 ausgefertigte Anordnung mit entsprechenden Durchführungsbestimmungen des Ortsgruppenleiters der NSDAP Karlshagen sah die „vorsorgliche" Umquartierung nichtberufsgebundener Einwohner vor. Die Aktion sollte sofort beginnen. Kinder bis zu 14 Jahren und nichtberufstätige Frauen waren danach in Nachbardörfer außerhalb des Sperrbezirks oder zu Verwandten in nichtluftgefährdete Gebiete umzuquartieren. Berufsgebundene Personen hatten zu bleiben. Anlaß zu Beunruhigung bestehe jedoch nicht, hieß es abschließend. Bis zum 17. August sollten alle Vorbeugemaßnahmen abgeschlossen sein.[15] Doch getan hatte sich nichts. Die anfliegenden 596 viermotorigen Bomber der Typen Avro Lancaster, Short Stirling und Handley

15 Undatierte Anordnung ... des Ortsgruppenleiters der NSDAP, Karlshagen, in: HTIZPeA

Page Halifax stehen in der Nacht des 17. zum 18. August 1943 unter dem Kommando von Oberst John Searby. Die Piloten haben zuvor an einem Modell Anflug und Abwurf geübt.[16] Sie sind zu unterschiedlichen Zeiten von ihren Heimatflughäfen so gestartet, daß sie nacheinander zu festgelegten Zeiten am Ziel sind. Über Dänemark und die Südspitze Rügens kommend, überfliegen sie die etwa zwei Kilometer vor Usedoms Nordwestküste liegende Insel Ruden, die im hellen Vollmondlicht klar zu erkennen ist. An diesem Punkt drücken die Navigatoren die Stoppuhren. Über dem Zielgebiet Peenemünde kreist als erster Searby. Er leitet den Angriff, gibt Korrekturbefehle und verläßt später auch den Luftraum als letzter. Mit Blick auf die laufenden Zeiger seiner Stoppuhr läßt er zu einer vorher errechneten Zeit die ersten Bomben ausklinken. Weitere Maschinen haben zusätzlich zu den roten Markierungszeichen weiße Leuchtfallschirmbomben und grüne Markierungspunkte gesetzt. Die Küstenlinie der Insel Usedom ist durch das Mondlicht zunächst deutlich auszumachen. Doch während die ersten Maschinen anfliegen, wird das Gelände unter ihnen eingenebelt. Flakfeuer ist kaum wahrzunehmen.

Nun nimmt die Operation „Hydra" ihren Lauf. Die Bomber Command Operation Order No. 176 sieht einen „Enthauptungsschlag" vor. In der altgriechischen Mythologie, so wie sie durch Hesiod überlie-

16 Tresp, Harald: 17./18. August 1943. Vor 50 Jahren Bomben auf Peenemünde. Operation Hydra. Peenemünde 1993

Das Berliner Tor nach dem Bombenangriff

Das Berliner Tor, Hauptgebäude mit Eingang zur Siedlung, vor dem britischen Bombenangriff

Zustand nach Ende des Krieges

Betonmischanlage am gleichen Standort, Herbst 1994

Schwer getroffen: Haus 4, das Verwaltungs- und Ingenieurbüro – der Arbeitsplatz des Technischen Direktors Wernher von Braun

fert wird, ist die Verderben brütende Wasserschlange Hydra ein Sinnbild des Bösen. Immer wieder erheben sich neue Köpfe aus einem abgeschlagenen Haupt und speien Tod und Verderben. Diesen „Kopf" wollten die Briten auch in Peenemünde abschlagen.

Die Bomber, in deren Kanzeln auch polnische Piloten sitzen, greifen in drei Wellen an. Um günstigste Abwurfbedingungen zu sichern, wird in ungewöhnlich niedriger Angriffshöhe geflogen. Sie liegt zwischen 1 500 und 2 000 Metern, wohingegen sonst 4 000 und 6 000 Meter üblich sind. Die erste Angriffswelle braucht neun Minuten, von 0.18 Uhr bis 0.27 Uhr. Sie wird von 227 Bombern geflogen. Ihre Last trifft Teile der Siedlung und das Zwangsarbeiterlager Trassenmoor. Von den 30 Baracken brennen 16 sofort nieder.

Die zweite Welle trifft nach Korrekturbefehlen Searbys Teile der Versuchs-, Erprobungs- und Produktionsanlagen. Mitbetroffen sind wiederum Häftlinge. An diesem Angriff sind 113 Flugzeuge beteiligt.

In der dritten Angriffswelle tragen 180 Bomber ihre Last auf Anlagen und Siedlung. Insgesamt werden 1 593 Tonnen Spreng- und 281 Tonnen Brandbomben abgeworfen.

Der Offizier Hermann Steinmetz, Ingenieur und abkommandiert zum Flakversuchskommando Nord, liegt im Bett, als die Sirenen „Voralarm" heulen.[17] *„Man pflegte davon kaum Kenntniss zu nehmen"*, erinnert er sich, weil die Bomberverbände sich vor Angriffen auf Berlin oftmals über der Ostsee versammelten. *„Kurz darauf gab es Vollalarm. Da ich aus meinem vorherigen Einsatz in Hamburg ein wenig abgebrüht war, dachte ich nicht daran, mein Bett mit dem ungemütlichen Schutzbunker zu vertauschen. Immerhin blieb ich wach in meinem verdunkelten Wohn-Schlafraum, der, von grünen Kiefern überdacht, eingebettet war in eine reizvolle Landschaft."* Als er jedoch die roten Zielmarkierungen der Pfadfinder des Bomberverbandes bemerkt, weiß er, daß es ernst wird, und eilt in den Schutzraum. Als er von dort später wieder nach oben kommt, erkennt er die vorher so vertraute Landschaft nicht mehr. Sie hat sich in ein wüstes Trichterfeld verwandelt. Schwelende Feuer, zertrümmerte Gebäude und Leichen säumen seinen Weg. Im Ver-

17 Der Vernichtungsangriff der RAF am 17./18. August auf die Raketenentwicklungsanlagen Peenemünde-Karlshagen aus der Sicht von Hermann Steinmetz, vom 25.2.1980, in: HTIZPeA

Die Opfer der Bombenangriffe werden auf dem Karlshagener Friedhof beigesetzt

gleich zu Luftangriffen auf Hamburg und Berlin erscheint ihm diese Flächenbombardierung ungewöhnlich intensiv. Und dies, obwohl durch die künstliche Vernebelung des Geländes fast vierzig Prozent aller Bomben ins Meer stürzten. Wie sich später herausstellte, war dieser „Schlag ins Wasser" eine Folge von Fehlern bei der ersten Zielmarkierung, die auch durch Korrekturbefehle nurmehr teilweise ausgeglichen werden konnten.

Ein Soldat des Versuchskommandos Nord macht sich nach dem Gedröhn des Angriffs und der Detonationen von Zinnowitz aus auf den Weg nach Peenemünde. Von der Lehrlingswerkstatt findet er nur noch die Grundmauern, vom Haus 4 fehlt der Dachstuhl. Die Teilewerkstatt hat große Dachflächen verloren, in der Zusammenbauwerkstatt brennt der Holzfußboden. Die erst kurz zuvor fertiggestellte Azethylen-Anlage existiert nicht mehr. Wohin er auch schaut: Bombentrichter, Bauskelette, teilweise bis auf die Grundmauern zerstörte Gebäude.

Im brennenden Haus 4 versucht Wernher von Braun mit einigen Mitarbeitern zu retten, was zu retten ist. Sie dringen bis zu den Panzerschränken vor und sichern Arbeitsunterlagen. Auch Generalmajor Dornberger ist die Nacht über auf den Beinen, um die Dimension der Schäden ermessen zu können.

Schwer getroffen ist Fertigungshalle 1, wo es auch zahlreiche Tote gab. Wie sich der Holländer Godfried Elzenga erinnert, kamen die meisten seiner Kameraden noch in den Schlafräumen um. *„Erst später erfuhren wir, daß im Chaos dieser Nacht eine Gruppe krimineller Häftlinge den Lagerältesten, einen Politischen, kaltblütig umgebracht hatte. Mir fiel auf, daß die Deutschen nach diesem Angriff mit tiefer Hoffnungslosigkeit geschlagen waren."* In den folgenden Wochen werden die Häftlinge aus der Fertigungshalle F 1 eingesetzt, um Blindgänger zu räumen und zerstörte Einrichtungen zu demontieren. Noch tagelang gehen Zeitzünderbomben hoch.

Der Luftangriff hat auch den Werkverkehr lahmgelegt. Auf dem Gelände funktionieren Wasser- und Energieversorgung nicht mehr. Die Siedlung Karlshagen ist ein rauchender Trümmerhaufen, das Lager Trassenmoor verwüstet. Besonders der Nordteil der Siedlung, und hier die Roon- und die Scharnhorststraße, sind völlig zerstört.[18] Desgleichen die Unterkünfte der Wehrmachtshelferinnen in Strandnähe.

Insgesamt werden 733 Tote gefunden, davon über 500 im Zwangsarbeiterlager Trassenmoor, das mit hohen Drahtzäunen umgeben war und keinerlei Schutz vor dem Angriff bot. Von den führenden Wissenschaftlern hat es den Triebwerkfachmann Thiel und dessen Familie sowie den Oberingenieur Walther getroffen. In ihrer Siedlung gab es ebenfalls bis dahin keine Schutzräume, lediglich Splittergräben, die nur behelfsmäßig ausgebaut waren.

Registriert werden am Ende 3 000 Ausgebombte, wobei viele Familien nicht nur ihr Dach über dem Kopf, sondern auch ihr gesamtes Hab und Gut verloren haben.

Vier Tage später, am 21. August 1943, werden die bis dahin aufgefundenen Opfer des Luftangriffs, auch die nichtidentifizierten, in einem Massengrab beigesetzt. Die Beerdigung findet in den frühen Morgenstunden statt.[19] Die Zinnowitzer Kurkapelle spielt Choräle, ein katholischer und ein evangelischer Geistlicher sprechen. Die Grabstätte befindet sich direkt an der Straße nach Peenemünde, neben dem alten Dorffriedhof von Trassenheide und Karlshagen.

Die Heeresversuchsanstalt Peenemünde liegt nach diesem britischen Bombenangriff in Schutt und Asche, und die Raketenentwicklung des Dritten Reiches ist tief ins Mark getroffen – zumal Peenemünde kein Einzelfall bleibt. Die im Aufbau befindlichen Fertigungsstätten für die Serienproduktion der A 4-Raketen in Friedrichshafen am Bodensee und in Wiener-Neustadt fallen ebenso durch Bombenangriffe aus. Der Rest wird bei Angriffen am 1. und am 24. Oktober sowie am 2. November zerstört.

Die Briten hatten erneut ihre Luftüberlegenheit in diesem Krieg bewiesen. Die deutsche Luftwaffenführung zeigte sich unfähig, auch nur punktuell eine wirkungsvolle Verteidigung zu gewährleisten. General Joseph Kammhuber, späterer Inspekteur der Luftwaffe der Bundeswehr, saß in der Angriffsnacht auf Peenemünde in seinem Befehlsbunker in Arnheim-Delen, wie später bekannt wurde, im wahrsten Sinnes des Wortes „abgeschnitten" von der Außenwelt.

Grabstätte der Familie des Peenemünder Triebwerkspezialisten Walter Thiel

18 Lippert, Otto: Chronik Peenemünde 1942–1945, in: Raketenpost, März 1994, S. 16f.

19 Huzel, Dieter: Von Peenemünde …, a.a.O., S. 77ff.

Teilweise zerstörte Fertigungsstätten des Entwicklungswerkes nach dem ersten Luftangriff

Obwohl das Bombardement auch die Fertigungshalle F 1 trifft, wird hier bereits wenige Wochen später behelfsmäßig weiterproduziert.

Widerstandskämpfer hatten seine Kommandoleitungen gekappt. Der Unteroffizier Bernhard Senska und ein weiterer Kamerad, die Kammhuber von der Führung der Jäger trennten, wurden von holländischen Fischern in Sicherheit gebracht. Die Luftwaffengenerale Junck und Weise erteilten den ihnen unterstellten Jägern außerdem in dieser Nacht falsche Befehle. Hilflos kurvten die Maschinen im Luftraum über Berlin, wo ein Scheinangriff geflogen wurde, während Peenemünde unter Bomben versank.

Generaloberst Hans Jeschonneck, Generalstabschef der Luftwaffe, dessen Kommandopunkt fürsorglich im abgelegenen ostpreußischen Goldap lag, erschoß sich in seinem Hauptquartier, als er das Desaster überblickte. Offiziell erlag er einem schweren Leiden.

Am 26. August, acht Tage nach dem Luftangriff auf Peenemünde, findet in der Reichskanzlei eine Chefbesprechung statt. Hier unterrichtet Speer, der sich zuvor einen Überblick über das Ausmaß der Zerstörungen vor Ort verschafft hat, darüber, daß „die A 4 Männer" nunmehr starke Unterstützung von seiten der SS bekommen hätten. Brigadeführer Kammler setze im Auftrag des Reichsführers Himmler jetzt weitere Häftlinge für die Arbeiten im Rahmen des Raketenprogramms ein. Speers vorgelegte Chronik hält auch fest, daß inzwischen geheime Verhandlungen unter seinem Vorsitz mit den Militärs bzw. Ministerialbeamten Kammler, Degenkolb, Dornberger und Saur stattgefunden hätten, bei denen der weitere Einsatz von Häftlingen vereinbart worden sei. Die Zusammenarbeit von Wehrmacht, Industrie und SS solle hierbei intensiviert werden.

Trotz des Rückschlages sehen Hitler und Himmler in den Raketen weiterhin eine entscheidende Zukunftswaffe. Generaloberst Alfred Jodl, Chef des Wehrmachtsführungsstabes, fabulierte Anfang November 1943 vor den Reichs- und Gauleitern der NSDAP in München als erster von den „Wunderwaffen", deren Einsatz bevorstehe. Schnelligkeit und Waffenwirkung über weite Entfernungen seien einmalig. Doch die Einsatzvorbereitungen sind um Monate zurückgeworfen worden. Erprobungen und Produktion lassen sich nicht mehr im vorgesehenen Umfang in Peenemünde fortsetzen. Zwischen Juni und November 1943 kann man 17 im eigenen Versuchsserienwerk hergestellte Raketen erproben. Das reicht nicht aus, um die Waffe wirklich frontreif zu machen. Man sucht nach einem Ausweg.

Waffenerprobung

Auf den Truppenübungsplätzen bei Blizna und Tuchel 1943 bis 1944

SS-Führer Dr.-Ing. Hans Kammler (1901–1945?) zeichnet für die Verlagerung der A 4-Raketenproduktion in die unterirdische KZ-Fabrik im Kohnstein mitverantwortlich; zuvor hatte er die Zerstörung des Warschauer Ghettos und den Aufbau der Verbrennungsöfen im Todeslager Auschwitz geleitet

Am 22. August 1943, vier Tage nach dem ersten Luftangriff auf Peenemünde, entscheiden Hitler und Speer, für die Serienproduktion der A 4 verstärkt KZ-Häftlinge einzusetzen und die Erprobung der Raketenwaffe in möglichst kurzer Zeit von Peenemünde nach Polen zu verlagern. Dort soll nach den bisherigen Schußerprobungen über See mit Aufschlag im Wasser erstmals die Wirkung auf festem Boden getestet werden. Ins Auge gefaßt wird der Truppenübungsplatz der SS „Heidelager", östlich von Krakau, zwischen Weichsel und San. In Peenemünde ist die Rakete A 4, wenn überhaupt, nur noch „bei Nacht und Nebel" zu testen, wie Wernher von Braun es in der Sonderkommission „Fernschießen" ausdrückt, denn die alliierte Luftaufklärung soll sich kein Bild vom Stand der Wiederherstellung der Anlagen machen können.[1] Zum Zwecke der besseren Tarnung wird auch noch ein anderer Standort für ein neues Entwicklungswerk in Polen erwogen.

Die Verantwortung für alle Bauarbeiten, so ein Vorschlag Himmlers, soll dem SS-Brigadeführer Hans Kammler übertragen werden. Am 26. August nimmt dieser erstmals an einer Besprechung mit Speer, Degenkolb und Dornberger teil. Er schlägt vor, die Serienproduktion nicht nach Polen, sondern in eine unterirdische Fabrik am Harz zu verlegen. Für die Fortsetzung der Entwicklungsarbeiten denkt er an eine ebenfalls unterirdische Anlage am Traunsee in den Alpen. Die Flugerprobungen mit der A 4-Rakete, so erklärt Wernher von Braun daraufhin am 9. September der Kommission für Fernschießen, sollte auf dem Truppenübungsplatz „Heidelager" vorgenommen werden, weil dort Schießversuche ungestört von Luftangriffen stattfinden könnten. Damit hatte er vorläufig wenigstens noch recht. Als falsch erwies sich allerdings seine Annahme, daß auf dem SS-Gelände außerdem kein Unbefugter in die laufenden Versuche Einblick nehmen werde. Vor allem, so von Braun, gehe es um Versuche im scharfen Schuß. Das sei notwendig, um sich ein Bild von der Trefferwirkung und der Funktion des Zünders machen zu können. Außerdem müsse man mit dem Leitstrahlverfahren zur Lenkung der Rakete weitere Erfahrungen sammeln. Wernher von Braun bekräftigte, daß die erste motorisierte Batterie mit schußbereiten Raketen in Kürze zur Erprobung bereitstehe. Spätestens im Dezember 1943, bei Abstrichen an das Entwicklungsprogramm jedoch bereits früher, könne das Versuchsschießen aufgenommen werden. Daß dieses über bewohntem Gelände, in einem besetzten Land, ohne Rücksicht auf dessen Bevölkerung vorgenommen werden soll, ist für die Kommission keines Wortes wert.

Auch die Luftwaffenerprobungsstelle Peenemünde-West, die durch das Bombardement im August 1943 kaum beschädigt worden ist, jedoch erneute Angriffe befürchtet, verlegt alle weiteren Tests mit der Flugbombe Fi 103 nach Ostpreußen in eine Marineforschungseinrichtung bei Königsberg. Drei Katapultstartanlagen werden dort in kürzester Bauzeit errichtet. Eingesetzt sind dafür Tausende von sowjetischen und polnischen Kriegsgefangenen. Obwohl die Flugbombe im Herbst 1943 noch immer technisch unausgereift ist, wird trotzdem bereits kurz nach dem Luftangriff auf Peenemünde die Serienproduktion aufgenommen. Hergestellt wird die Waffe im Volkswagenwerk Fallersleben unter Einbeziehung von Häftlingen. Vorerst entstehen täglich zwei Fi 103. Fieseler erwägt den Bau einer Serienproduktionsanlage in Rothwesten, in der Nähe von Kassel. Ein Angriff der Briten auf die Flugzeugindustrie der Stadt am 22. Oktober macht aber alle Planungen zunichte.

Der Unternehmer verlegt in Übereinstimmung mit dem Rüstungsministerium Produktionsvorgänge nach Cöslin in Pommern. Die Tarnbezeichnung dieser Fertigungsstätte, einer bisherigen Möbelfabrik, ist „Cham". Es stellt sich heraus, daß die Konstruktion der fliegenden Bombe so große Mängel aufweist, daß alle bis Ende November 1943 produzierten Teile am Ende nicht verwendbar sind und verschrottet werden müssen. Das Reichsluftfahrtministerium drängt daraufhin die Erprobungsstelle in Ostpreußen, die Fi 103 so schnell wie möglich technisch zu vervollkommnen, und droht, das Fertigungsprogramm ganz einzustellen, sollte dieses Ziel nicht erreicht werden.

Auch am A 4-Programm wird mit der Verlegung auf den SS-Truppenübungsplatz „Heidelager" fieberhaft weitergearbeitet. Die technischen Voraussetzungen sind günstig. Unweit des Platzes verläuft die Eisenbahnlinie Mielec-Debica-Tarnow, die für den Transport von Waffen, Truppen und Gerät wichtig ist. Mielec war zudem ein wichtiger Standort der polni-

1 Bericht über die Sitzung der Kommission für Fernschießen am 9. September 1943; siehe auch die Chronik der Dienststellen des Reichsministers Albert Speer 1943, beides in: HTIZPeA

Eine A 4-Testrakete auf dem Truppenübungsplatz „Heidelager“ bei Blizna während des Transports zum Startpunkt

schen Flugzeugindustrie, weshalb der Ort über einen Flugplatz verfügt, der nunmehr häufig von Wernher von Braun benutzt wird. Vom Flugplatz führt eine Betonstraße direkt zum Übungsgelände. Von der Bahnlinie wird ein Anschlußgleis bis Pustkow verlegt.
Für die Bauarbeiten am Truppenübungsplatz greift die SS seit 1940/41 nicht nur auf Landeseinwohner zurück, sondern auch auf die Kriegsgefangenen eines nahe dem Truppenübungsplatz angelegten Lagers. Außerdem ist ein Konzentrationslager errichtet worden, in dem sich annähernd 2 000 jüdische Bürger Polens, Frankreichs, Belgiens und Hollands befinden. Während das Kriegsgefangenenlager von der Wehrmacht bewacht wird, steht das KZ unter Kontrolle der SS, die hier vor allem Ukrainer einsetzt. Kommandant ist der SS-Hauptsturmführer J. von Prosinski. Bis zur Befreiung im Sommer 1944 starben in diesem Lager 14 000 Menschen an Unterernährung und Typhus.
Obwohl alle Einwohner des Dorfes Blizna, das ursprünglich inmitten des annähernd quadratischen Truppenübungsplatzes lag, 1940 ausgesiedelt worden waren und die SS das Gebiet weiträumig abzuriegeln versuchte, blieben die deutschen Aktivitäten dem polnischen Untergrund nicht verborgen. Die anfallenden Waldarbeiten in der Region waren dem Forstamt Wola Osiecka übertragen worden. Der leitende Forstingenieur Stachowski und elf seiner Waldarbeiter waren zugleich Soldaten der Polnischen Heimatarmee. Nichts auf dem Ausbildungsgelände entging ihrem Blick. Sie berichteten ihrem Oberkommando über den Bau der Anschlußstrecke, über die Errichtung des Zwangsarbeitslagers „SS-Truppenübungsplatz Heidelager-Pustkow“, wie der Ort

Flugbombe Fi 103 auf einer Katapultstartanlage; der Start aus eigener Kraft nur mit Hilfe des Triebwerkes hätte eine Startbahn von über 3 Kilometern Länge verlangt

Ruinenlandschaft bei Peenemünde 1994: Reste der ersten Katapultstartanlage der Luftwaffenerprobungsstelle

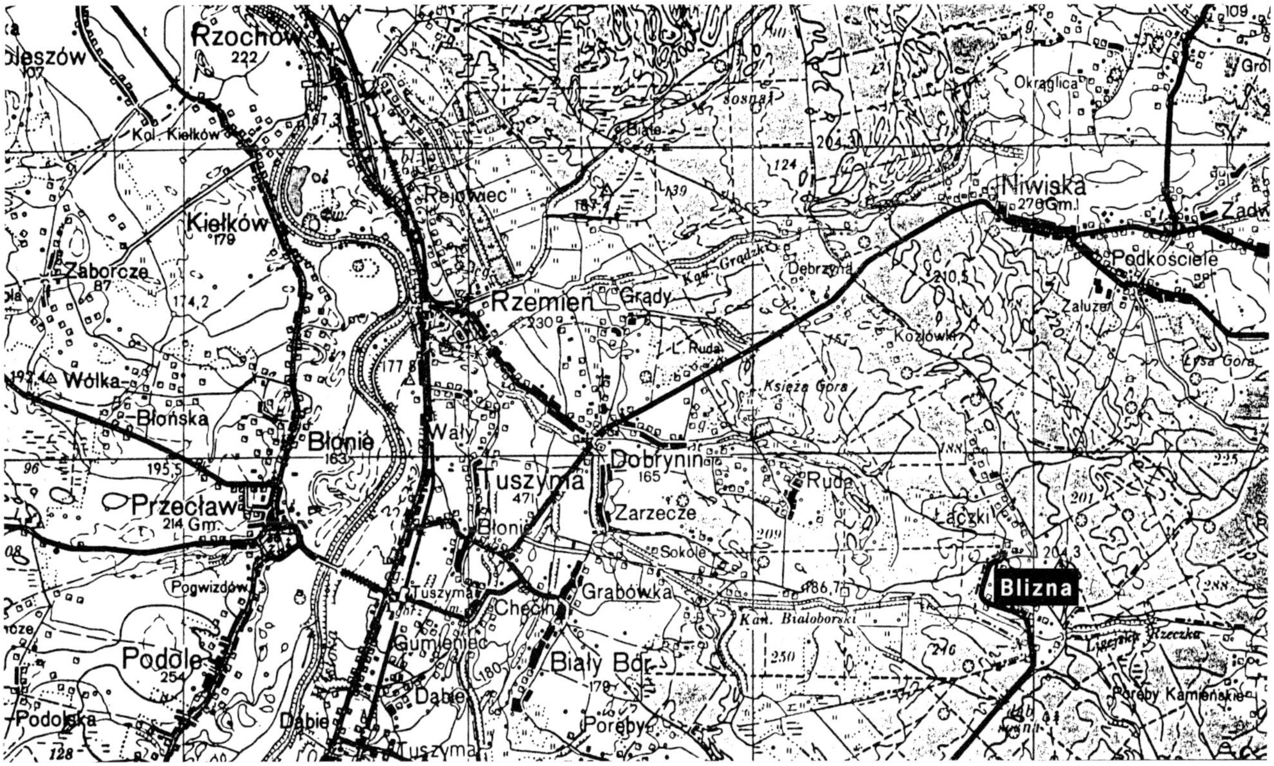

offiziell bezeichnet wurde, sowie über die Aufstellung von Flak-Artillerie zur Luftabwehr.
Ihnen entgeht auch nicht das Eintreffen der von Wernher von Braun entsandten Lehr- und Versuchstruppe im „Artillerie-Zielfeld Blizna", wie es jetzt genannt wird. Sie soll sich hier auf den Fronteinsatz der Rakete vorbereiten. Dafür haben 100 Soldaten zuvor eine technische Sonderausbildung im Peenemünder Versuchskommando Nord erhalten. Jeder von ihnen kennt nur die Handgriffe, für die er ausgebildet worden ist, um die Rakete zu starten. Die per Eisenbahntransport eintreffenden Gefechtsbatterien verfügen jeweils über sechs Raketen, für deren Abschuß 73 Mann Hand anlegen müssen. Hinzu kommen die Führungsstaffel, die Treibstoffkolonne mit 24 Kesselwagen und der Gefechtstroß. Mit den Erfahrungen der Versuchs- und Lehrbatterie 444 werden im Jahr darauf die Stämme weiterer Einheiten von Fernkampfraketenabteilungen gebildet.
Das Hauptaugenmerk Wernher von Brauns, der regelmäßig zwischen Peenemünde, Mielic und Nordhausen, wo die unterirdische Raketenproduktion auf-

Das polnische Dorf Blizna lag im Zentrum des SS-Truppenübungsplatzes „Heidelager" rund 100 Kilometer östlich von Krakow und wurde 1940 eingeebnet

Handzettel der Kommandantur des Truppenübungsplatzes Blizna mit der Aufforderung, die Fundorte versprengter Teile der Rakete A 4 und der ebenfalls hier gestarteten Flugbombe Fi 103 den deutschen Polizei- oder Militärdienststellen zu melden

Alle Treibstoffe für die Rakete (A-Stoff = flüssiger Sauerstoff und B-Stoff = 75prozentiger Alkohol) mußten in Kesselwagen und Tankwagen bis zur Startstelle mitgeführt werden; bei Startverzögerungen verdampften pro Stunde 50 Liter Sauerstoff

gebaut wird, hin- und herfliegt, ist in dieser Zeit auf das Versuchsschießen gerichtet. Über seinen Tisch gehen alle technischen Veränderungen, die nach Auswertung der Teststarts in den Bauunterlagen der Rakete A 4 vorgenommen werden. Seine ganze Arbeitskraft gehört, dem Zeugnis Walter Dornbergers zufolge, der Bemühung, die geforderten Termine für den Einsatz der Waffe einzuhalten. Er versucht, Konstruktion, Erprobung und Produktion, also Peenemünde, Blizna und Dora-Mittelwerk, miteinander zu verbinden.[2]

Am 25. November 1943 wird die Erprobung der Rakete auf dem vorgerichteten Gelände bei Blizna aufgenommen. Bis zum 24. Juni 1944 dokumentieren die Aufklärer der Polnischen Heimatarmee 139 Raketenstarts. Doch wie die Peenemünder Konstrukteure immer wieder mit Erschrecken feststellen müssen, brechen etwa 60 Prozent aller gestarteten Raketen bereits zwei bis drei Kilometer vor dem endgültigen Aufschlagpunkt auseinander und hinterlassen eine breite Spur von abgerissenen Rumpf- und Steuerteilen. Einige der Bleche nutzen Bauern zur Abdeckung ihrer Scheunen und Schuppen, andere verschwinden zusammen mit Proben von Treibstoffflüssigkeiten in den Prüflaboratorien des polnischen Untergrunds. Jeder Absturzpunkt wird insgeheim sorgfältig vermessen. Neben der systematischen Aufklärung kommt der Heimatarmee auch der Zufall zu Hilfe. Als eines Tages in den Straßen Warschaus ein deutsches Wehrmachtsfahrzeug verunglückt, stellen die Untergrundkämpfer fest, daß dabei auch zwei wichtige deutsche Wissenschaftler ums Leben gekommen sind, die sich zuvor auf dem Artillerie-Zielfeld Blizna aufgehalten hatten. Damit war die Verbindung zu Peenemünde hergestellt.

Nachdem in Rejowiec, unweit Chelms, das Anwesen eines polnischen Bauern durch eine Rakete nahezu völlig zerstört wird, kann der polnische Widerstand schließlich errechnen, daß die Rakete inzwischen 250 Kilometer zu fliegen vermag. Für Aufklärung des A 4-Geheimnisses lassen annähernd 150 polnische Frauen und Männer ihr Leben.

Den deutschen Konstrukteuren ist inzwischen die weitgehende Stabilisierung aller Flugphasen gelungen. Obwohl auch Anfang 1944 noch nicht alle auftretenden Störungen erkannt und abgestellt sind, geht die Rakete ab Januar 1944 endgültig in Serienproduktion. Das Versuchsschießen in Polen findet über bewohntem Gebiet zwischen Blizna und dem Raum Sarnaki am Bug statt. Die Einschläge liegen damit nördlich der Luftlinie Warschau – Brest. Um den offensichtlichen Verstoß gegen elementare Regelungen der Haager Landkriegsordnung zu vertuschen, wurde – und wird zum Teil noch heute – behauptet, die abseits gelegenen Pinsker Sümpfe seien Zielgebiet gewesen.

Im April 1944 treffen deutsche Beobachtungskommandos aus Blizna im Dorf Sarnaki ein. Vierhundert Soldaten beziehen dort in der Schule Quartier. Mitte April beginnt das Schießen auf diesen Ort von Blizna aus.

Nachdem die ersten Raketen das Zielgebiet getroffen haben, tragen Soldaten der Polnischen Heimatarmee und Dorfbewohner zusammen, was sie nur greifen können. Größere Raketenteile werden von den Bauern unter Brennholzstapeln oder in Strohschobern versteckt. Bis Ende Mai werden 60 Einschläge dokumentiert.

2 Werdegang, Arbeiten der Vorkriegszeit und Leistungen im Kriege des Professors Dr. Wernher von Braun, undatiert, in: HTZIPeA

Ende 1943: Start einer Versuchsrakete auf dem Truppenübungsplatz Blizna

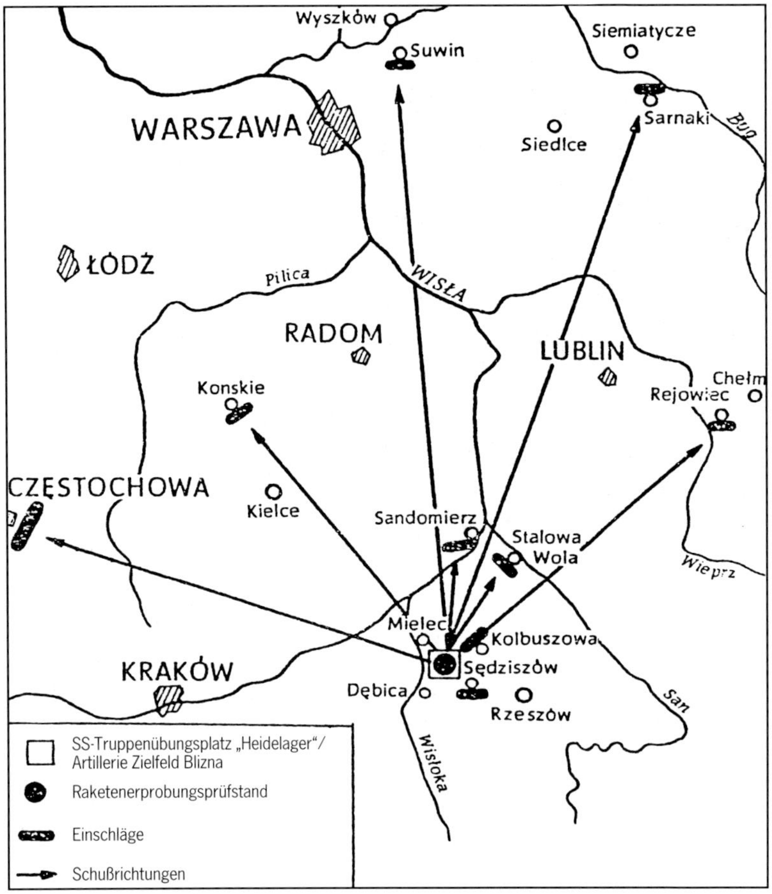

Hauptschußrichtungen mit A 4-Raketen von Blizna aus; die größte Schußweite lag bei 250 Kilometern

Als eine Rakete am 24. April 1944 auf dem Anwesen des Bauern Daniel Lopatniuk im Dorf Klimczyce-Kolonia niedergeht, sichert dieser mit seinen Nachbarn ein komplettes Steuerungsteil, was für die Analyse von besonderer Wichtigkeit wird. Am 20. Mai fällt dann sogar eine vollständig erhaltene Rakete A 4 in die Hand der Heimatarmee.[3] Soldaten der 8. Kompanie des 22. Infanterieregiments decken den im morastigen Ufer des Bug steckenden Flugkörper zunächst mit Schilf und Tarnnetzen ab. Einige Tage später – so wird berichtet – sollen sechs Pferde die Rakete aus dem Sumpf gezogen haben. In einer Scheune des unweit gelegenen Dorfes Holowczyce-Kolonia wird sie zunächst verborgen, dann zerlegt und fotografiert. Wesentliche Teile der Rakete werden anschließend zu den im Untergrund tätigen Wissenschaftlern der Polytechnischen Hochschule nach Warschau transportiert. Professor Janusz Groszkowski, einer von ihnen, späterer Präsident der Polnischen Akademie der Wissenschaften, entschlüsselt das Funksteuerungssystem, Professor Marceli Struszynski untersucht das Triebwerk.

Nachdem die Ergebnisse vorliegen, startet Aktion „Motyl III" („Schmetterling") zur Weiterleitung der Analysen und zum Transport der wichtigsten Raketensegmente nach London. Genutzt wird dafür eine Flugverbindung, die die Alliierten zwischen Feldflugplätzen der Heimatarmee in Polen und dem süditalienischen Ort Brindisi aufrechterhalten. Die Maschine mit ihrer geheimnisvollen Fracht geht am 26. Juli 1944 auf Nachtkurs.

Etwa zur gleichen Zeit erbittet Churchill in einem Brief an seinen Verbündeten Stalin Zutritt für britische Fachleute zum Artillerie-Zielfeld Blizna, das ab 2. Juli 1944 zunächst für wenige Tage und endgültig ab 20. Juli unter sowjetischer Kontrolle ist. Stalin verzögert den Zugang für die Briten, damit zunächst die eigenen Leute das Gelände erkunden können. In aller Eile fliegt man die zusammengetragenen Raketenteile nach Moskau aus, wo sie in das Raketenforschungsinstitut (Nautschny Issledowatelski Institut I – NII–1) gebracht werden.[4] Hier setzen Konstrukteure aus den zerfetzten Blech- und Aluminiumstückchen, aus den zertrümmerten Geräten und Elektronenröhren die Hitlersche „Wunderwaffe" wieder zusammen. Ihre Vorgehensweise ähnelt der von Cuvier, welcher an Hand eines Knochens das Skelett eines Brontosaurus rekonstruierte. Besonders beeindruckt das Triebwerk mit einer Schubkraft von 25 Tonnen, dessen Leistung ein Institutsmitarbeiter mit den Worten kommentiert, hier sei etwas zu sehen, was eigentlich gar nicht existieren dürfe. Der riesengroße Rüstungsvorsprung der Peenemünder und der eindeutige Rückstand der sowjetischen Forschung auf dem Gebiet der Flüssigkeitsraketen wurde offensichtlich. Das erklärt auch, wieso ein im August 1942 ausgelöster Auftrag von Dornbergers Waffenprüfamt 11 und dem Amt Ausland/Abwehr zur Erkundung sowjetischer Großraketenprogramme völlig ergebnislos geblieben war.[5]

3 Wojewodzki, Michal: akcja …, a.a.O.

4 Tschertok, Boris: U sowjetskich raketnych triumfow bylo njemezkoje natschalo (Die sowjetischen Raketentriumphe hatten deutsche Wurzeln), in: Iswestija vom 4. bis 10. März 1992

5 Aktennotiz über die Besprechung der Majore Penner und Thom vom 29. August 1942, in: HTIZPeA

Prof. Dr. Janusz Groszkowski analysierte das Steuersystem der A 4-Rakete für die Alliierten

Prof. Dr. Marceli Struszynski gelang die Analyse der Treibstoffzusammensetzung der deutschen „Wunderwaffe"

An jedem abgerissenen Triebwerkteil (hier Flansch der Turbinenabdampfleitung) gab eine Schlüsselnummer Auskunft über die Herstellerfirma; die ursprünglich zur technischen Kontrolle im Dienste deutscher Gründlichkeit eingeführte Stempelprägung ermöglichte es der polnischen Aufklärung, Standorte der deutschen Zulieferbetriebe zu ermitteln und nach London zu melden

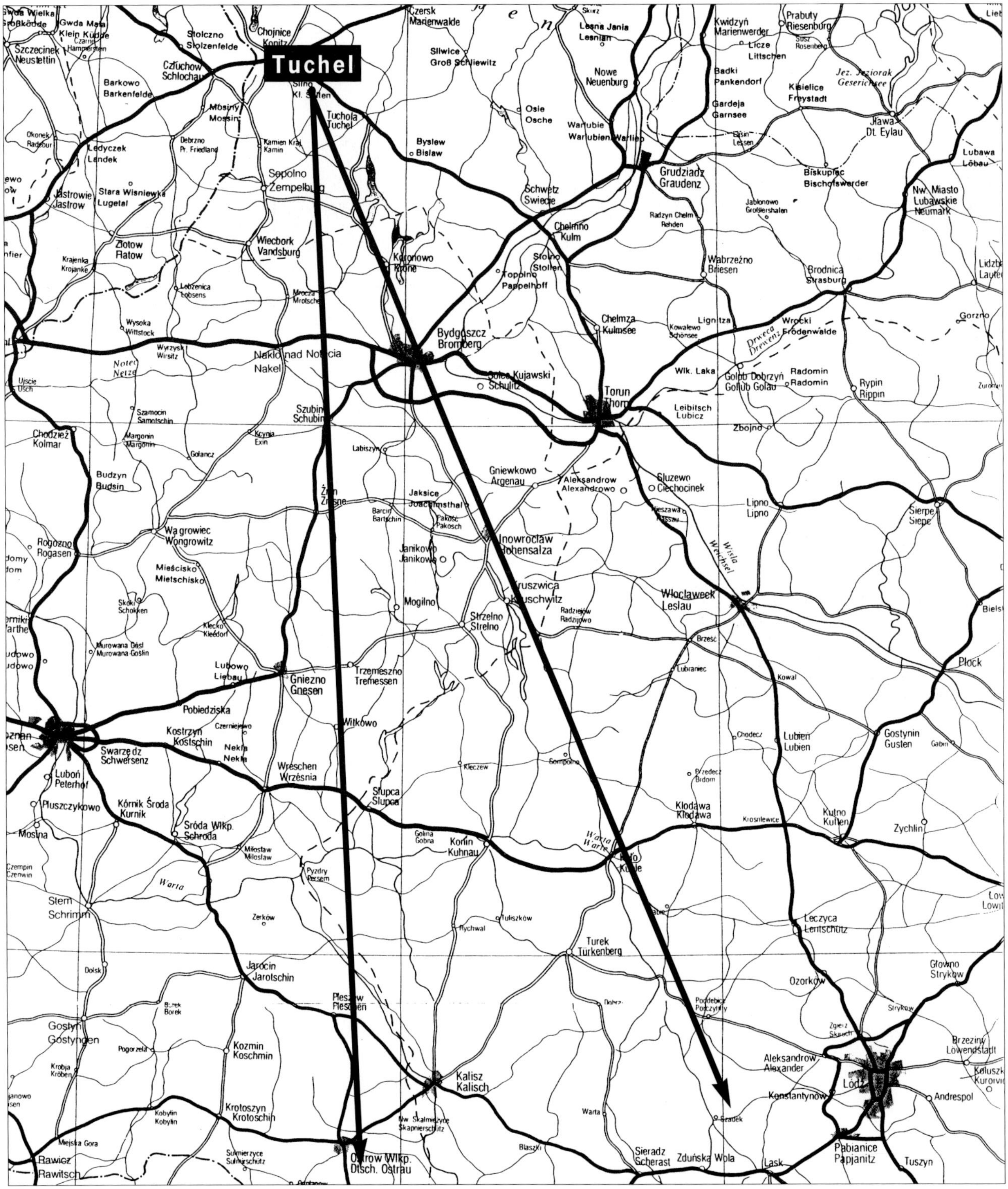
Tuchel
Chojnice
Konitz
Czersk
Marienwalde
Człuchow
Schlochau
Szczecinek
Neustettin
Barkowo
Barkenfelde
Tuchola
Tuchel
Sępolno
Zempelburg
Grudziadz
Graudenz
Kwidzyń
Marienwerder
Prabuty
Riesenburg
Nowe
Neuenburg
Schwetz
Swiecie
Chełmno
Kulm
Jastrowie
Jastrow
Złotow
Flatow
Wiecbork
Vandsburg
Koronowo
Krone
Bydgoszcz
Bromberg
Nakło nad Notecia
Nakel
Chełmza
Kulmsee
Wąbrzeźno
Briesen
Brodnica
Strasburg
Torun
Thorn
Golub Dobrzyń
Gollub Golau
Radomin
Rypin
Rippin
Szubin
Schubin
Chodzież
Kolmar
Budzyn
Budsin
Labiszyn
Gniewkowo
Argenau
Aleksandrow
Alexandrowo
Ciechocinek
Lipno
Jaksice
Joachimsthal
Inowrocław
Hohensalza
Wągrowiec
Wongrowitz
Rogozno
Rogasen
Mogilno
Strzelno
Strelno
Kruszwica
Kruschwitz
Włocławek
Leslau
Gniezno
Gnesen
Trzemeszno
Tremessen
Witkowo
Pobiedziska
Kostrzyn
Kostschin
Swarzedz
Schwersenz
Luboń
Peterhof
Wreschen
Września
Słupca
Slupca
Kornik
Kurnik
Środa
Sróda Wlkp.
Schroda
Mosina
Konin
Kuhnau
Koło
Kolo
Kłodawa
Kutno
Kutten
Gostynin
Gusten
Płock
Lubien
Zychlin
Łęczyca
Lentschütz
Warta
Stem
Schrimm
Jarocin
Jarotschin
Turek
Türkenberg
Pleszew
Pleschen
Gostyń
Gostyngen
Kozmin
Koschmin
Kalisz
Kalisch
Krotoszyn
Krotoschin
Ozorków
Aleksandrow
Alexander
Łódż
Konstantynow
Pabianice
Papjanitz
Andrespol
Brzeziny
Sieradz
Scherast
Zduńska Wola
Lask
Tuszyn
Ostrow Wlkp.
Dtsch. Ostrau
Rawicz
Rawitsch
Sulmierzyce
Sulmirschutz

Englische und sowjetische Fachleute untersuchen im Sommer 1944 nach der Befreiung des Raumes Sarnaki das Triebwerk einer A 4-Testrakete, das zuvor durch Soldaten der Polnischen Heimatarmee geborgen worden war

Schußfeld in der Tucheler Heide, von wo aus nach der Räumung des Truppenübungsplatzes Blizna zwischen August 1944 und Januar 1945 weitere 107 Testraketen verschossen wurden; die Schußbahn verlief unweit des Geburtsortes Wernher von Brauns, Wirsitz, westlich von Bromberg gelegen

Am 3. August 1944 schließlich erhalten die britischen Experten Einreisevisa für die UdSSR. Eine zweite Gruppe erkundet den September 1944 hindurch, unterstützt von der Polnischen Heimatarmee, das einstige Übungsgelände um Blizna. Die systematisch geführten Untersuchungen bringen eine Reihe überraschender Resultate zum Vorschein. Da die Polen den Alliierten mit ihren eigenen Aufzeichnungen und Dokumentationen zur Seite stehen, gelingt es, ein komplettes Steuerungssystem und weitere wichtige Einzelteile der insgesamt 139 von Blizna aus gestarteten Raketen zusammenzutragen. Mit keiner Miene geben die sowjetischen Teilnehmer der Suchaktion zu erkennen, daß sie das Zielfeld bereits zuvor durchkämmt hatten. Churchill dankt Stalin am 16. Oktober für die umfassende Unterstützung durch die sowjetische Seite. Weder er noch der britische Luftmarschall Philip Joubert werden jemals die Unterstützung durch die polnischen Alliierten würdigen, sondern diese ebenso wie die Sowjetunion verschweigen.

Nach der Sommeroffensive der Sowjetarmee 1944 in Polen verließ die Lehr- und Versuchsbatterie mit ihren verbliebenen A 4-Raketen Blizna und verlegte in nordwestlicher Richtung auf den Schießplatz „Heidekraut“ in der Tucheler Heide. Noch einmal werden 107 Raketen aus der Serienproduktion des Mittelwerkes zu Versuchszwecken gestartet. Auch auf diesem Übungsplatz unweit der Stadt Tuchel wird gefahrvoll über Land und Leute hinweggeschossen. Die Hauptschußrichtung ist Südsüdost. Das Zielgebiet liegt bei Lututow auf der Linie zwischen Warschau und Breslau. Zwischen Startplatz und Einschlagsraum liegen die Städte Bromberg, Thorn und Łodz. Nach wenigen Monaten vertreibt die nächste Offensive der Roten Armee die Fernraketenlehr- und -versuchsabteilung unter Oberstleutnant Moser in die Waldungen südlich von Wolgast. Man landet also wieder in unmittelbarer Nähe von Peenemünde, doch für weitere Starts der Rakete verbleibt inzwischen kein Schußfeld mehr. Ein letzter Stellungswechsel führt in die Gegend von Rethen an der Weser. Aber auch hier ist an Raketenstarts nicht mehr zu denken.

Rückzug in die Höhle

Die KZ-Fabrik Mittelbau-Dora
1943 bis 1945

Die Verlegung in den Harz

Anfang September 1943 wird der holländische Häftling Godfried Elzenga erneut auf Transport geschickt. Mit der Entscheidung zur Verlagerung der Serienfertigung in das Stollensystem des Kohnsteins bei Nordhausen zieht seine Arbeitskolonne aus dem Peenemünder Konzentrationslager zunächst nach Buchenwald. Mitte Oktober wird die gesamte Gruppe weitergeleitet zur neu entstehenden Außenstelle – zum KZ „Dora" bei Nordhausen. Hier, in einem weiten, abgeschiedenen Talgelände am Fuße des Höhenzuges Kohnstein nordwestlich der Stadt, treffen bereits seit dem 28. August 1943 Tag für Tag neue Transporte mit Häftlingen ein, überwiegend Handwerker und Bauarbeiter, in der Mehrzahl Polen, Russen und Deutsche. Damit beginnt der Aufbau des späteren Konzentrationslagers Mittelbau. Standort des Lagers ist der Talgrund am Kohnstein. Das Mittelwerk, die künftige Raketenfabrik, nistet sich im Kalkfels des Berges ein. Das unbewohnte Tal gehört zur Gemarkung Salza, Kreis Hohenstein. Der bewaldete Berg wird von einem weitläufigen unterirdischen Stollen- und Hallensysten durchzogen, das seit 1917 in mehreren Stufen bergmännisch erschlossen wurde. Nach dem weiteren Ausbau der Hohlräume lagern hier seit Mitte der dreißiger Jahre strategisch wichtige Reserven, wie Treibstoffe, Fette und Öle, deren Restbestände jetzt andernorts untergebracht werden.

Noch am gleichen Tag, an dem die ersten Häftlinge aus Buchenwald eintreffen, wird der Hauptstollen zum Talhang geöffnet, so daß zwischen dem neuen Konzentrationslager und der künftigen Raketenproduktionsstätte eine direkte Verbindung besteht. Nach den Plänen der SS soll in kürzester Zeit das Tunnellabyrinth so erweitert und ausgebaut werden, daß es Raum für die großen Anlagen zur Serienfertigung der Raketenwaffen bietet.

Noch Anfang September erreicht ein zweiter Transport von 1 223 Häftlingen Lager und Werk. Über 1 000 von ihnen sind zuvor in verschiedenen Bereichen in Peenemünde eingesetzt gewesen. Am 19. September kommen auch die ersten Waggons mit Maschinen und Anlagen aus den Versuchsanstalten in das entstehende Mittelwerk. Weitere Häft-

Talgrund am Kohnstein bei Nordhausen; hier wurde im August 1943 das Außenlager „Dora" des KZ Buchenwald errichtet, das ab Oktober 1944 als eigenständiges KZ Mittelbau geführt wurde; Der ehemalige KZ-Häftling Carl Schwerdtfeger berichtete über die Anfänge des KZ „Dora" im August 1943: „Wir waren 107 Häftlinge, 36 Posten (einschließlich 6 Hundeführer) und hatten 6 Zelte."

Haupttor zum KZ Mittelbau (Zustand 1994); hier befindet sich die heutige KZ-Gedenkstätte Mittelbau-Dora

linge aus Peenemünde, die zunächst durch das KZ Buchenwald geschleust werden, wo sie Nummern des Stammlagers erhalten, treffen in den folgenden Wochen und Monaten ein.[1] Ein anderer Teil der Häftlinge verbleibt in Peenemünde und wird für den Abtransport weiterer Maschinen und Anlagen in das Mittelwerk eingesetzt.

Ab Mitte November kommen in das KZ „Dora" auch zahlreiche Mauthausener Häftlinge, die ebenso wie die Peenemünder bereits in der Vorfertigung zur Versuchsserienproduktion der Raketen eingesetzt waren. Sie mußten zuvor in den Rax-Werken Wiener-Neustadt arbeiten, die nach den Luftangriffen der Alliierten ebenfalls demontiert und samt Maschinen und Personal ins Mittelwerk verlagert wurden. Die militärischen und technischen Arbeitsstäbe in Peenemünde und vor Ort in Nordhausen versprechen sich vom Einsatz dieser bereits in Produktionsabläufe eingewiesenen Häftlinge schnelleren und höheren Nutzen. Die erste Planungsgrundlage vom Oktober 1943 für die Aufnahme der Serienproduktion geht von annähernd 20 000 einzusetzenden Häftlingen sowie weiteren 2 000 ausnahmslos deutschen Vorarbeitern, Meistern und Ingenieuren aus.[2]

Noch im Herbst 1943 macht man in den verschiedensten Konzentrationslagern in Deutschland einige hundert technisch besonders qualifizierte Männer ausfindig, die im Mittelwerk zusamengeführt werden, um die anderen Häftlinge am Fließband anzuleiten. Die Entscheidungsebene besetzen überwiegend zivile Mitarbeiter und Militärs aus Peenemünde.

Ende Oktober sind im Lager „Dora" bereits 6 275 Häftlinge bei den Vorbereitungen der Serienproduktion von A 4 eingesetzt, wie der Holländer Godfried Elzenga und die meisten anderen Häftlinge aus Peenemünde oder Mauthausen vor allem beim Stollenausbau.

1 Polak, Edmund: Dziennik buchenwaldzki (Buchenwald-Tagebuch). Warszawa 1983

2 Bartel, Walter: Gutachten. Rolle und Bedeutung des Mittelwerkes einschließlich des Konzentrationslagers Mittelbau-Dora und die Funktion der SS bei der A 4-Produktion. Weimar-Buchenwald 1983, Anlage 2: Planungsgrundlage vom 1. 10. 1943, S. 87

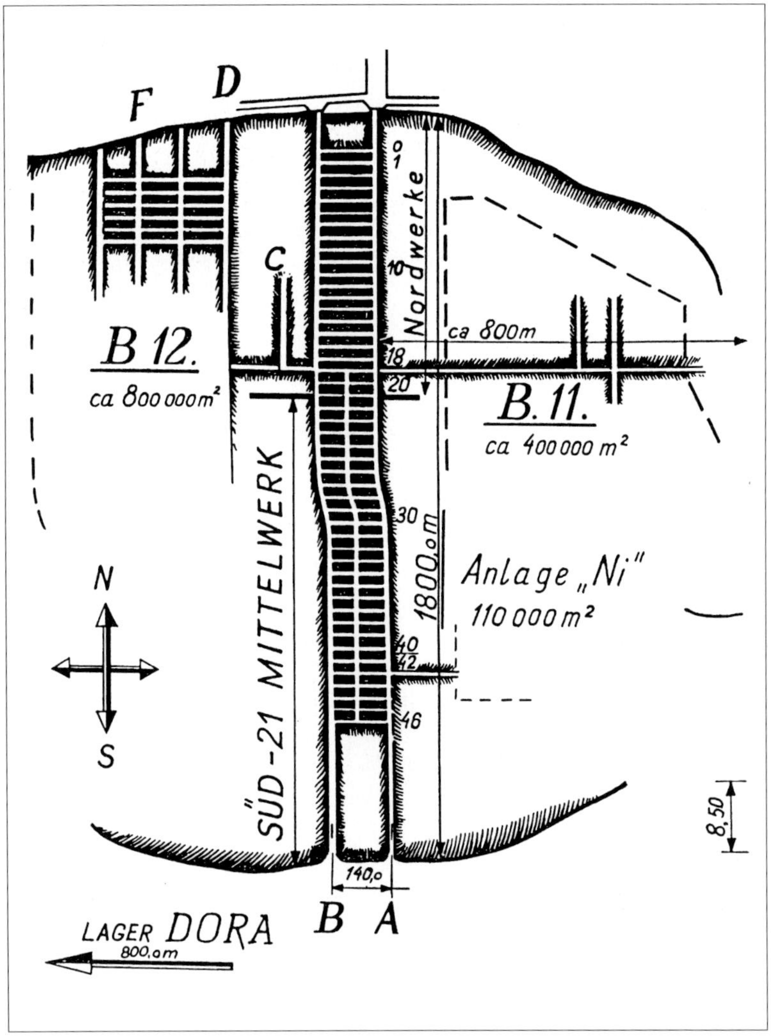

Lageplan des Stollensystems im Kohnstein, angefertigt von der US-amerikanischen Militärbehörde im Sommer 1945; A und B bezeichnen die beiden Hauptstollen (Fahrstollen), die durch die Querstollen 1–46 verbunden waren; zusammen hatten sie eine Länge von 16 Kilometern

Knapp vier Wochen nachdem die ersten Häftlinge im Außenlager „Dora" begonnen hatten, Hallen, Stollen und Kammern in den Stein des Berges zu treiben, wird beim Amtsgericht Berlin-Charlottenburg unter dem Aktenzeichen HRB 59 645 die Mittelwerk GmbH registriert. Voraussetzung dafür schuf der Auftrag des Reichsministeriums für Rüstung und Kriegsproduktion nach Absprachen mit dem Oberkommando des Heeres, dem Heereswaffenamt und dem SS-Wirtschafts-Verwaltungs-Hauptamt. Das Stammkapital in Höhe von einer Million RM kam aus einer Tarnfirma, der Rüstungskontor GmbH. Aus der Taufe gehoben hatte diese der Amtschef für Wirtschaft und Finanzen des Reichsministeriums, Karl Maria Hettlage. Als Tätigkeitsbereiche der außergewöhnlichen Rüstungsfirma, in deren Beirat auch der Peenemünder Generalmajor Walter Dornberger mitwirkt, sind unverfänglich die „Herstellung und Bearbeitung von Eisen- und Metallwaren" angegeben. Als Geschäftsführer des Unternehmens zeichnen der Borsig-Direktor Dr. Kurt Kettler und der SS-Sturmbannführer Otto Foerschner, Weimar-Buchenwald. Am Tage der Registrierung der reichseigenen GmbH, Ende September, ist die Zahl der als Arbeitskräfte dienenden KZ-Häftlinge bereits auf 2 896 angewachsen. Noch am Ende des gleichen Jahres, als die ersten drei A 4-Raketen montiert sind, ist sie auf 11 000 gestiegen. Am 27. Februar 1945 nennt die SS-Lagerleitung des inzwischen aus der Außenstelle „Dora" hervorgegangenen eigenständigen KZ Mittelbau eine „Ist-Stärke" mit allen Außenkommandos von 42 074 Häftlingen. Der Entscheidung zum Aufbau einer Serienproduktionsanlage für die A 4-Rakete im Mittelwerk war am 9. September 1943 die Erklärung des Technischen Direktors der Heeresversuchsanstalt Peenemünde, Wernher von Braun, vorausgegangen, daß die Entwicklung praktisch zum Abschluß gekommen sei. Das entsprach jedoch, wie die späteren Erfahrungen auf dem Raketenschießplatz Blizna und die Ergebnisse der Serienproduktion im Mittelwerk zeigen sollten, nicht den Tatsachen. Gerhard Degenkolb, Chef des Sonderausschusses A 4, und Albin Sawatzki, Direktor im Mittelwerk, führen daher am 8. November 1943 gegenüber Rüstungsminister Speer bewegte Klage, daß sich laufend neue Schwierigkeiten in der Produktionsvorbereitung ergäben, weil die Entwicklungsarbeiten nicht soweit abgeschlossen seien, wie man nach den Worten der Peenemünder Fachleute hätte annehmen können. Nach Wernher von Braun sollte es nunmehr lediglich noch darum gehen, *„daß die von der Fabrikation herangetragenen Fragen geklärt werden und das Gerät den Fabrikationsmöglichkeiten angepaßt wird"*.[3] Dabei gehe es besonders um die Steuerung, die Heizbehälter und die Turbo-Pumpen. Zur Aufholung der Rückstände wird ab Herbst 1943 verstärkt technisches Personal nach Nordhausen beordert, darunter auch weitere Peenemünder Militärs und Ingenieure, Meister und Vorarbeiter. Zu dieser zweiten Gruppe von Fachleuten, die die ausgelagerte Serienproduktion vorantreiben sollen, gehört auch der Ingenieur Otto Lippert, der in Peenemünde als Konstrukteur im Versuchskommando Nord eingesetzt und nach dem Luftangriff mit Aufräum- und Sicherungsarbeiten beschäftigt gewesen war. Seine Kolonne, die aus 30 bis 50 Mann besteht, wird mit unbekanntem Ziel in Marsch gesetzt. Jeder Soldat empfängt dazu einen großen Briefumschlag, der wiederum zahlreiche kleine Umschläge enthält. Jeder neue Umschlag darf erst am jeweiligen Zielbahnhof geöffnet werden, den der vorher geöffnete Umschlag bestimmt hatte. So kommen auf geheimgehaltenen Wegen Peenemünder Fachleute in den Raum des Mittelwerkes bei Nordhausen. In der Umgebung ist bereits Quartier für sie vorbereitet.[4]

Der Ingenieur Roman Dullnig, der ebenfalls im Versuchskommando Nord gedient hat, bezieht nach dem abenteuerlichen Umzug im Stollen 1, später im Stollen 45 ein Büro. Er beziffert die Gesamtzahl der deutschen Dienstverpflichteten im Hauptbetrieb des Mittelwerkes mit 5 000; annähernd die Hälfte davon kommt nach seinen Angaben aus Peenemünde.[5] Es gibt keinen Bereich im Mittelwerk, in dem

Linolschnitt eines tschechischen Häftlings: „Arbeit im Stollen"; beim Ausbau der unterirdischen KZ-Fabrik kamen zwischen Oktober 1943 und März 1944 2 882 Häftlinge ums Leben, 3 000 weitere wurden wegen Arbeitsunfähigkeit auf Transport in die Vernichtungslager Majdanek und Bergen-Belsen geschickt

Häftlingsbaracken im KZ Mittelbau, im Hintergrund der Höhenzug des Kohnstein (Sommer 1945)

3 Bericht über die Sitzung der Kommission für Fernschießen am 9. 9. 1943, in: HTIZPeA

4 Lippert, Otto: Chronik Peenemünde 1942–1945, in: Raketenpost. Peenemünde, März 1994, S. 23

5 Antworten Dullnigs zum Mittelwerk im Rahmen einer Fragebogenaktion, in: KZGDMA

Einfahrt in das unterirdische Mittelwerk (Mai 1945)

die Peenemünder Militärs, Ingenieure, Konstrukteure und Meister in der Fertigung und Betriebsorganisation nicht tonangebend sind. Bestimmte Bereiche, darunter die Endabnahme der Raketen, liegen nahezu ausnahmslos in Peenemünder Händen. Allein für die Überwachung der Häftlingsarbeit in der Serienfertigung von A 4-Raketen und Flugbomben Fi 103 sind 875 Offiziere, Unteroffiziere und Soldaten des Heeres und der Luftwaffe aus Peenemünde eingesetzt. Ernst Dutzmann, zuvor Technischer Leiter eines Raketenprüfstandes in Raderach bei Friedrichshafen am Bodensee, war in Peenemünde zur Abnahme von Fernkampfraketen ausgebildet worden. Ab Februar 1944 wirkt er dann, im Rang eines Majors, als Dienststellenleiter der Heeresabnahme für die A 4 im Mittelwerk. Seiner Aufsicht unterstehen die Hauptabnahmestelle zwischen den beiden Stollen A und B des Mittelwerkes und alle Abnahmestellen an der Taktstraße. Insgesamt sind dabei über 200 Peenemünder Wissenschaftler, Konstrukteure und Techniker, größtenteils inzwischen zum Militär eingezogen, tätig.[6]

Außerdem sind annähernd 300 weitere Militärs bei den Zulieferfirmen des A 4-Programms untergebracht, um den Forderungen vor Ort gehörig Nachdruck zu verleihen. Erich Apel aus dem Peenemünder Versuchskommendo ist zu diesem Zweck beispielsweise zur Firma Linke & Hoffmann nach Breslau abkommandiert worden. Die Tätigkeit dieser Peenemünder Ingenieur-Militärs wird seit dem 30. Oktober 1943 von einem eigens gebildeten Führungsstab gelenkt, den Major Dr. Jörg Kühle leitet. Seine Aufgabe ist es, alle dem Anlauf des A 4-Programms entgegenstehenden Schwierigkeiten aus dem Weg zu räumen. Der Führungspunkt befindet sich im Mittelwerk, die Außenstellen in den Betrieben.

Eine dritte Gruppe Peenemünder „Umsiedler" besteht aus Zivilangestellten: Wissenschaftler, Ingenieure und Produktionsorganisatoren. Sie bringen die Serienproduktion von A 4 und Fi 103 technologisch auf den erforderlichen Standard, leiten die Produktion an und kontrollieren die Ergebnisse. Einer der ersten Mitarbeiter Wernher von Brauns aus der Gründerzeit in Kummersdorf-West wechselt auch als einer der ersten aus der Peenemünder Führungsspitze ins Mittelwerk – Arthur Rudolph. Bereits wenige Tage nachdem die ersten Häftlinge aus Peenemünde verlegt worden sind, trifft er mit PKW und Fahrer in Ilfeld am Harz, unweit der entstehenden KZ-Fabrik, ein. Nach Zwischenstation im Haus „Lebenswende" in Neustadt am Harz, das unter der irreführenden Bezeichnung „Auffanglager und Werkkrankenhaus" requiriert worden ist, um hochgestellten Führungskräften des Rüstungsbetriebs das Leben bis Kriegsende zu versüßen, bezieht er eine „standesgemäße" Privatunterkunft. Als Oberingenieur und Direktor hat Rudolph eine Schlüsselstellung in der Betriebsorganisation inne. Während er und Generalmajor Dornberger vor Ort auf die Raketenproduktion einwirken, geschieht dies durch Wernher von Braun, Klaus Riedel, Ernst Steinhoff und andere Wissenschaftler vorläufig noch von Peenemünde aus. Dabei geht es keineswegs nur um technische Fragen der Anpassung von Konstruktionsunterlagen an die Produktionsbedingungen, sondern auch um Entscheidungen zum Arbeitsregime.

Der polnische Häftling Adam Cabala bezeugt: *„Die deutschen Wissenschaftler mit Prof. Wernher von Braun sahen alles täglich mit an. Wenn sie die Gänge entlanggingen, sahen sie die Schufterei der Häftlinge, ihre mühselige Arbeit und Qual. Von Braun hat während seiner häufigen Anwesenheit in „Dora" nicht ein einziges Mal gegen diese Grausamkeit und Bestialität protestiert. Mehrmals ging er am Eingang*

6 Antworten Dutzmanns zum Mittelwerk im Rahmen einer Fragebogenaktion, in: KZGDMA

Dienstverpflichtete Facharbeiter in einer Elektrowerkstatt im Stollen

Befestigte Werkhalle im Stollen zur Massenfertigung der in Peenemünde entwickelten A 4-Rakete

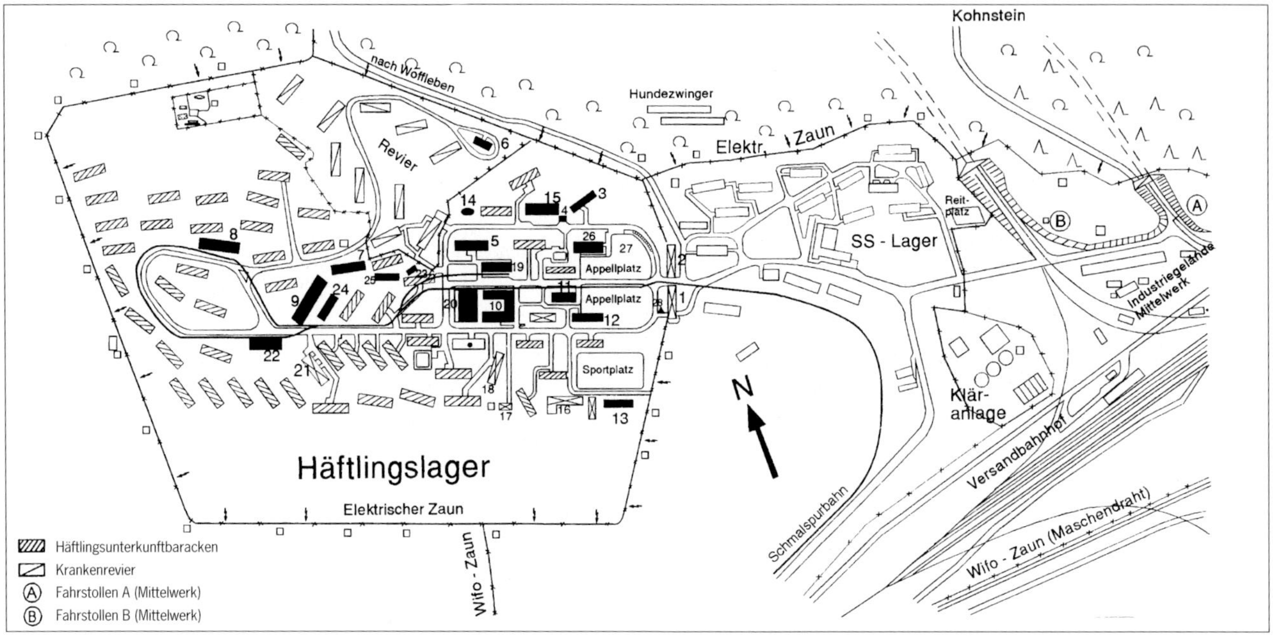

Lageskizze zum ehemaligen KZ „Dora", später „Mittelbau": Gestapo (2), Krematorium (6), Bunker (13)

der Halle 36 vorbei. Neben der Ambulanzbude lagen tagtäglich haufenweise die Häftlinge, die das Arbeitsjoch und der Terror zu Tode gequält hatte. Prof. Wernher von Braun ging daran vorbei, so nahe, daß er die Leichen fast berührte. In den Gängen von „Dora" weilten außer Prof. von Braun auch andere deutsche Wissenschaftler, Physiker und Chemiker, Ingenieure und Techniker. Es kamen Offiziere und Generäle des Dritten Reiches hierher. Schweigend gingen sie an den Leichen vorbei. Auch die Vertreter der größten Industrieunternehmen Deutschlands sagten kein Wort des Protestes." Am 15. August 1944 schreibt von Braun an Sowatzki, er habe sich „in Buchenwald einige weitere geeignete Häftlinge ausgesucht" und beim Kommandanten des KZ „ihre Versetzung in das Mittelwerk erwirkt".[7]

Wernher von Braun und Walter Dornberger gaben bei Befragungen durch amerikanische Untersuchungsbehörden 1969 zu, fünfzehn bis zwanzig Mal im Mittelwerk gewesen zu sein. Die gnadenlose Ausbeutung menschlicher Arbeitskraft für ihr Hochtechnologieunternehmen war offensichtlich einkalkuliert.

Albert Speer, mit dem Auf- und Ausbau Peenemündes seit Ende der dreißiger Jahre eng verbunden, inspiziert das Lager „Dora" und das Mittelwerk erstmals am 10. Dezember 1943. Die außerordentlich hohe Sterblichkeit, für die *„schlechte Ernährung"* und *„ungenügende Unterkunft"* angegeben werden, empfindet er als *„störend"*, weil *„produktionshemmend"*. Da *„ein vordringliches Interesse daran"* bestehe, daß die Arbeitskräfte *„vom Fachpersonal angelernt an den Maschinen ihre Arbeit verrichten"* und nicht dauernd ersetzt werden sollen, sieht er in der hohen Sterblichkeit *„eine Gefährdung des Projektes"*. So die Zeugenaussage Albert Speers im Prozeß gegen den SS-Angehörigen Sander 1969 in Essen. Unmittelbar nach seiner Inspektion des Mittelwerkes äußerte er in einem Brief vor allem überschäumende Begeisterung, daß in einer fast unmöglich erscheinenden Zeit von zwei Monaten die unterirdischen Anlagen in eine Fabrik verwandelt worden sind, *„die in Europa kein annäherndes Beispiel hat und darüber hinaus selbst für amerikanische Verhältnisse unübertroffen dasteht"*.[8]

Die technische Faszination erfaßt schließlich auch den aus der Raketenforschung ausgebooteten Raketenpionier Rudolf Nebel, der sich bis zu diesem Zeitpunkt als Kleinunternehmer mit Metallbearbeitung über Wasser gehalten und nebenbei an technischen Erfindungen geknobelt hat, jetzt aber in den Dienst des Mittelwerkes treten will. Klaus Riedel

7 Cabala, Adam: Upiory tunelu DORA (Die Spukgestalten des Stollens DORA). Warszawa 1959, S. 58; vgl. außerdem: Hochberg/Steinle: Von der Hölle zu den Sternen. In: „Ich diente nur der Technik …". Berlin 1995, S. 151

8 BDC-Akte Dr.-Ing. Hans Kammler sowie auszugsweise Abschrift der Aussage Albert Speers vor dem Schwurgericht Essen 1969; siehe vor allem Eisfeld, Rainer: Die unmenschliche Fabrik. V 2-Produktion und KZ „Mittelbau-Dora". Nordhausen 1992

ruft ihn an, um ihm mitzuteilen, daß Direktor Albin Sawatzki und Generaldirektor Georg Rickhey vom geheimen Mittelwerk gerade in Berlin bei Borsig seien und bei einem Treffen ein Auftrag für ihn herausspringen könne. Nebel entwickelt und baut seit der Trennung von Riedel mit seinem neuen Kompagnon Saur „Automatische Arbeiter". Sein Zwergbetrieb erhält den Auftrag, 20 dieser Frühformen des heutigen Roboters für das Mittelwerk zu liefern. Sie sollen bei der Fertigung der Rudermaschine der Fi 103 verwendet werden, um somit Präzision und Stückzahl der gefertigten Teile zu erhöhen und die Rüstungssabotage durch Häftlinge einzuschränken. Nebel bezieht bald darauf ein Büro in Halle 40. An den aufgestellten Robotern arbeiten unter seiner Aufsicht einige dienstverpflichtete deutsche Arbeiter und annähernd 100 Häftlinge in Tag- und Nachtschichten.[9] Die Anlage wird, wie auch andere Einrichtungen des Mittelwerkes, nach der Besetzung durch die US-Armee demontiert und in die USA verbracht.

Von Peenemünde aus gehen nicht nur Personen zum Aufbau in das Mittelwerk. Ab September 1943 liefert der Heimat-Artillerie-Park 11 Peenemünde (HAP), so der neue Tarnname der Heeresversuchsanstalt, auch umfangreiche technische Ausstattungen. Darunter sind beispielsweise Werkzeugmaschinen im Wert von zwei Millionen RM, des weiteren Werkzeuge und Einrichtungen für eine halbe Million, Formpressen im Wert von 4 Millionen, Anlagen für den Oberflächenschutz im Werte von einer dreiviertel Million, außerdem Hebezeuge, Kräne und vieles andere mehr. Zwischen Herbst 1943 und Herbst 1944 wird dies alles ins Mittelwerk verla-

Produktionsanlage zur Serienfertigung der Flugbombe Fi 103 (später V 1) im Mittelwerk

9 Nebel, Rudolf: Die Narren von Tegel. Düsseldorf 1972

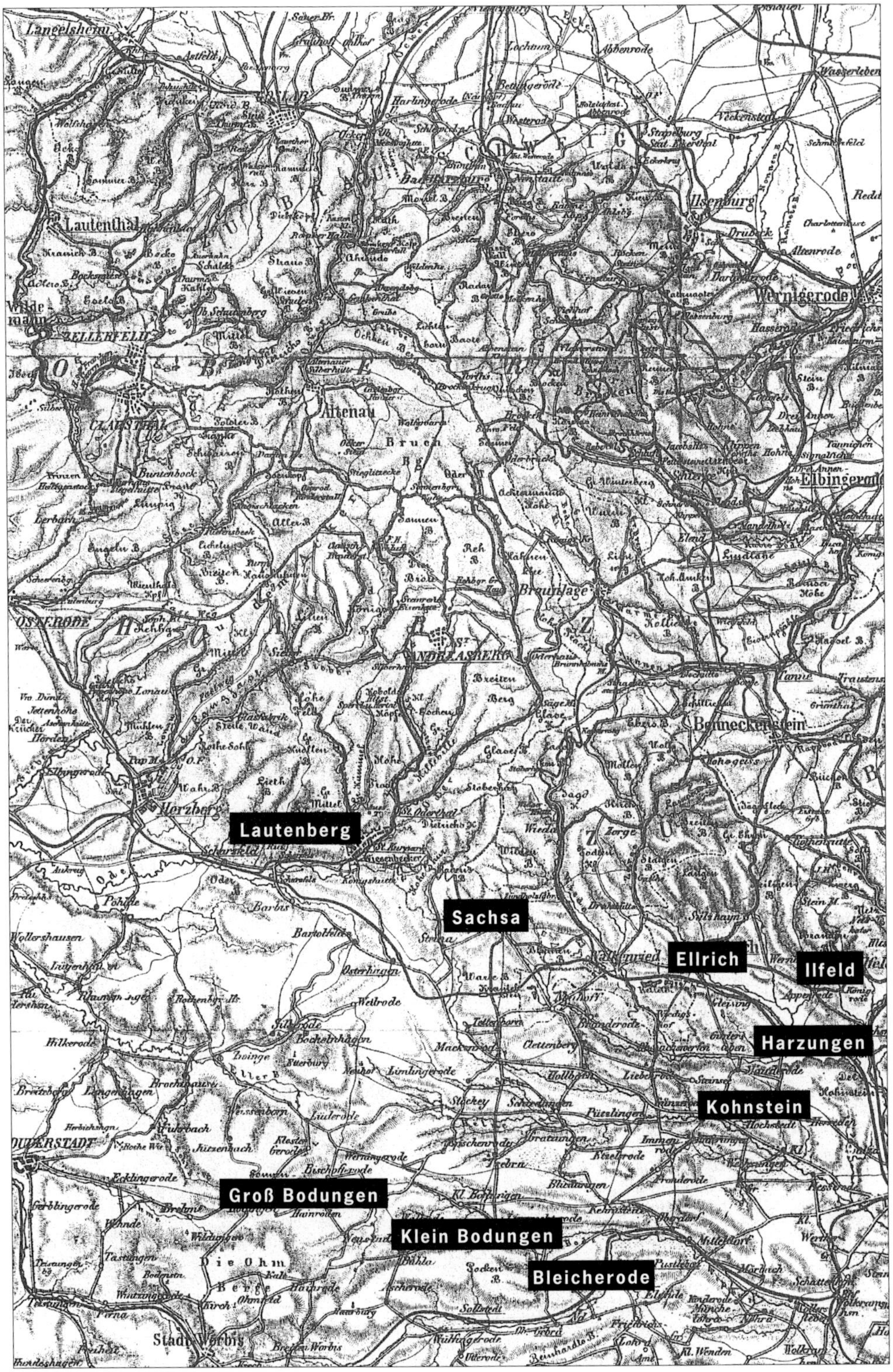

Fertigungsstätten der A 4-Rakete und der Flugbombe im Südharz (historische Karte)
Kohnstein (KZ-Fabrik Mittelwerk)
Harzungen (KZ-Außenlager)
Ilfeld (Betriebsführung)
Ellrich (KZ-Außenlager und Teilefertigung)
Sachsa (Arbeitsstab Dornberger)
Lautenberg (Produktionsanlage für Treibstoff)
Groß Bodungen (Teilefertigung)
Klein Bodungen (Raketenreparaturwerk)
Bleicherode (letzter Dienstsitz Wernher von Brauns)

gert.[10] Die KZ-Fabrik ist also mit modernstem technischem Gerät ausgestattet.
Bedenkt man, daß bereits im Sommer des Kriegsjahres 1943 spezielle Suchkommandos aus Peenemünde im unvollendet gebliebenen Bau des KdF-Bades Prora wertvolle technische Ausrüstungen demontierten, um sie in der Heeresversuchsanstalt Peenemünde wiederzuverwenden, kann man ungefähr ermessen, welchen technischen und ideellen Wert diese „Leihgaben" für die Rüstungsproduktion des Mittelwerkes bedeuteten.
Der Nordhäuser Oberingenieur K. W. Neu beziffert den finanziellen Wert der unterirdischen Anlagen, ausgenommen die der Fertigung dienende Ausrüstung, mit 11 Millionen RM aktiver Anlagenwerte, weiteren 14 Millionen Baukosten für die Erweiterung von Stollen und Hallen und 45 Millionen RM Baukosten für das Mittelwerk, insgesamt 70 Millionen Mark.[11]

Fachpersonal des Heeres gehört fest zum Produktions- und Verwaltungsbetrieb des Mittelwerkes

Das Mittelwerk produziert

In der ersten Aufbauphase des Mittelwerkes bis Ende Dezember 1943 wird vor allem der Ausbau der unterirdischen Stollen und Hallen vorangetrieben. Eingesetzt werden dafür annähernd 80 Prozent der Häftlinge, die mehrheitlich keine bergmännische Ausbildung haben. Sie sind dabei bis zu 16 Stunden täglich auf den Beinen, wie es der russische Häftling Roman Kornejew beschreibt. Transportkolonnen müssen bis Ende Februar 1944 mindestens 1 300 Güterwagen von Hand oder mit selbstgefertigten unzureichenden Hilfsmitteln entladen.[12] Die meisten der Häftlinge dürfen bis auf einen wöchentlichen Zählappell die unterirdischen Anlagen nicht verlassen. Viele sehen das Tageslicht nie wieder. Tote werden, wie von mehreren Zeugen belegt ist, mitunter gleich in die Betonfundamente einzementiert, auf denen später die Peenemünder Präzisionsmaschinen stehen. Als im März und April 1944 Nacharbeiten in der Halle 40 vorgenommen werden müssen, kommen unter dem Bodenbelag die sterblichen Überreste von annähernd 70 Häftlingen zum Vorschein.
Heereswaffenamt und reichseigene Mittelwerk GmbH verständigen sich darauf, daß die Endmontage der Raketenwaffen bis auf den Gefechtskopf und einige weitere Teile im Kohnstein vorgenommen wird. Zulieferungen einzelner Elemente sollen nach dem bereits in Peenemünde erprobten System erfolgen. Dazu werden auch weitere Nebenlager gegründet, so im Oertelsbruch bei Lehesten, wo eine Produktionsstätte für die Rakete A 4 und die Flugbombe Fi 103 sowie Treibstofflager und ein Prüfstand eingerichtet werden. Auch hier geben Peenemünder Ingenieure den Ton an. Bei der vom Chef des Heereswaffenamts General Emil Leeb geforderten Lieferung von 900 Raketen pro Monat sehen die Fertigungsunterlagen vor, daß wesentliche Teile der Rakete vollständig im Mittelwerk hergestellt werden. Die zugelieferten Teile sind hier zu montieren, so daß jede Rakete immer aus einer Hand endgeprüft zum Einsatz kommt. Komplett werden im Kohnstein gefertigt: die Mittelteile, die Antriebe mit Rudermaschine und die Armaturen. Die Hälfte der monatlich benötigten Heckteile, Treibstoffbehälter oder Turbo-Aggregate kommt aus Zulieferbetrieben. In der Endmontage werden je Rakete 1 229 Arbeitsstunden aufgewandt. Für diese hochspezialisierte Produktion

10 Bartel, Walter: Gutachten …, a.a.O., S. 88 und Anlage 3, S. 8

11 Ebenda

12 Gespräch mit Roman Kornejew, in: Neue Zeit, Moskau 1984, Heft 49, S. 20f.

sind ausgebildete Facharbeiter erforderlich. Neben dem beruflich vorgebildeten deutschen Personal kommen im ersten Halbjahr 1944 von 7 625 überstellten Häftlingen über zwei Drittel aus Handwerks- oder Industrieberufen. Darunter sind 23,5 Prozent Häftlinge, die in Metallberufen tätig waren.[13]

Den technischen Aufbau der Anlage leitet bis Anfang Februar 1944 Albin Sawatzki als Technischer Direktor, der zuvor in den Henschel-Werken für die Produktion des „Tiger"-Panzers verantwortlich zeichnete. Nach Ablösung durch den Ingenieur Dempwolf übernimmt er die Organisation des Arbeitseinsatzes der Häftlinge und der dienstverpflichteten Zivilarbeiter sowie den Materialeinsatz und die Rationalisierung der Produktion.

Die ersten drei Häftlingsarbeitskommandos werden zum 1. Januar 1944 zusammengestellt. An der Taktstraße wird in zwei Schichten zu je 12 Stunden gearbeitet. Schichtwechsel ist jeweils um 11.00 bzw. 23.00 Uhr. Mit den Zeiten für An- und Abmarsch, Essen und notdürftige hygienische Verrichtungen sind die Häftlinge bis zu 18 Stunden eingespannt. Wer den enormen physischen Strapazen nicht gewachsen ist, entkräftet oder krank im Arbeitsrhythmus zurückbleibt, ist oft dem Tode geweiht. Schon im ersten Quartal 1944 gehen drei Sammeltransporte mit jeweils 1 000 arbeitsunfähigen Häftlingen von „Dora" aus in die Vernichtungslager nach Majdanek und Bergen-Belsen. Ab Januar 1945 wird die Boelcke-Kaserne in Nordhausen zur Endstation für weitere Tausende von Häftlingen, die den mörderischen Anstrengungen in der KZ-Fabrik nicht mehr gewachsen waren.

Helmer Wilkers, ein Peenemünder Ingenieur, der für seine späteren Aufzeichnungen seinen Namen änderte, wird wie viele seiner Zunft von der Insel ins Mittelwerk entsandt. Er schildert seine Eindrücke vom unterirdischen Werk, in dem er im Dezember 1943 die ihm zugewiesene Arbeit aufnimmt. Danach sind Tunneleingänge und Teile der näheren Umgebung nicht nur durch Netze getarnt, sondern auch durch MG-Nester, Panzer und Posten bewacht. Wie der Ingenieur bezeugt, werden Häftlinge von SS-Posten, die auf Mann dressierte Hunde bei sich führen, aus dem Lager ins Werk und umgekehrt begleitet. Allein im Mai 1944 müssen 79 Häftlinge nach schweren Bißverletzungen durch die Hunde von Häftlingsärzten im Revier behandelt werden.[14]

Elektrik-Montage für Schaltanlagen zur Raketenfertigung

13 Adamsberger, Gerda; Dietzel, Karin: Soziologische Analyse der Häftlingstransporte von 1944 zum KZ „Dora". Unveröffentlichte Staatsexamensarbeit. Humboldt-Universität zu Berlin 1968

14 Hein, Wincenty: Zaglada wiezniow obozu Mittelbau (DORA) (Die Vernichtung der Häftlinge des Lagers Mittelbau (DORA)), in: Biuletyn Glownej Komisji Badania Zbrodni Hitlerowskich w Polsce 16/1967, S. 71f.

Halle 1 ist nach Wilkers Darstellungen der Bürostollen. Hier haben allein Führungskräfte des Mittelwerkes Zutritt. In Halle 2 befinden sich Schmiede und Schweißerei. Halle 3 ist mechanische Werkstatt. In den anderen Hallen läuft die Serienproduktion der A 4-Rakete, die Wilkers allein mit den Augen des technologiebegeisterten Ingenieurs sieht: *„Überall stehen Häftlinge an den Drehbänken und Bohrmaschinen. Dann folgen Hallen, die mit eisernen Schiebetüren verschlossen sind, Magazine, vollgestopft mit Behältern, Hecks, Turbo-Pumpen, Spitzen und Halbschalen. Ununterbrochen heften die Portalpunkt-Schweißmaschinen im B-Stollen Bleche, Stringer und Holme zu Halbschalen zusammen, die die Verkleidung des Mittelteiles bilden. Hin und her fahren die sich automatisch drehenden, kupfergeschienten Schweißdorne. Die fertige Schale wird mit einem Demag-Zug auf einen Wagen gelegt. Aus einer Seitenhalle rollen die fertigen, von auswärts gelieferten und hier nur einer Druckprobe unterworfenen A- und B-Behälter an und werden in die Schale gelegt (A-Behälter nehmen den flüssigen Sauerstoff auf, B-Behälter den fünfundsiebzigprozentigen Alkohol, d.A.). Der Wagen rollt vor die nächste Halle. Kabelbaum und einige Rohrleitungen kommen hinzu. Die zweite Schalenhälfte wird aufgelegt, verschraubt, die Spaltverkleidung überzogen, und schon ist ein Mittelteil fertig und erhält ein Schild angehängt mit Nummer und Montagevermerk. Die vormontierte Gerätespitze, das Gehirn mit den Tausenden von feinen Drähtchen, Spülchen, Blocks, Kondensatoren wird angebaut, die Kabel und Leitungen verbunden und dann mit besonderen Meßgeräten von deutschen Elektroingenieuren sorgfältig durchgeprüft. Zu Spitze und Mittelteil stößt im weiteren Arbeitsgang der Ofen, an dem bereits das Schubgerüst fest montiert ist. Pumpe, Leitungen, Armaturen, alles ist schon eingebaut. Die Knaggen werden angezogen und vor der nächsten Halle das mächtige Heck aufgestülpt. Hier und da noch einige Handgriffe und wieder ist eine Zigarre, abgesehen von der Nutzlastspitze, fertig für den Prüfstand. Der kurz unter der Decke an einer Schiene laufende Spezialkran zieht an und fährt den ‚Zeppelin' in die tief ausgebaute Halle 41. Langsam sinkt das Heck herab. Ohne eine Spur zu schaukeln oder zu kippen, richtet sich das Gerät auf, wird sorgfältig in ein Gerüst geschoben, an dem Fahrstühle mit allen erdenklichen Prüfvorrichtungen eine genaue Kontrolle an jeder beliebigen Stelle ermöglichen. Aus Halle 41 führt der Weg zurück in den Stollen. Besonders konstruierte wasserdichte Tarndecken mit fingerdicken Reißverschlüssen hüllen den Körper ein. Dann erblickt die Rakete auf der Salza-Seite des Berges das Tageslicht. Zwei Stück von ihnen finden auf drei gekoppelten, langen Waggons Platz. Große Zeltplanen decken die Wunderwaffe vollständig zu. So wird sie direkt vom Werk aus im Eisenbahntransport den Bestimmungsorten zugeführt."*[15]

Im Mittelwerk montierte A 4-Rakete auf dem Transportweg zu einer Verschußstelle

Nicht gesagt wird in diesem ausführlichen Ingenieursbericht, daß das hohe Arbeitstempo im Takt, die anhaltende Mangelernährung und die katastrophalen Lebensbedingungen der Häftlinge zu zahlreichen schweren Arbeitsunfällen führen. In einem einzigen Sommermonat, zwischen dem 24. Juni und dem 23. Juli 1944, mußten im Krankenrevier 1 791 Häftlinge versorgt werden, darunter 975 Schwerverletzte, 79 mit Kopfverletzungen und 808 mit Quetschwunden.[16]

Nach den Erfahrungen des flämischen Häftlings Jan Steenkerk hat sich die Mehrheit der deutschen Ingenieure, Meister oder Vorarbeiter nicht solidarisch mit den Leidenden verhalten. Nur vereinzelt gab es Zeichen der Zuwendung und der Hilfe, was nach seinem Zeugnis von jedem Häftling dann als besonders

15 Zitiert nach Kuhlbrodt, Peter: „Mittelbau-Dora" bei Nordhausen 1943–1945. Ein Überblick. Nordhausen 1991, S. 5f.

16 Hein, Wincenty: Zaglada …, a.a.O., Anhang; weiterhin siehe die Sammlung von Krankenblättern im Verband der Polnischen Widerstandskämpfer Warschau

ermutigend empfunden wurde. Der Pole Adam Cabala erinnert sich sowohl an den deutschen Meister Franz, der ihn öfter mit den Worten ermunterte: *„Kopf hoch, Junge, der verfluchte Krieg dauert nicht mehr lange"*, als auch an die Nazispitzel, wie Elektrowagenmeister Eisengold, Obermeister Wirt und Meister Scholte. Ein namentlich unbekannter französischer Häftling, im Stollen eingesetzt von Januar bis Ende März 1944, berichtet später: *„Viele Meister waren Hitler-Anhänger, und sie zeigten sich bei der Arbeit mitleidslos. Die Facharbeiter, zumeist ältere Männer, behandelten uns menschlicher."* Als sich der dienstverpflichtete deutsche Facharbeiter Alfred Backhaus Anfang 1944 in Halle 11 für einen Häftling einsetzt, der von Ingenieuren mißhandelt worden ist, wird er denunziert und schließlich selbst in die Häftlingskolonne gesteckt.

Nach kurzer Anlaufperiode der Serienfertigung im ersten Quartal 1944 wird im Mittelwerk der Versuch unternommen, die Produktion der Raketenwaffen auf die von der Wehrmachtsführung geforderte Zahl von 900 Stück pro Monat hochzufahren. Die eigentliche Produktionsperiode reicht von April 1944 bis März 1945.[17]

Der Produktionsausstoß ist jedoch zunächst recht diskontinuierlich. Er erhöht sich von 50 bis 58 Raketen im Januar (hier schwanken die Angaben) auf 473 Raketen im Mai. Im Monat Juni sind es dagegen nur 132 Raketen, wovon sogar 16 wieder demontiert werden müssen, wie man in den Prüffeldern in den Mittelwerken und bei Testversuchen in Peenemünde feststellt. Erst ab August 1944 pendelt sich der Produktionsausstoß bei etwas über 600 A 4-Raketen pro Monat ein. Der höchste Produktionsausstoß wird im Januar 1945 mit 690 Raketen erreicht. Damit bleibt das ursprüngliche Produktionsziel von 900 Stück im Monat für immer eine Illusion.

Da in Peenemünde 200 und im Mittelwerk 5 975 A 4-Raketen hergestellt worden sind, ergibt sich ein Produktionsausstoß von 6 175 Raketen. Die in Peenemünde gefertigten Geräte waren nicht für den Fronteinsatz bestimmt, sondern dienten Versuchszwecken. Zuverlässig belegt sind annähernd 4 000 Schüsse mit A 4-Raketen auf Ziele in England, Belgien und Frankreich.

Die letzte Rechnung für gelieferte Raketen wird vom Mittelwerk am 18. März 1945 ausgestellt. Allerdings erweist sich, daß lediglich zwei Drittel der an die Raketentruppe ausgelieferten Waffen „erfolgreich" gestartet werden können. Rund ein Drittel sind Versager, die wegen festgestellter Mängel an das eigens dafür eingerichtete Zweigwerk „Emil" in Kleinbodungen, unweit des Mittelwerkes, zur Nachbesserung zurückgeliefert werden. Diese hohe Ausschußquote hatte ihre Ursache nicht nur in den oft beklagten technologischen Schwächen, sondern auch in der systematisch betriebenen Rüstungssabotage durch die Häftlinge.

Widerstand durch Sabotage

Ungeachtet aller Versuche, jede Form des Widerstands der Häftlinge zu unterdrücken, kommt es im Mittelwerk mehrfach zu öffentlichen Demonstrationen gegen das Betriebsregime. Im Februar 1944, die Serienproduktion von A 4 war gerade angelaufen, müssen alle abkömmlichen Häftlinge auf dem Appellplatz von „Dora", unweit des Stolleneingangs, antreten. Foerschner, SS-Sturmbannführer und Lagerkommandant sowie Direktor der Mittelwerk-Geschäftsführung, befiehlt, drei sowjetische Kriegsgefangene zu erhängen, deren Fluchtversuch vereitelt worden war. Der Befehl wird dem Lagerältesten Georg Thomas erteilt. Dieser, Jahrgang 1907, ein Bayer, hatte in München-Schwabing gelebt und bis 1933 als Automechaniker gearbeitet. Seit 1929 war er Mitglied des Kommunistischen Jugendverbandes und der KPD. 1933 kommt er wie andere Kommunisten, Sozialdemokraten und Gewerkschafter nach Dachau. 1935 entlassen, verficht er seine antifaschistischen Überzeugungen weiter. Diesmal kommt er nach Buchenwald. Mit dem ersten Häftlingstransport für „Dora" trifft er am Fuße des Kohnsteins ein. Er wird Lagerältester I. Der lagererfahrene Thomas tritt auf den Befehl hin vor, nimmt die jedem Häftling befohlene Grundstellung ein und antwortet Foerschner laut und deutlich, hörbar für alle Angetretenen: *„Herr Lagerkommandant! Ich verweigere den Befehl."* Gefesselt wird er in den etwas oberhalb des Appellplatzes gelegenen Bunker geschleppt. Die Häftlinge stehen, von SS-Posten umgeben, regungslos. Wiederum ist Foerschners Stimme zu vernehmen: *„Lagerältester II zu mir!"* Ludwig Szymczak,

17 Produktionsauftrag des Heereswaffenamtes vom 19. Oktober 1943, in: HTIZPeA

Für den Fronteinsatz mit Tarnanstrich versehene A 4-Raketen; aus der Serienfertigung des Mittelwerkes wurde jede 30. Rakete in Peenemünde technisch überprüft

Ausgewählte Zulieferbetriebe der 20 000 Einzelteile für die A 4-Raketen:

Daimler-Benz (Letzlingen)
– das Heck der A 4
Walter-Werke (Kiel)
– Turbo-Pumpen
IG-Farben (Leverkusen)
– Oberflächenbeschichtung
Linke & Hoffmann (Breslau)
– Heizbehälter
Siemens (Berlin)
– Rudermaschinen
TeDeWe (Berlin)
– Kabel
Luftschiffbau (Friedrichshafen)
– Alu-Behälter
Zeiss-Ikon (Dresden)
– Kreisel
Warsitz (Amsterdam)
– Ruderring
Voss (Sarstedt)
– Gerätespitze
Meiller (München)
– Transportwagen

Dr. Kurt Kettler (Jg. 1902), einer der ersten Geschäftsführer des Mittelwerkes, SS-Mitglied seit 1934

Oberschlesier, Bergarbeiter, meldet sich in der vorgeschriebenen Form. Darauf Foerschner: *„Lagerältester II, hängen Sie die drei auf!"* Szymczak hat vor 1933 wie eine ganze Reihe deutscher Facharbeiter in Sowjetrußland gearbeitet, teils der Arbeitslosigkeit in Deutschland wegen, teils um Sowjetrußland als Kommunist zu helfen. Nach der Rückkehr hat er sich in Wuppertal angesiedelt. Wie Thomas ist er mit dem ersten Transport nach „Dora" und ins Mittelwerk gekommen. Ludwig Szymczak, der Frau und Kinder seit Beginn der Naziherrschaft nicht wiedergesehen hat, weiß um die Folgen einer Befehlsverweigerung. Doch wie sein Vorgänger tritt auch er vor und meldet: *„Herr Lagerkommandant! Ich verweigere den Befehl."* Obwohl beide Häftlinge nach zwei Tagen aus dem Bunker entlassen werden, vergißt man ihnen ihre Haltung nicht. Nachdem durch Spitzeldienst bekannt wird, daß beide weiter im Häftlingswiderstand wirken, kommen Ludwig Szymczak am 12. Dezember 1944 und Georg Thomas am 17. Januar 1945 erneut in den Bunker, werden verhört, geschunden und am Abend des 4. April 1945 hinterrücks erschossen.[18]

Zu den vielfältigen Formen der verdeckten Rüstungssabotage gehören unsauber ausgeführte Schweißnähte, nicht pfleglich behandelte Präzisionsinstrumente, verunreinigte Brennkammern und ein verlangsamtes Arbeitstempo. Auch in Zulieferbetrieben für das Mittelwerk, in denen Häftlinge Zwangsarbeit verrichten müssen, werden Produktionsziffern regelmäßig unterschritten.

Während ein deutscher Facharbeiter des Rüstungsbetriebes Mittelbau in Weimar bei 10 Arbeitsstunden im Durchschnitt 720 Spulen für die Flugbombe Fi 103 liefert, schaffen es Häftlinge, die Stückzahl auf nur 300 bis 400 pro Schicht zu drücken und dieses mangelnde Ergebnis zu verschleiern. Als Folge dieser Form des Widerstandes muß der für das Frühjahr 1944 vorgesehene Fronteinsatz der Flugbombe Fi 103 auf den Sommer verschoben werden. Allein aus der ersten Serie der Fi 103 im Februar 1944 sind 30 von 80 Geräten nicht einsatzfähig. Eine einfache und kaum nachzuweisende Sabotageform, so erläutern später viele Häftlinge, besteht darin, Urin in elektrische Leitungsverbindungen laufen zu lassen, was zu Kurzschlüssen beim Einsatz führt. Außerdem werden häufiger Schraubverbindungen um ein Geringes überdreht, wodurch technische Kontrollsysteme nicht mehr exakt arbeiten. Durch solche und ähnlichen Sabotagemethoden müssen insgesamt 135 Raketen zur Nachbesserung ins Mittelwerk zurückgeführt werden.

Ein Ermittlungsbericht vom 8. Dezember 1944 aus dem Einsatzraum Nord an Direktor Sawatzki nennt zahlreiche Produktionsmängel infolge von Sabotage. Häftlinge bringen Schleifstaub in Verbindungsstücke zwischen Turbo-Pumpen ein, was zur Unbrauchbarkeit beim Fronteinsatz führt. Am 6. Juni 1944 wird festgestellt, daß von 530 Steuerungsmechanismen 260 defekt sind, und im September versagen von 260 Systemen 100 den Dienst.

Solche Eingriffe wie auch technische Probleme führen dazu, daß von annähernd 10 000 gegen London gestarteten Flugbomben Fi 103 nur 4 200, also weniger als die Hälfte ihr Ziel erreichen.

Bereits mit der Aufnahme der Serienproduktion hatte die Direktion des Mittelwerkes am 8. Januar 1944 eine geheime Verfügung zum Vorgehen bei Sabotage erlassen. Die deutschen Ingenieure und Arbeiter werden darin angehalten, jeden bekannt gewordenen Fall sofort anzuzeigen.

Ein Vierteljahr später, am 11. April 1944, weist SS-Obersturmbannführer Maurer, der mit Direktor Arthur Rudolph knapp ein Jahr zuvor die Modalitäten des Häftlingseinsatzes in Peenemünde vorbereitet hatte, an, bei Sabotage in der Rüstung nicht mehr nur schwere Prügelstrafen anzuwenden, sondern die Exekution durch Erhängen im Beisein des jeweiligen Arbeitskommandos zu vollstrecken. Doch selbst dieser Terror – insgesamt werden 200 Häftlinge wegen eines Sabotagevorwurfes erhängt – kann den Widerstand nicht brechen. Noch am 13. Januar 1945 wendet sich Kammler an Militärs, Ingenieure und SS-Angehörige im Mittelwerk mit der Forderung, schärfer als bisher gegen die offensichtlichen Sabotagefälle in der Rüstungsproduktion einzuschreiten.

18 Siehe biographische Sammelmappen sowie Sammlung zum Thema KZ Mittelbau-Dora, unverzeichnet im Archiv des Interessenverbandes ehemaliger Teilnehmer am antifaschistischen Widerstand, Verfolgter des Naziregimes und Hinterbliebener e.V. Berlin (IVVdNAB)

Die Führer der Geschäfte

Seit November 1943 ist die Mittelwerk GmbH als Generalauftragnehmer für die Fertigung kompletter Fernkampfraketen, denen nur noch die sprengstoffgefüllten Spitzen hinzugefügt werden müssen, ein staatsmonopolistisch dirigierter Betrieb, der bis zum Kriegsende zu einem regelrechten militärisch-industriellen Komplex ausgebaut wird.
Die Direktoren des Mittelwerks verfügen alle über eine ingenieurtechnische Ausbildung und mehrjährige Berufserfahrung. Gleichzeitig ist keiner von ihnen als bloßer Mitläufer zur Nazi-Partei gestoßen. Sie alle verstehen sich, oft bereits seit der Weimarer Republik, als Vorkämpfer und Aktivisten der faschistischen Bewegung, einige von ihnen auch der SS.[19]
Im November 1943 liegt die Geschäftsführung der Mittelwerke zunächst bei Dr.-Ing. Kurt Heinrich Wilhelm Kettler, Georg Rickhey, Otto Bersch und Otto Karl Foerschner. In diesem Kreis ist einzig Foerschner Seiteneinsteiger. Zuvor Kommandeur eines SS-Totenkopf-Sturmbanns im KZ Buchenwald, wird er Arbeitsdirektor und Kommandant des Konzentrationslagers „Dora". Die anderen Geschäftsführer des Mittelwerkes kommen aus großen Rüstungsbetrieben und bleiben mit ihren Stammhäusern verbunden – so Dr. Kettler mit den Borsig-Lokomotivwerken, Rickhey als Demag-Geschäftsführer. Auf ihr Wohlleben bedacht, hatte keiner von ihnen auf den bisher so vertrauten luxuriösen Lebensstil verzichtet. So standen beispielsweise auf Anforderung des Lagerkommandanten täglich Reitpferde aus dem nahegelegenen Rittergut zur Verfügung. Kettler hatte seine SS-Kariere einst im exklusiven SS-Reitersturm 1/7 Düppel im vornehmen Südwesten der Reichshauptstadt begonnen.
Auch im Beirat des Unternehmens sind mit Gerhard Degenkolb, Karl Maria Hettlage, Hans Kammler, dem Wehrwirtschaftsführer Heinz Schmidt-Loßberg und Heinz Kunze, der Degenkolb als Chef des Sonderausschusses A 4 ablöst, ausnahmslos SS-Mitglieder oder Mitglieder der NSDAP vertreten. Generalmajor Dornberger stehen als Militär andere Verbindungen offen.
Arbeitsdirektor Otto Foerschner, gleicher Jahrgang wie Kettler und übergewichtig, ist Träger des Ehrendegens des Reichsführers SS. Nach zwölf Jahren Reichswehr wird er 1934 SS-Anwärter an dem Tag, an dem er die Infanterieschule Dresden verläßt. Seine SS-Nummer: 191254. Mitglied der NSDAP wird er am 1. Mai 1937. Nach Absolvierung der SS-Führerschule in Bad Tölz wird er infolge einer kriminellen Handlung im Dezember 1938 degradiert und aus der SS ausgeschlossen. Trotzdem hält der Reichsführer SS schützend seine Hand über ihn. Foerschner wird 1939 wieder in die SS aufgenommen, bringt es im KZ Buchenwald zum Sturmbannführer und tritt mit diesem Dienstgrad in die Geschäftsführung des Mittelwerkes ein.
Als Direktor der Betriebsdirektion I, zu der die Verantwortungsbereiche Montage, Kontrolle, Energieversorgung und Einsatz ziviler Mitarbeiter und der KZ-Häftlinge gehören, ist der Peenemünder Oberingenieur Arthur Rudolph berufen worden. Wie bereits im Sommer in Peenemünde fordert er auch hier nicht nur Häftlinge zur Zwangsarbeit in der Raketenfertigung an, sondern zeichnet auch, nach Aussagen der früheren Direktionssekretärin Hannelore Bannasch, die Meldungen über Sabotagefälle gegen, die dann die Grundlage für zahlreiche Exekutionen bilden.
Zwar nicht für die Geschäftsführung, wohl aber für den Ausbau der unterirdischen Fertigungsstätte ist seit dem 21. August 1943 SS-Brigadeführer Dr.-Ing. Hans Kammler verantwortlich. Der Sohn eines Militär- und Polizeioffiziers, Jahrgang 1901, hatte ein humanistisches Gymnasium absolviert, war 1919 dem „Grenzschutz Ost" in Danzig beigetreten und hatte in einer der berüchtigten Freikorpsabteilungen unter Roßbach gedient. Nach einem Hochbau-Studium an den Technischen Hochschulen in München und Danzig promovierte Kammler 1932. Seit 1931 verbindet er seinen Lebensweg mit der NSDAP und seit 1933 auch mit der SS, wo er wie Kettler im Reitersturm 1/7 der Reichshauptstadt dient. Wie Kettler oder von Braun klettert auch Kammler die Dienstleiter der SS schnell nach oben und wird 1942 Generalmajor der Waffen-SS. Seine Rücksichtslosigkeit und Brutalität scheinen dafür ausschlaggebend gewesen zu sein. Beim Aufbau des Mittelwerkes geht er über Leichen.

Georg Rickhey (Jg. 1898), Generaldirektor des Mittelwerkes, NSDAP-Mitglied seit 1931

19 Siehe BDC-Akten Kurt Kettler, Otto Foerschner, Karl Maria Hettlage, Georg Rickhey und Hans Kammler

Bauliche Reste auf dem Gelände des ehemaligen KZ-Mittelbau (April 1994)

Das Ende

Heinz Galinski (1912–1992) kam als jüdischer Häftling im Januar 1945 aus dem KZ Auschwitz in das Lager Mittelbau und wurde in der Raketenserienfertigung eingesetzt; nach seiner Befreiung widmete er sich der sozialen Betreuung der Verfolgten des Naziregimes und wurde 1949 Vorsitzender der Jüdischen Gemeinde in Berlin; seit 1988 wirkte Galinski als Vorsitzender des Zentralrats der Juden in Deutschland

Im Januar 1945 treffen im Lager Mittelbau aus Buchenwald und Lützkendorf immer umfangreichere Transporte mit völlig erschöpften Menschen ein. Wenig später kommen weitere Transporte aus evakuierten Lagern des Ostens. Häftlinge aus Auschwitz werden in offenen Bahnwaggons, oft bei strengem Frost, ohne Lebensmittel und Wasser, transportiert. Bis Ende März ist das Konzentrationslager mit annähernd 40 000 Menschen belegt. Doch trotz hoffnungsloser Überfüllung und unvorstellbarer Not wird die Produktion in den Stollen nicht zurückgefahren. In den ersten vier Wochen 1945 laufen 690 A 4-Raketen vom Band.

Im Februar 1945 stehen sowjetische Truppen nur noch rund 160 km von Peenemünde entfernt. Zur Umsetzung eines von der SS initiierten Aktionsprogramms zur „Brechung der Luftüberlegenheit" durch beschleunigte Raketenwaffenproduktion beginnt die hektische Evakuierung von Fachleuten und die Auslagerung von Anlagen in das Umfeld des Mittelwerkes. Dornberger, der für die Durchsetzung der Aktion inzwischen mit seinem Stab nach Bad Sachsa gewechselt ist, und Wernher von Braun versuchen mit aller Kraft, ihre Peenemünder Stammannschaft organisatorisch zusammenzuhalten und sie mit Struktureinheiten und technischen Ausrüstungen in der Nähe Nordhausens unterzubringen. Zwar treffen in den Wochen bis Ende März 1945 zwischen Witzenhausen am Westrand des Eichsfelds, Bleicherode und Sangerhausen noch Hunderte der hochqualifizierten Peenemünder Wissenschaftler, Ingenieure und Techniker ein, doch zu einer Produktionsaufnahme weiterer Raketenprogramme kommt es nicht mehr. Aus Ost und West rücken die Fronten immer näher heran.

Mitte März wird die Serienfertigung der A 4-Raketen auch im Mittelwerk abgebrochen. Bis zuletzt hat man die Häftlinge angetrieben. Das Totenbuch des KZ Mittelbau vermerkt zwischen Oktober 1943 und 3. April 1945 59 öffentliche Hinrichtungen, bei denen 271 Häftlinge erhängt wurden. Noch am 21. März 1945 werden 60 Häftlinge exekutiert; benutzt wird dafür die Laufkatze in einer A 4-Montagehalle.

Während sich Anfang April 1945 500 handverlesene Peenemünder Raketenspezialisten auf Befehl

Krematorium im KZ-Mittelbau, heute Gedenkstätte

Neu angelegter Zugang zum Stollensystem im Kohnstein; das unter vorläufigem Denkmalschutz stehende Gelände der ehemaligen KZ-Fabrik ist durch den Abbau von Anhydrit durch die Firma FBM Wildgruber & Co bedroht

des SS-Brigadeführers Kammler mit einem Sonderzug in Richtung bayrische Alpen absetzen, befiehlt der SS-Kommandant des Konzentrationslagers sogenannte Evakuierungsmärsche für die Häftlinge. Am 5. April, einen Tag nach der Zerstörung der Stadt Nordhausen durch alliierte Bomber, wird auch der Holländer Godfried Elzenga auf einen solchen Todesmarsch unter strengster SS-Bewachung geschickt. *„Wir bekamen dafür nicht mehr als ein Stück Brot, das Ziel war unbekannt“*, erinnert er sich heute. *„Zunächst ging es über den Harz nach Wernigerode. Dort schickte man uns auf einen Gewaltmarsch in Richtung Magdeburg. Auch für diesen Evakuierungsmarsch war als Endstation eine Schiffsversenkung geplant.“*[20]

20 Interview mit Godfried Elzenga, KZ-Gedenkstätte Mittelbau-Dora, April 1994

Tage später gelingt Godfried Elzenga die Flucht. Zusammen mit mehreren Kameraden geht er den vorrückenden britischen Truppen entgegen.

Zwischen August 1943 und April 1945 sind im KZ Mittelbau und im Mittelwerk annähernd 60 000 Menschen aus 21 Ländern zusammengetrieben und für die Interessen der Rüstungsproduktion eingesetzt worden. In eineinhalb Jahren verloren dabei 20 000 Häftlinge ihr Leben.

Schuldig am Inferno des KZ-Mittelbau sind nicht allein die SS-Aktivisten. Zu den Mitwissern und handelnden Tätern sind Wissenschaftler, Ingenieure und Militärs zu rechnen – allen voran Arthur Rudolph, Wernher von Braun und Walter Dornberger – Männer der Führungsriege aus Peenemünde.

Frontreif

**„Wunderwaffen“ im Einsatz
1944 bis 1945**

306. Ausgabe / ... Jahrg. / Einzelpreis 20 Pf. — Berlin, Donnerstag, 9. November 1944

VÖLKISCHER BEOBACHTER

Kampfblatt der nationalsozialistischen Bewegung Großdeutschlands

V 2 gegen London

Die erfolgreiche Abwehrschlacht in Kurland
Amerikanischer Großangriff in Lothringen

Aus dem Führerhauptquartier, 8. November.

Das Oberkommando der Wehrmacht gibt bekannt:

Nachdem seit dem 15. Juni der Großraum von London mit nur kurzer Unterbrechung und in wechselnder Stärke unter dem Feuer der V 1 liegt, wird dieser Beschuß seit einigen Wochen durch den Einsatz eines noch weit wirksameren Sprengkörpers, der V 2, verstärkt.

An der Nordspitze von Walcheren behaupteten sich die eigenen Stützpunkte auch gestern gegen den von Westen und Osten angreifenden Feind. Der Brückenkopf Moerdijk wurde in harten Kämpfen gegen starke Panzerangriffe gehalten. Unsere Artillerie bekämpfte wirksam feindliche Ansammlungen und anhaltende Bewegungen im Raum von Nimwegen und östlich Helmond.

Panzer und Grenadiere vernichteten südöstlich Stolberg die dort abgeschnittene nordamerikanische Kräftegruppe und eroberte nach schweren Kämpfen den Ort Kommerscheidt trotz erbitterter Gegenwehr zurück. 15 nordamerikanische Panzer wurden dabei abgeschossen, zwei erbeutet, über 300 Gefangene eingebracht.

Nach starker Artillerievorbereitung trat der Feind in den frühen Morgenstunden zwischen Pont à Mouson und Château Salins zu dem dort erwarteten Großangriff an. Schwere Kämpfe sind entbrannt.

Eigene Stoßtrupps stießen südlich und südöstlich Château Salins und an der Nordostecke des Parroy-Waldes zwischen die feindlichen Stellungen vor, sprengten 25 Bunker und kehrten mit Gefangenen und zahlreicher Beute in die eigene Linie zurück.

Im Etruskischen Apennin wurden feindliche Vorstöße in dem Frontbogen nördlich Rocca S. Casciano in die Tiefe des Hauptkampffeldes von der hart kämpfenden Infanteriedivision aufgefangen.

Von der Balkanfront wird weiterhin lebhafte Kampftätigkeit ohne wesentliche Veränderung der Lage gemeldet. Im Tale der südlichen Morawa scheiterten stärkere Angriffe der Bulgaren.

In der Ägäis versenkte ein eigenes Torpedoboot ein Unterseeboot des Feindes.

Vor Budapest und nördlich der Bahnlinie Czegled—Szolnok wiesen unsere Panzer und Grenadiere starke Angriffe der Bolschewisten ab. Durch Gegenangriffe wurden die Sowjets aus mehreren Ortschaften geworfen.

An der mittleren Theiß stehen deutsche und ungarische Verbände in harten Kämpfen mit stärkeren feindlichen Angriffsgruppen. Schlachtflieger führten bei Tag und Nacht wirksame Angriffe gegen den bolschewistischen Nachschub.

Im ostpreußischen Grenzgebiet kam es nur zu örtlichen Kämpfen. Die Wucht der bolschewistischen Angriffe gegen unsere Nordfront hat gestern auch im Raume von Autz nachgelassen. Wo der Feind weiter angriff, wurde er zum Teil in Gegenstößen geworfen. Damit ist der von den Sowjets erstrebte Durchbruch in Kurland gescheitert. In zwölftägiger erbitterter Abwehrschlacht haben unsere Divisionen dem Ansturm überlegener bolschewistischer Kräfte standgehalten und dabei einen großen Teil der sowjetischen Angriffsverbände, vor allem der eingesetzten Panzertruppen, zerschlagen. Vom 26. Oktober bis 7. November wurden 602 feindliche Panzer vernichtet, 239 sowjetische Flugzeuge über dem Kampfraum abgeschossen, davon 110 durch Flakartillerie der Luftwaffe.

In Finnland kam es nordwestlich Ivalo und westlich des Varanger-Fjords zu örtlichen Gefechten mit Finnen und Bolschewisten.

Bei Angriffen nordamerikanischer Terrorflieger auf das südliche Reichsgebiet wurden durch Flakartillerie der Luftwaffe sieben viermotorige Bomber zum Absturz gebracht. In den Wohngebieten von Marburg a. d. Drau und Wien entstanden geringe Gebäudeschäden.

Als am 8. November 1944 der Reichsrundfunk und tags darauf der „Völkische Beobachter" die Meldung verbreiten, London läge nunmehr auch unter dem Feuer der „Vergeltungswaffe V 2", sollen sich deren Konstrukteure, allen voran Wernher von Braun, in Peenemünde „überrascht und betroffen" gezeigt haben. Der Physiker Ernst Stuhlinger, der 1943 zum Entwicklungsteam gestoßen war, zitiert in einer Publikation zum Beleg dafür Wernher von Brauns Sekretärin Dorothea Kersten. Sie sei zugegen gewesen, als ihr Chef die Nachricht erstmals im Rundfunk hörte. Danach habe es eine *„traurige Stunde"* gegeben: *„Von Braun war völlig niedergeschlagen. Ich habe ihn noch nie zuvor oder danach so betroffen, so tief beunruhigt gesehen. ‚Das hätte nie geschehen sollen',* sagte er. *‚Ich habe immer gehofft, der Krieg würde vorbei sein, bevor sie eine A 4 gegen ein lebendes Ziel starten. Wir haben unsere Rakete gebaut, um das Tor zu anderen Welten zu öffnen, nicht, um Verwüstungen auf dieser Erde anzurichten. Soll das die Frucht unserer Arbeit gewesen sein?'"*[1]

Folgt man diesen Unschuldsbekundungen, müßte Wernher von Braun ein merkwürdiges Doppelleben geführt haben, denn die Heeresversuchsanstalt Peenemünde war nicht allein für die technische Entwicklung, Erprobung und serienmäßige Fertigung der modernsten Waffen des Dritten Reiches zuständig, sondern Wernher von Braun, Arthur Rudolph, Walter Dornberger und andere zeichneten zugleich auch für die Grundsätze des militärischen Einsatzes ihrer Fernkampfraketen verantwortlich. Daß einzig dies als wirkliches Endziel ihrer Arbeit anzusehen war, daran konnte spätestens seit Kriegsbeginn und nach zwei Begegnungen mit Hitler bei keinem Beteiligten irgendein Zweifel aufgekommen sein.

Tatsache ist außerdem, daß nicht erst seit Verbreitung dieser Nachricht, also seit dem 8. November 1944, A 4-Raketen mit jeweils einer Dreiviertel Tonne

Sprengstoff in der sogenannten Nutzlastspitze auf London und weitere Großstädte in Westeuropa stürzten. Die Nazi-Propaganda wollte sich nach dem seit Juni 1944 eingeleiteten Fernbeschuß der britischen Hauptstadt mit der Flugbombe Fi 103, der „Vergeltungswaffe V 1", zunächst von den Briten die Wirkung der A 4-Rakete bestätigen lassen. Doch da diese Rechnung nicht aufging – die Zeitungen schwiegen, weil die britische Regierung eine Nachrichtensperre verhängt hatte –, entschloß sich Reichspropagandaminister Goebbels, den Einsatz der „Vergeltungswaffe V 2" gegen London am 8. November selbst bekanntzugeben. Der erste Start hatte bereits in der Nacht vom 7. zum 8. September 1944 stattgefunden. Die Schüsse erfolgten aus mobilen Stellungen, die sich bei St. Vith, südlich von Aachen, und bei Wasenaar, in der Nähe von Den Haag, befanden. Die ersten Zielgebiete waren Paris und London. Bis Anfang November wurden weit über 500 V 2-Raketen auf Ziele in England, Frankreich, Belgien und Holland verschossen.

Als Technischer Direktor der Heeresversuchsanstalt Peenemünde hatte Wernher von Braun zu dieser Zeit nach den Erprobungsschießen in Polen, in der Tucheler Heide, und nach den weiter laufenden Teststarts und Systemüberprüfungen vor allem die Aufgabe, die auch weiterhin auftretenden Mängel der Waffe auf schnellstem Wege zu beheben, um die vorgesehene Produktionsziffer von monatlich 900 Raketen sicherzustellen. Deshalb ist davon auszugehen, daß seit September 1944 alle Meldungen von der Front über Erfolge und Mißerfolge des Ersteinsatzes auch in Peenemünde eingingen. Denn wie allein die Verschußstatistik bis zum 6. November ausweist, stürzten immerhin sechs Prozent aller Raketen unmittelbar nach dem Start wieder ab, fast 60 Prozent waren technisch nicht einsatzbereit und mußten zur Nachbesserung in ein Zwischenlager oder ins Mittelwerk zurückgeführt werden. Lediglich gut ein Drittel hob tatsächlich vom Starttisch ab und bog in die vorausbestimmte Flugbahn ein.

Dem ersten Fronteinsatz der V-Waffen war eine lange militärisch-organisatorische Vorbereitung vorausgegangen. Wichtigster Punkt dabei war die Aufstellung von technisch speziell ausgebildeten Einheiten für den Verschuß der Flugbombe Fi 103 und der Rakete A 4.

A 4/V 2-Rakete im Fronteinsatz; die Waffe wird mit einem Transportwagen zur Abschußstelle gefahren; nach Aufrichten, Betanken, Einsetzen der Sprengstoffspitze und Einstellen der Schußrichtung erfolgt der Startbefehl

Für die einen wie für die anderen beginnt die Ausbildung in Peenemünde. Als wichtigste Keimzelle für das Stammpersonal der Raketentruppen dient das kurz nach Kriegsbeginn gebildete Versuchskommando Nord. Aus dieser technischen Sonderformation gehen sowohl die militärischen Führer der künftigen Verschußabteilungen und Batterien hervor als auch das Lehrpersonal der ab Herbst 1943 aufge-

1 Stuhlinger, Ernst; Ordway, Frederick I.: Wernher von Braun – Aufbruch in den Weltraum. München 1992, S. 119

Soldaten des Flakregiments 155 (W) bei der Startvorbereitung einer Flugbombe Fi 103/V 1

bauten Raketentruppenschule für die A 4/V 2 in Köslin. Deren Kommandeur wird der Peenemünder Oberstleutnant Gerhard Stegmaier, der zuvor das Versuchsserienwerk geleitet hatte. Die ersten Bedienungseinheiten für die Flugbombe werden ebenfalls in Peenemünde ab Dezember 1942 aufgestellt. Kommandeur des Lehr- und Erprobungskommandos ist von Anfang an der Luftwaffenoffizier Max Wachtel.

Der jeweiligen Spezifik der beiden Waffen entsprechend wird die Ausbildung für die Flugbombe Fi 103/V 1 vorwiegend auf der Insel in Peenemünde-West und bei Zempin betrieben. Die A 4/V 2-Bedienungsmannschaften üben in der Lehr- und Versuchsbatterie 444 sowohl auf den Truppenübungsplätzen bei Blizna als auch in der Tucheler Heide. Die V 1-Bedienungsmannschaften werden im Laufe des Jahres 1943 Zug um Zug mit den seit Sommer an der französischen Kanalküste entstehenden Abschußvorrichtungen vertraut gemacht. Den eigentlichen Startvorgang trainieren sie jedoch mit der Flugbombe ausschließlich in den Versuchsanlagen auf der Insel Usedom. Damit soll erreicht werden, daß keine dieser neuen Waffen vorzeitig in das Blickfeld der britischen Luftbildkameras gerät. Bis zum Ende des Jahres 1943 vergrößert sich das Lehr- und Erprobungskommando zum Flakregiment 155 (W) und im Laufe des folgenden Jahres zu einer Division, in der annähernd 10 000 Soldaten zusammengefaßt sind.

Die Aufstellung und Ausbildung der technischen Einheiten für die Rakete A 4/V 2 liegt von Anfang an bei Generalmajor Walter Dornberger. Zu seinem Aufgabengebiet gehören außerdem die Beschaffung der erforderlichen Übungsraketen sowie die Organisation des Nachschubs an Treibstoff, Meßtechnik und Transportmitteln. Damit übernimmt Dornberger neben seiner Dienststellung als militärischer Chef des Raketenentwicklungsprogramms auch die Funktion eines Inspekteurs der Fernkampf-Raketentruppen. Der General ist nunmehr verantwortlich für die umfassende Vorbereitung und materiell-technische sowie personelle Sicherstellung ihres Einsatzes, nicht aber für den Fronteinsatz der Raketen selbst. Dieser liegt ab Dezember 1943 sowohl für die Flugbombe V 1 als auch für die Rakete ausschließlich beim Generalkommando des LXV. Armeekorps z.b.V., das ab Herbst 1944 als V-Waffenkorps (Armeekorps z.V. – „zur Vergeltung“) geführt wird.

Zur Vorbereitung des Fronteinsatzes der A 4/V 2 gegen England baut die Organisation Todt unter Einbeziehung von Tausenden französischen Zwangsarbeitern zwei gigantische Bunkeranlagen bei St. Omer und bei Wizernes an der nordfranzösischen Kanalküste. An der Auswahl der Standorte und den Entscheidungen über die Grundkonstruktion der Bauwerke sind Wernher von Braun und weitere Peenemünder beteiligt. Von hier aus sollen nach den Plänen des Wehrmachtführungsstabes ab Sommer 1944 monatlich etwa 900 Fernkampfraketen A 4/V 2 vor allem auf britische Großstädte verschossen werden. Sowohl die knapp 100 leichten Stellungen für die V 1 als auch die beiden riesigen Betonsilos für den Verschuß der V 2 werden durch alliierte Flieger immer wieder angegriffen. Während die Katapultanlagen für die Flugbombe in relativ kurzer Zeit repariert werden können, bleiben die beiden mehrstöckigen Betonstartanlagen für die Raketen unbrauchbar. Nach den Zerstörungen setzen sich Wernher von Braun und Walter Dornberger endgültig mit ihrer ursprünglichen Forderung durch, für den Verschuß ihrer Raketen ausschließlich mobile Startanlagen zu nutzen. Entsprechende Aufträge für solche Anlagen, die gleichzeitig den Transport der Raketen ermöglichen, waren bereits 1942 den Firmen Meiller und Vidal erteilt worden.

Am 16. Mai 1944 wird vom Wehrmachtführungsstab der Vorbefehl gegeben, das Fernfeuer gegen England Mitte Juni zu beginnen. Der Einsatzplan sieht vor, dafür zunächst ausschließlich die Flugbombe Fi 103 in dichter Abschußfolge einzusetzen. Damit will die militärische und politische Führung des Reiches „Vergeltung" für die uneingeschränkte Luftüberlegenheit der Alliierten üben, die auf deutschem Territorium inzwischen zu jeder Tageszeit jedes beliebige Ziel anzugreifen vermögen.

Der Wehrmachtführungsstab und das eigens für diesen Einsatz der „Vergeltungswaffen" gebildete Generalkommando haben dafür einen „Y"- und einen „X"-Befehl vereinbart. Der „Y"-Befehl soll sechs Tage vor dem „X"-Befehl liegen. Er dient der Herstellung der Feuerbereitschaft. Der „X"-Befehl ist der eigentliche Feuerbefehl. Er kann frühestens in der Nacht vom sechsten zum siebenten Tag nach „Y" in Kraft treten. Dieses Verfahren wird erforderlich, weil vor Herstellung der Feuerbereitschaft der Flugbombe V 1 aufwendige technische Vorbereitungen getroffen werden müssen. Diese Vorbereitungen laufen wegen der häufigen Luftangriffe ausschließlich nachts.

Aber der befohlene erste Feuerschlag mißlingt gründlich. Aus den 63 feuerbereit gemeldeten Stellungen verlassen lediglich neun Flugbomben in der Nacht vom 12. auf den 13. Juni 1944 die „Schleudern", wie die Katapultanlagen in der Soldatensprache genannt werden. Die Hälfte der Flugbomben stürzt unmittelbar nach dem Start wieder zu Boden. Erst am 15. Juni verlassen zwischen 250 und 300 Flugbomben die Startrampen.[2] Als die Nachricht davon die Betriebsführung der Mittelwerk GmbH erreicht, knallen dort die Sektkorken.[3]

Der Standort der betonierten Abschußrampen hinter der Frontlinie wurde durch die taktisch-technischen Daten der Flugbombe bestimmt. Ihre Reichweite betrug etwa 230 Kilometer. Der Start erfolgte auf einer leicht angeschrägten 55 Meter langen Katapultschiene mit Hilfe eines Kolbens, der durch chemisch erzeugten Dampfdruck den Flugkörper auf eine Anfangsgeschwindigkeit von 320 Stundenkilometern beschleunigte. War diese Geschwindigkeit erreicht, zündete das pulsierende Schubrohr und übernahm den Antrieb. Für den Flug bis zum Zielpunkt London benötigte der Flugkörper bei einer Geschwindigkeit von 600 bis 650 Kilometern pro Stunde etwa 22 Minuten. Jede dieser Bomben konnte 830 Kilogramm Sprengstoff ins Ziel tragen. Da der genaue Einschlagort nur mit einer Streuung bis zu 15 Kilometern voherzuberechnen war, hatte man keine militärischen Punktziele anvisieren können. So richtete sich die Waffe vorwiegend gegen dichtbesiedelte Wohnviertel.

Oberst Max Wachtel, Kommandeur des Flakregiments 155, führt aus Geheimhaltungsgründen auch die Tarnnamen Martin Wolf und Michael Wagner

Die Gleitflächen der Flugbombe Fi 103/V 1 werden erst unmittelbar vor dem Start an den Rumpf montiert

2 Siehe hier wie an weiteren Stellen: Hölsken, Dieter: Die V-Waffen. Entwicklung und Einsatzgrundsätze, in: Militärgeschichtliche Mitteilungen 2/85, S. 106ff.

3 Polak Edmund: Dziennik ..., a.a.O.

Über den Dächern von London: Eine Flugbombe Fi 103/V 1 kippt nach Abschaltung des Triebwerkes auf ihr Zielfeld

Zwischen Juni und September 1944 werden über 9 300 dieser „Vergeltungswaffen" auf London und Südengland verschossen.[4] Die Hauptschießzeiten sind so berechnet, daß die Flugbomben gerade dann in London einschlagen, wenn dort der größte Teil der Einwohner unterwegs zur Arbeit ist oder sich wieder auf dem Rückweg befindet. In der Stadt sollen Angst und Panik ausgelöst werden. Tatsächlich führt jedoch der Fernbeschuß mit Flugbomben wie später auch mit V 2-Raketen nicht zur Demoralisierung der Bevölkerung, sondern zur Bekräftigung ihres Widerstandes gegen die deutsche Bedrohung. Dennoch werden im Sommer 1944 eineinhalb Millionen Londoner, vor allem Frauen und Kinder, evakuiert.[5]

Während die Alliierten seit Beginn der Invasion am 6. Juni 1944 mit ihren Truppen in den Sommermonaten weiter in Nordwestfrankreich vorstoßen, werden die Terrorangriffe mit der V 1 gegen London und weitere Ziele in Südengland fortgesetzt. Am 2. August 1944 verlassen 316 Flugbomben die Abschußrampen am Pas-de-Calais. Eine Flugbombe, die am 23. August in East Barnet, im Norden Londons, einschlägt, fordert mit 211 Toten und mehreren hundert Verletzten die bis dahin größte Zahl an Opfern unter der Zivilbevölkerung. Ein einziges Mal nur wird zu diesem Zeitpunkt die Flugbombe gegen ein militärisches Ziel eingesetzt, nämlich gegen den englischen Nachschubhafen Portsmouth. Damit handelt das Regiment 155 unter

4 Nowarra, Heinz J.: Die deutsche Luftrüstung ..., a.a.O., S. 55

5 Calder, Angus: The People's War. Britain 1939–1945. London 1973, S. 647

Oberst Wachtel gegen den Grundsatzbefehl. Anfangs hatten die Briten und Amerikaner sogar die Splitter der deutschen Flugbomben systematisch auf radioaktive Strahlung untersucht. General Eisenhower war durch seinen militärischen Nachrichtendienst G 2 auf diese potentielle Gefahr aufmerksam gemacht worden. Damit hatten die Amerikaner allerdings den Entwicklungsstand der Kernwaffenforschung in Deutschland erheblich überschätzt.

Churchill weist in der ersten Gegenreaktion auf den Einsatz der Flugbombe im Juli 1944 die Stabschefs der britischen Streitkräfte an, eine *„kaltblütige Berechnung"* anzustellen. Sie sollen sich äußern, ob sich der Einsatz von Kampfgas gegen deutsche Industriezentren und Großstädte als Antwort auf die Bedrohung der britischen Bevölkerung lohnen würde. Ende des Monats liegen die geforderten Stellungnahmen vor. Sie raten vom Einsatz von Lost und anderen Kampfgasen ab, auch um die schnell vordringenden alliierten Truppen nicht selbst in ihrem Angriffstempo zu behindern. Statt dessen beginnen die Briten unverzüglich mit dem Aufbau eines tief gestaffelten Systems der Luftabwehr gegen die V 1. So werden Fesselballon-Sperrgürtel angelegt und Flakstellungen errichtet, die bereits auf dem Kanal von Schiffen und Prahmen aus die Flugbomben unter Beschuß nehmen. Außerdem entwickeln die britischen Jagdflieger äußerst rasch eine wirkungsvolle Abwehrtaktik. Sie setzen ihre Maschine auf gleiche Höhe und hebeln mit Druck einer ihrer Tragflächen die auf starrem Kurs fliegende Bombe aus der Bahn, so daß sie über freiem Gelände abstürzt. Für diese gewagten Manöver kommen auch die ersten britischen Düsenjäger vom Typ Gloster „Meteor" zum Einsatz. Anfang August sollen nach britischen Angaben 70 Prozent aller Flugbomben durch die

London am 17. Juni 1944 unmittelbar nach dem Einschlag einer Flugbombe in einer belebten Geschäftsstraße

Luftabwehr vor dem Einschlag vernichtet worden sein.
Später unternommene deutsche Versuche, die Flugbombe V 1 im Freistartverfahren mit Hilfe eines Flugzeugs auf Kurs zu bringen, um damit näher an die Ziele zu rücken und die Sperren zu überfliegen, zeigten keine Wirkung, zumal für solche Aktionen inzwischen auch längst nicht mehr ausreichend Maschinen zur Verfügung standen.
Einschlagende Flugbomben verursachten am Boden zwar nur einen relativ flachen Krater, die erhebliche Druckwelle jedoch zerstörte ganze Gebäudekomplexe. Ende September waren im Großraum London über 25 000 Häuser in Schutt und Asche gelegt. Im Unterschied zu Luftangriffen mit Flugzeugen konnte wegen der kurzen Zeitspanne zwischen Start und Einschlag der V 1 kein Alarm ausgelöst werden. Die Flugbombe hatte bereits ihre Zielfläche erreicht, sobald man ihr Motorengeräusch wahrnehmen konnte.
Von 8 839 gegen London gestarteten Flugbomben Fi 103/V 1 schlugen 2 420 in dichtbesiedelte Gebiete ein. Englische Quellen sprechen von insgesamt 5 475 Todesopfern und 16 000 Verletzten.[6]
Ab Herbst 1944 verlagert die Wehrmacht wegen des ständigen Vordringens der alliierten Truppen und des dadurch erzwungenen Rückzugs aus den Stellungen in Nordfrankreich und Belgien den Beschuß mit der V 1 vorwiegend auf Festlandziele. London ist nicht mehr erreichbar. So richtet man bis zum endgültigen Rückzug der Wehrmacht vorwiegend Streufeuer gegen den Nachschubhafen und die Stadt Antwerpen sowie vereinzelt gegen Truppenmassierungen der vordringenden Alliierten. Die letzte Flugbombe Fi 103/V 1 geht am 29. März 1945 über Südengland nieder, abgeschossen mit großer Wahrscheinlichkeit von einer Stellung im Norden Hollands.
A 4-Raketen werden erst ab Anfang September 1944 dem V-Waffenkorps zugeführt. Die für einen Fronteinsatz nach wie vor einzig verfügbare Einheit ist die Versuchsbatterie 444. Sie ist zu dieser Zeit zu einer Abteilung ausgebaut worden und besteht aus neun Schießzügen. Generalmajor Dornberger sorgt als Inspekteur der Raketen-Artillerie dafür, daß drei weitere Artillerieabteilungen mit dazugehörigen Ersatzabteilungen aufgestellt werden. So entstehen die Abteilungen 863, 971 und 972, deren Ersatzabteilungen jenseits der Oder in Schneidemühl, Stolp und Groß-Born liegen. Erst im Spätherbst 1944, also Wochen nach dem Ersteinsatz der V 2, werden die Raketenabteilungen zu einer V-Waffen-Division zusammengefaßt. Deren Stab befindet sich in Schwedt an der Oder. Als Inspekteur der Raketentruppen hat General Dornberger seinen Führungspunkt ebenfalls in Schwedt aufgeschlagen. Von hier aus wird ab Anfang September 1944 der gesamte Nachschub für den Einsatz der A 4-Raketen organisiert. Sie gelangen entweder direkt aus dem Mittelwerk oder aus Zwischenlagern, die im

Propagandafoto einer Wehrmachtbildstelle: drei nebeneinander aufgestellte A 4/V 2-Raketen, zwei davon mit Tarnanstrich, sollen die Schlagkraft der Peenemünder „Wunderwaffe" demonstrieren

London, Smithfield Market, nach dem Einschlag einer A 4/V 2-Rakete

rückwärtigen Operationsgebiet angelegt worden sind, zu den jeweiligen Fronttruppen. Eines dieser Raketendepots befand sich in einer Tunnelanlage im Ahrtal bei Bonn, wo in den sechziger Jahren dann die unterirdische Führungszentrale der Bundesregierung eingerichtet wurde. Vom Mittelwerk aus werden die A 4-Raketen auf dem Schienenwege in die Nähe der Front gebracht. Aus den Zwischenlagern erfolgt der Transport bis zum Startplatz meist mit Meillerwagen.

Die Reichweite der A 4/V 2-Rakete lag zu diesem Zeitpunkt bei 320 Kilometern und übertraf damit nur wenig die Flugbombe V 1. Auch die Transportleistung der Rakete fiel kaum günstiger aus: Anfang September 1944 trug die V 2 etwa 750 Kilogramm, am Ende des Jahres dann, nach weiteren konstruktiven Verbesserungen, 967 Kilogramm Sprengstoff in ihr Ziel. Dennoch war ihre Sprengwirkung geringer als die der Flugbombe, da die Explosion nach der ungeheuren Wucht des Aufschlages erst mehrere Meter tief im Boden ausgelöst wurde und die Druckwelle sich nach oben ausbreitete. Gefährlicher war die V 2 dagegen durch ihre unvorstellbar hohe Geschwindigkeit. Bei Brennschluß des Triebwerkes waren etwa 5 500 Stundenkilometer erreicht. Damit betrug die Flugzeit von einer Startstellung in Hol-

6 Ebenda, S. 648

Feuerleitpanzer einer Verschuß-batterie für A 4/V 2-Raketen

land bis ins Zentrum von London nur fünf Minuten und 20 Sekunden. Gegen ein solches plötzlich und fast geräuschlos aus hohem Himmel herabstürzendes Projektil gab es keinerlei Abwehrmöglichkeiten. Aber auch die V 2 blieb wie die V 1 eine Fernwaffe mit relativ geringer Zielgenauigkeit. Alle Versuche der Peenemünder Konstrukteure, die Trefferquoten ihrer Raketenwaffe zu erhöhen, blieben erfolglos. Als Abweichung vom angenommenen Zielpunkt mußten bis zu 17 Kilometer einkalkuliert werden. Lediglich in der Anfangsphase des Fluges gelangen mit Hilfe eines Funkleitstrahls geringe Kurskorrekturen. Sowohl V 1 als auch V 2 wurden deshalb nach Karte ohne jede Möglichkeit zur Trefferkontrolle verschossen. So erreichte die erste V 2, die am 8. September 1944 in London einschlug, keineswegs ihr anvisiertes Ziel, die Feuerwache in der Southwark Bridge Road, unweit der City, sondern schlug gut zehn Kilometer südwestlich in einem Wohnviertel ein.

Der Abschuß der Raketen erfolgte vom Meillerwagen aus, so daß die Feuerstellung ständig gewechselt werden konnte. Der eigentliche Starttisch, auf dem die V 2 in die Senkrechte gebracht wurde, benötigte zur Abstützung lediglich einen festen Sanduntergrund. Am häufigsten wählte man für den Start Waldlichtungen, die Tarnung und außerdem Schutz vor Windböen gaben. Eine Fernraketenabteilung bestand aus annähernd 400 Offizieren und Soldaten. Ihre Züge und Trupps waren verantwortlich für das Einfahren der Rakete in die Feuerstellung und das Aufrichten, für Durchschaltversuche, Betanken und Eindrehen der Rakete in Schußrichtung. Für die letzten Startvorbereitungen, zu denen auch der Einbau der sogenannten Nutzlastspitze mit Sprengstoffladung und Zünder gehörten, benötigte man etwa 12

Rekonstruktion der Abschuß-stellungen und Zielfelder für A 4/ V 2-Raketen an der Westfront; erkennbar wird die Nord- und Südgruppe der Division z.V. („zur Vergeltung")

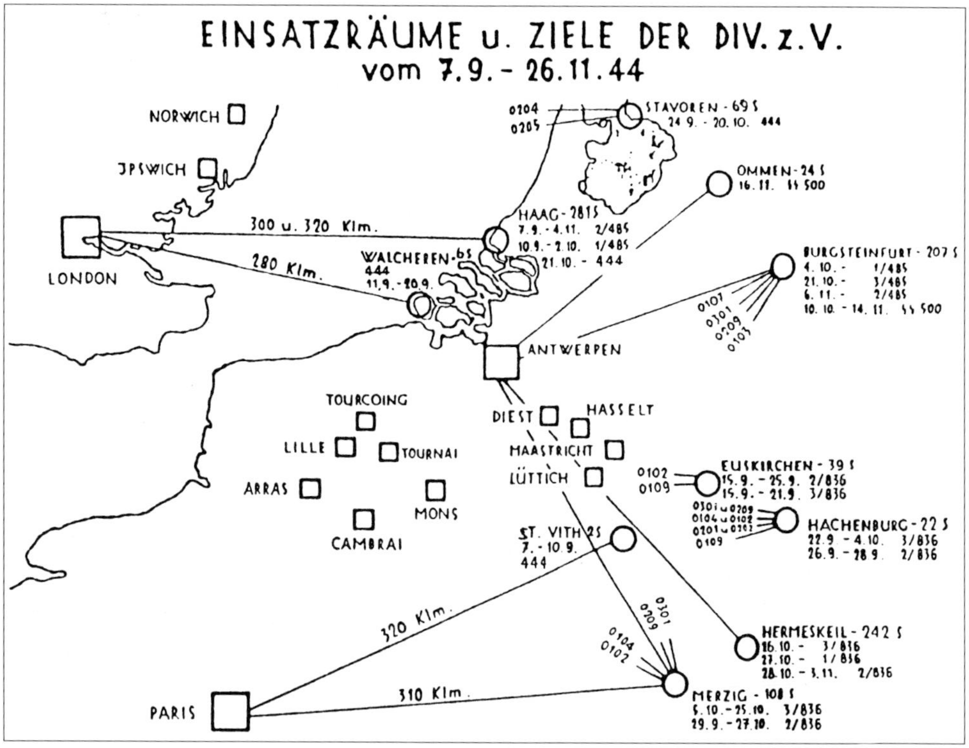

Minuten. In dieser Zeit waren der flüssige Sauerstoff und die spezielle Alkoholmischung sowie die Stoffe Wasserstoffsuperoxyd und Kaliumpermanganat aufzutanken. Außerdem hatte man die Hauptventile und die Pumpenaggregate durch Warmluft vorzuwärmen, bevor von einem gepanzerten Feuerleitwagen die Zündung ausgelöst werden konnte.

Der Soldat Carl-Gregor Auer schildert aus eigenem Erleben den Verschuß einer A 4-Rakete: *„Stellung räumen, konnte man von allen Seiten hören. Ich ging zu meinem Feuerleitpanzer, der etwa 150 Meter vom Tisch wegstand. Der Schießoffizier betritt den Feuerleitpanzer. Innen fragt er den Mann am Steuerungspult: ‚Steuerung klar?' ‚Steuerung klar!' kommt die Antwort. Alles ist still. Die Soldaten flüstern nur. Allein der Schießoffizier ruft: ‚X 1'. Der Schießoffizier steigt auf eine kleine Treppe im Feuerleitpanzer. Sie ermöglicht es ihm, auf die Feuerstellung zu sehen. ‚Schlüssel auf Schießen!', befiehlt er. ‚Ist auf Schießen, Klarlampe leuchtet!', meldet ihm der Mann am Triebwerkpult. Nach einer genau festgelegten Abfolge von Kommandos und Meldungen brüllt der Schießoffizier nunmehr, denn eine Verständigung ist inzwischen nur schreiend möglich: ‚Hauptstufe!' Daraufhin drückt der Finger des Triebwerkpultmannes den entsprechenden Knopf nieder. Die Erde erzittert und vibriert unter dem Druck der 25 Tonnen. Senkrecht schießt die Rakete nach oben, legt sich dann langsam schräg zum Ziel hin. Ein Mann vom Triebwerktrupp springt zum Tisch und dreht mit dem Schraubenschlüssel die Hochdruckflaschen ab. Langsam gehen die Soldaten zur Abschußstelle, die komisch leer aussieht."*[7]

7 Auer, Carl-Gregor: Bericht über eine A 4 Batterie. In: Raketenpost, Peenemünde, März 1994, S. 24ff.

A 4/V 2-Rakete auf dem Prüfstand 7 in Peenemünde 1944; während an der Westfront die Waffe gegen Ziele in Großbritannien, Belgien und Frankreich eingesetzt wird, laufen hier weitere Entwicklungsarbeiten zur Perfektionierung der neuen Waffe

Start einer A 4/V 2-Rakete aus einer Feuerstellung im Stadtwald von Wassenaar in Holland, unweit Den Haags, mit Ziel London

Am 12. Oktober 1944 befahl Hitler, von nun an das Feuer der V 2-Raketen ausschließlich gegen London und Antwerpen zu richten. Allein in London forderten V 2-Raketen 2 724 Tote und über 6 000 Schwerverletzte. In Antwerpen gab es 2 229 Tote und fast 7 000 Schwerverletzte. Als am 16. Dezember 1944 eine V 2 ein vollbesetztes Kino in der Stadt traf, starben 561 Menschen. In Antwerpen und Umgebung wurden weit über 100 000 Gebäude zerstört oder beschädigt.

Seit August 1944 liegt die Führung des Einsatzes der V 2-Raketen beim SS-Gruppenführer und Generalleutnant der Waffen-SS Dr.-Ing. Hans Kammler, denn nach dem mißlungenen Attentat auf Hitler am 20. Juli war Himmler auch Befehlshaber des Ersatzheeres geworden. Am 4. August befördert er Kammler zum SS-Obergruppenführer und ernennt ihn am 8. August zum Entscheidungsträger für alle Fragen der Produktion und des Einsatzes der A 4-Raketen. Damit tritt ein SS-General an die Spitze des V-Waffen-Einsatzes, der weder über entsprechende technische noch militärische Voraussetzungen verfügt. In der Nacht vom 31. August zum 1. September, kurz vor dem Ersteinsatz, war es während einer Dienstbesprechung, die Kammler leitete und an der auch Generalmajor Dornberger teilnahm, zu einer offenen Konfrontation gekommen. Kammler hatte eigenmächtig Weisungen zum Einsatz und zum Nachschub für die Fernkampfrakete gegeben. Als sich Dornberger gegen diese Weisungen wandte, brach der SS-Obergruppenführer die Dienstbesprechung ab. Zwei Tage danach traf die schriftliche Weisung Himmlers ein, daß nunmehr ausschließlich Kammler den Einsatz aller V-Waffen zu führen habe. Von diesem Zeitpunkt an verstärkt sich Zug um Zug der Einfluß der SS-Führung auf diesen einmaligen Verband der Wehrmacht, bis schließlich Anfang 1945 sogar Teile der V 1-Einheiten direkt in die Waffen-SS eingegliedert werden. Der Zugriff der SS hat schließlich auch personelle Konsequenzen, denn im November 1944 wird das ursprünglich zur Führung des Raktenwaffeneinsatzes gebildete Generalkommando endgültig aufgelöst.

In den letzten Monaten des Jahres 1944 und Anfang 1945 werden die Raketenabteilungen in Regimenter umgebildet. Die Bedienungen der Flugbombe V 1 werden zur 5. Flak-Division zusammengefaßt. Kammler führt die beiden unterschiedlichen Waffensysteme V 1 und V 2 in eigener Machtvollkommenheit und mit militärischer Inkompetenz wieder zu einem einheitlichen „Armeekorps z.b.V." zusammen. Ein Fernschreiben aus dem Stab Himmlers befiehlt am 3. Februar 1945: *„mit der fuehrung des a.k.z.b.v. beauftrage ich den ss-gruppenführer und generalltn. der waffen-ss dr. kammler."*[8]

Ein letztes Mal taucht der Name Kammler, der ab 1. April seine Truppen aus Holland abzieht, im Lagebuch des Wehrmachtführungsstabes unter dem Datum des 5. April 1945 auf. Danach wird Kammler

8 BDC, Akte Dr.-Ing. Hans Kammler

mit der Verteidigung des Raums Nordhausen beauftragt.[9] Kammler selbst hatte sich allerdings inzwischen entschieden, die „Flucht nach vorn" in Richtung „Alpenfestung" anzutreten. Dort verliert sich wenig später jede Spur. Sein Verschwinden ist bis auf den heutigen Tag in Dunkel gehüllt. Ungeklärt ist auch, ob er, wie von unterschiedlichen Zeugen behauptet, durch tschechische Aufständische im Mai 1945 in Prag erschossen wurde. Nach anderen Gerüchten soll er sich entweder auf der Flucht zwischen Prag und Pilsen mit einer Giftampulle das Leben genommen haben oder von einem SS-Angehörigen erschossen worden sein. Der vierten Version nach überlebte Kammler und hielt sich lange unter falschem Namen in einem unbekannten Land auf. Nichts davon läßt sich überprüfen, nichts ist bestätigt.

Die letzten Einsätze des Armeekorps z.b.V, das unter dem Befehl Kammlers stand, fanden nach britischen Darstellungen mit der Flugbombe V 1 am 30. März 1945 gegen Antwerpen statt. Die letzte V 2-Rakete schlug am 27. März 1945 in der Grafschaft Kent in England ein. Zwei Monate vor Kriegsende wurden sogar noch elf V 2 erfolglos gegen die Rheinbrücke bei Remagen abgefeuert, nachdem diese am 7. März von amerikanischen Truppen genommen worden war. Auch bei diesem einzigen Einsatz auf deutschem Boden erwies sich die „Wunderwaffe" als außerordentlich zielungenau. Der dichteste Einschlag lag immer noch einen Kilometer von der Brücke entfernt.

Trümmer vom Triebwerk einer A 4/ V 2-Rakete, die im November 1944 in Belgien vor dem Ziel abstürzte, werden durch britische Fachleute untersucht

9 Ebenda; siehe weiterhin Schramm, Percy Ernst (Hg.): Kriegstagebuch des Oberkommandos der Wehrmacht (KTB). Wehrmachtführungsstab, Band IV, Zweiter Halbband. Frankfurt/M. 1961, S. 1225, 1361, 1385.

Wie jüngste Veröffentlichungen belegen, sind während des Krieges im Fronteinsatz 21 770 Flugbomben Fi 103/V 1 gegen Ziele in England und Belgien abgefeuert worden. 3 225 A 4/V 2-Raketen trafen unter anderen die Städte Antwerpen (1 610), London (1 359), Lille (25), Paris (19) und Maastricht (19).

Insgesamt fiel etwa jede fünfte Rakete vor allem wegen konstruktiver Mängel und auch infolge von Rüstungssabotage aus. Der Einsatz der deutschen V-Waffen gegen Großbritannien forderte 8 938 Tote und 24 524 Verwundete. In Belgien waren 6 448 Tote und 22 524 Verwundete zu beklagen.

Die militärischen Ergebnisse der mit dem Blut von 20 000 Häftlingen sowie Opfern im Widerstand und annähernd viereinhalb Milliarden Mark bezahlten Entwicklung deutscher Raketenwaffen blieben letztlich unbedeutend für den Kriegsausgang.

Heillose Flucht

**Peenemünde wird ausgelagert
1944 bis 1945**

Zurück zum Spätsommer 1943. Nachdem der Schock des ersten Luftangriffs der Royal Air Force im August überwunden ist und die wichtigsten Anlagen und Prüfstände durch Notreparaturen wieder einsatzfähig sind, führen Heer und Luftwaffe unvermindert ihre auf Hochtouren laufenden Forschungsarbeiten weiter. Allerdings, von nun an werden Erprobung und Produktion der neuen Waffen von der Entwicklung räumlich getrennt und nach Thüringen, Ostpreußen und Polen verlegt. Peenemündes Atem geht in den folgenden Monaten zunehmend leiser, zumal auch immer mehr militärische und zivile Fachkräfte an die Fronten des Krieges oder an ausgelagerte Arbeitsstellen abkommandiert werden.

Wichtigste Arbeitsfelder für die Peenemünder Ingenieure und Techniker bleiben in dieser Zeit die Vorbereitung auf die Großserienfertigung und die damit verbundene Vereinfachung der Bedienung der Rakete im Fronteinsatz. Dafür muß ihre Konstruktion noch von ungezählten technischen Raffinessen befreit werden, um am Ende eine technologisch überschaubare Fertigung und eine möglichst sichere militärische Anwendung zu garantieren. Andere Forschungs- und Entwicklungsarbeiten, vor allem im Bereich der Sonderentwicklungen für die Luftwaffe, werden auf Sparflamme weitergeführt.

In dieser angestrengten Arbeitssituation kommt es im Frühjahr 1944 in Peenemünde zu einem merkwürdigen Zwischenfall: Der Sicherheitsdienst der SS und die Gestapo verhaften in der Nacht zum 13. März mehrere hochrangige Wissenschaftler, darunter auch Wernher von Braun, und setzen sie vorübergehend im Stettiner Gefängnis fest. Dieser Zugriff der SS war von langer Hand mit der Einschleusung von Spitzeln vorbereitet worden. Nachdem sich der erste Schlag der Gestapo gegen die Angehörigen eines international zusammengesetzten Kreises von Kriegsgegnern im Umfeld von Peenemünde gerichtet hatte, zu dem u.a. der österreichische Prälat Dr. Carl Lampert, der Holländer Johannes ter Morsche und zahlreiche holländische und polnische Fremdarbeiter gehörten, richteten sich die weiterführenden Ermittlungen direkt gegen die Peenemünder Raketenforscher.

Dabei gerieten Wernher von Braun, Klaus Riedel und Helmut Gröttrup in das Blickfeld des Sicherheitsapparates. Der Chef des Wehrmachtführungsstabes, Generaloberst Alfred Jodl, denunziert auf Anfrage des SD diese drei ihrer Herkunft und ihren Überzeugungen nach durchaus sehr verschiedenen Wissenschaftler eilfertig als ein *„edelkommunistisches Nest“*. Die Spitzel von Kriminalkommissar Karl Trettin, zugleich SS-Hauptsturmführer und stellvertretender Leiter des zuständigen Amtes III der Gestapo-Leitstelle in Stettin, hatten herausgefunden, daß Klaus Riedel der demokratischen „Liga für Menschenrechte“ angehört hat und Helmut Gröttrup in der „Pan-Europa-Bewegung“ engagiert war. Außerdem meldeten sie nach mehrmonatiger Observation: Die Wissenschaftler und ihre Familien seien miteinander befreundet und träfen sich auch in der Freizeit. Im Stettiner Gestapo-Gefängnis gelten für die drei allerdings die Bedingungen einer „Ehrenhaft“. Im Unterschied zu der inzwischen verurteilten Gruppe um Prälat Lampert werden sie weder körperlich mißhandelt noch psychisch gequält. Der konkrete Vorwurf, der zum Anlaß ihrer überraschenden Verhaftung genommen wird, heißt „Sabotage des Vorha-

Helmut Gröttrup, stellv. Chef des Bereichs Bord-, Steuer- und Meßtechnik (mit Ehefrau Irmgard, oben) und Klaus Riedel (unten), verantwortlich für das Peenemünder Prüffeld und die Bodenorganisation zum Fronteinsatz der A 4/V 2-Rakete, werden im März 1944 zusammen mit dem Technischen Direktor Wernher von Braun kurzzeitig durch die Gestapo in Haft genommen

Durch Luftangriffe zerstörter Raketenprüfstand in Peenemünde

bens A 4". Als Indiz dazu werden Äußerungen zitiert, die sie bereits mehrere Tage zuvor in reichlich weinseliger Laune in Schwabes Hotel von sich gegeben haben sollen. Es waren abfällige Meinungen über Kriegsführung und Kriegsaussichten des großdeutschen Reiches. Anderes findet sich nicht im Sündenregister, nichts, was auch nur im entferntesten an Widerstand oder gar Rüstungssabotage erinnern könnte. Im Gegenteil. So tritt denn auch Generalmajor Walter Dornberger gehörig für seine besten Leute ein. Er setzt Himmel und Hölle in Bewegung, um sie freizubekommen. Sein Trumpf ist die einzigartige Bedeutung der Wissenschaftler für die unmittelbare Vorbereitung der A 4-Rakete auf den Fronteinsatz. Keiner kann sie ersetzen, ist sein Hauptargument. Außerdem versichert sich der Generalmajor auch der Unterstützung des militärischen Abwehrchefs von Peenemünde, Johannes Georg Klamroth, der seinerzeit die Einschleusung von Spitzeln gegen die Österreicher, Deutschen, Polen und Holländer um den katholischen Standortpfarrer Leonhard Berger, Prälat Dr. Lampert und ter Morsche gefördert hatte. Nach zwei Wochen kommt Wernher von Braun frei, kurze Zeit später folgen auch Riedel und Gröttrup. Alle drei wenden sich nun verstärkt ihren Aufgaben in der Rüstungsforschung zu. Wernher von Braun lenkt nicht nur die Raketenerprobungen auf dem Artillerie-Zielfeld Blizna in Polen und verfolgt mit gleicher Intensität die seit Januar 1944 angelaufene Serienproduktion von A 4 in der KZ-Fabrik Mittelwerk. Er befaßt sich auch mit den Planungen für den Aufbau einer Raketenforschungsanlage in den Alpen unter dem Tarnnamen „Zement". Klaus Riedel kümmert sich inzwischen um die technischen Aspekte bei der

Reichsmarschall Hermann Göring besucht letztmalig Ende Oktober 1944 Peenemünde; das Bild zeigt ihn mit Keitel, Chef des OKW (l.) und Admiral Dönitz (r.) vor der Neuen Wache in Berlin

Vorbereitung des militärischen Einsatzes von A 4 unter frontnahen Bedingungen, und Helmut Gröttrup arbeitet wieder an speziellen Steuerungsfragen, die zum Verantwortungsbereich seines Chefs Ernst Steinhoff gehören.

Die Unruhe um die Verhaftung der drei Wissenschaftler ist kaum abgeklungen, da schlägt die Gestapo im Sommer 1944 nochmals zu. Diesmal wird Abwehrchef Major Johannes Georg Klamroth selbst verhaftet. Er hatte sich gemeinsam mit seinem Bruder sowie Adam von Trott zu Solz, Hans-Bernd von Haeften und Wolf Heinrich Graf von Helldorf im Kreis der Männer des 20. Juli engagiert. Nach dem fehlgeschlagenen Hitler-Attentat wird Klamroth verhaftet und am 15. August 1944 im 3. Prozeß des Volksgerichtshofes angeklagt, zum Tode verurteilt und am 26. August hingerichtet.[1]

Reichere Ernte hält der Tod in Peenemünde jedoch auch in diesem Jahr unter den Zwangsarbeitern, Kriegsgefangenen und Häftlingen, die in der Heeresversuchsanstalt und in der Luftwaffenprüfstelle zum Räumen von Blindgängern und Zeitzünderbomben eingesetzt sind.[2]

Eine detaillierte Todesliste über 171 im Krematorium Greifswald eingeäscherte Häftlinge liefert Anhaltspunkte über die Todesursachen.[3] Hinter elf Namen steht „auf der Flucht erschossen", hinter zwei weiteren „wegen Widerstand erschossen". Einer von ihnen wurde „auf Anweisung" des Reichsführers SS „erhängt". Der Ingenieur Karl-Heinz Haefke aus Bansin berichtet, daß ein Häftling sich im Frühsommer 1944 auf der Flucht im Schilf des Kölpin-Sees versteckt hatte, durch Beobachtung aus einem Flugzeug entdeckt, danach ergriffen und öffentlich erhängt wurde.[4] Seine Kameraden mußten bei der Hinrichtung zusehen. Der Vorfall führte zu beträchtlicher Unruhe unter den Mitarbeitern Peenemündes.

Als häufigste Todesursache bei den Eingeäscherten werden „Tbc", „Herzkollaps" und „Embolie" angegeben – Todesursachen, die verschleiern, daß Hunger und Entkräftung die Hauptgründe für den Tod dieser zumeist 20 bis 30 Jahre alten Männer waren. Den Geburtsorten nach stammten die meisten der Toten aus der UdSSR und Polen. Danach folgten Deutsche und Österreicher sowie Angehörige anderer Nationen oder Staaten. Auch Reinhold Krüger, der im April 1944 als Vierzehnjähriger aus seinem Heimatort Koserow nach Peenemünde kommt, um in der Heeresversuchsanstalt eine Lehre im Metallbau aufzunehmen, erinnert sich an viele Begegnungen mit Häftlingen auf dem weitläufigen Gelände. In der Teilewerkstatt sieht er oft Kriegsgefangene und Zwangsarbeiter an Brennschneidemaschinen arbeiten. Häufiger jedoch begegnen ihm Kolonnen bei Transportarbeiten. Sie werden von Soldaten in Luftwaffenuniform bewacht und tragen die gestreifte Kleidung.[5]

Häftlinge sind auch unter den Opfern der Bombenangriffe von 1944. Diesmal kommen die schwerbeladenen Maschinen der US-Air-Force am Tage. Sie setzen das Zerstörungswerk fort, das Mitte August 1943 seinen Anfang genommen hat. Am 18. Juli greifen 379 viermotorige Bomber vom Typ B 17 an. Weitere schwere Luftangriffe folgen am 4. und am 25. August. Alle Angriffe beginnen von See her. Es hagelt Spreng- und Brandbomben sowie Phosphorkanister. Die Flak im Küstenwald, die von Berliner Luftwaffenhelfern bedient wird, ist nahezu wirkungslos. Beim Angriff am 4. August fallen annähernd 180 500-Kilogramm-Bomben. Allein 16 davon beschädigen das Kraftwerk. Auch die Werkbahnanlagen sind schwer getroffen, viele Werkstätten und die Fertigungshalle F 1 endgültig zerstört. Schwer beschädigt wird auch Prüfstand 7, der dadurch zeitweilig

1 Lill, Rudolf u.a.: 20. Juli 1944. Porträts des Widerstands. Düsseldorf u. Wien 1994, S. 555 u. 579; weiterhin siehe Knauft, Wolfgang: Fall Stettin, ferngesteuert. Berlin 1994, S. 16f.

2 Petzold, Walter: Interview, a.a.O.

3 Todesliste der im Krematorium Greifswald eingeäscherten Männer, undatiert, Akte 51, in: BLHAPo

4 Ebenda, beigefügte Augenzeugenberichte zur Todesliste

5 Krüger, Reinhold: Interview, a.a.O.

ausfällt. Peenemünde wird nunmehr fast völlig von Flak entblößt. Vorentscheidungen dazu hatte es bereits im Sommer 1943 gegeben. Bei der obersten Führung der Flak-Verbände setzt sich die Erkenntnis durch, daß hier nur wenig zu retten ist. Während des gesamten Spätsommers und Herbstes gibt es in Peenemünde wiederholt Fliegeralarm, aber keine Angriffe.

Ende Oktober 1944 besucht Reichsmarschall Hermann Göring, Oberbefehlshaber der Luftwaffe, noch einmal die Insel, um sich in Peenemünde-West über die in Auftrag gegebenen Entwicklungen zu informieren. Gleichzeitig wünscht er, einen Schaustart der A 4/V 2 vorgeführt zu bekommen. Göring erscheint in Saffianlederstiefeln und trägt diverse Platinringe mit Rubinen. Seine ausladende Gestalt wird von einem Pelzmantel umhüllt, der aus australischem Opossum geschneidert ist. Görings Gehabe ruft auch bei den Peenemünder Militärs Abneigung und Verachtung hervor. Als er nach der gelungenen Startvorführung erklärt, die Waffe sei eine Zierde für den ersten Parteitag der NSDAP nach dem Krieg, sorgt er damit sogar bei Dornberger für Überraschung. Soviel Weltfremdheit hatte ihm keiner zugetraut.

Görings Blitzbesuch in Peenemünde wäre übrigens einem anderen Manne bald zum Verhängnis geworden. Im Bahnstellwerk Trassenheide hatte an diesem Tag ein Kriegsdienstverpflichteter die Verantwortung des Fahrdienstleiters übernommen: der Maler Otto Niemeyer-Holstein, damals 48 Jahre alt. Da über sein Stellwerk auch die Führung der eingleisigen Strecke von Zinnowitz nach Peenemünde geregelt wurde, hatte er auch die Signale für den Sonderzug zu öffnen, der sich urplötzlich außerhalb jedes Fahrplans mit Görings Troß näherte. Doch der Signalarm hängt weiter auf Halt, nichts geschieht. Der Mann der Kunst überhört die mahnenden Pfiffe der Lokomotive und wird schließlich recht unsanft von hereinstürzenden Wehrmachtsgendarmen an seine Dienstpflicht erinnert. *„Ich war völlig überrascht"*, schreibt er später, *„dachte, ein Umsturz habe stattgefunden oder ähnliches. Aber ich hatte den Sonderzug vergessen, der eigentlich geheim war."*[6]

Niemeyer wird ein Militärgerichtsverfahren angedroht. Nur weil sich sein Vorgesetzter, der Fahrdienstleiter von Zinnowitz, für ihn einsetzt, entgeht er dem kalten Zugriff der Justiz.

Göring wollte an diesem Tag zugleich das Ergebnis eines anderen Auftrages in Augenschein nehmen, den das Reichsluftfahrtministerium am 17. Februar 1943 erteilt hatte: die Entwicklung einer Flug-Abwehr-Rakete, die Wernher von Braun angeregt hatte. Aus Mangel an Fachkräften und Material hatten sich allerdings Konstruktion und Erprobung über ein Jahr hingeschleppt, bis es am 8. Januar 1944 zu einem ersten, wenn auch mißglückten Startversuch der Fla-Rakete „Wasserfall" kam. Es entstehen nun eine kleinere und eine größere Version, die in ihrer aerodynamischen Form der A 4 gleichen. Weitere Teststarts, bis zum Hochsommer sind es annähernd 50 Versuche, erfolgen ähnlich wie bei der A 4 freistehend und von einer Plattform aus. Sie verlaufen einmal mehr, einmal weniger erfolgreich. Besonders fatal ist der Absturz einer solchen Fla-Rakete auf schwedischem Boden. Sie wird augenblicklich zum Objekt der Begierde der alliierten Geheimdienste, deren Experten jede Schraube gründlich unter die Lupe nehmen.

Obwohl Ende 1944 zwischen München und Hamburg, Köln und Danzig so ziemlich „alles in Scherben fällt" und auch die Insel tagtäglich tiefer in die Wirbel der Kriegsereignisse gezogen wird, werden noch einmal die bereits verworfenen Raketentypen auf die Reißbretter der Konstrukteure geholt. Seitdem an den Westfronten auch die Fernraketen-Trup-

Rüstungsausgaben Deutschland 1933 – 1944 (in Mrd RM)

Jahr	Volkseinkommen	Rüstungsausgaben
1933	46,5	3
1934	52,5	5,5
1935	58,5	10
1936	65,0	16
1937	72,5	27
1938	79,5	37
1939	110,0	49
1940	114,0	71
1941	122,0	86
1942	127,0	91
1943	132,0	91
1944	135,0	91

nach J. Kuczynski: Die Geschichte der Lage der Arbeiter in Deutschland, Bd. 2, I. Teil, Berlin 1953

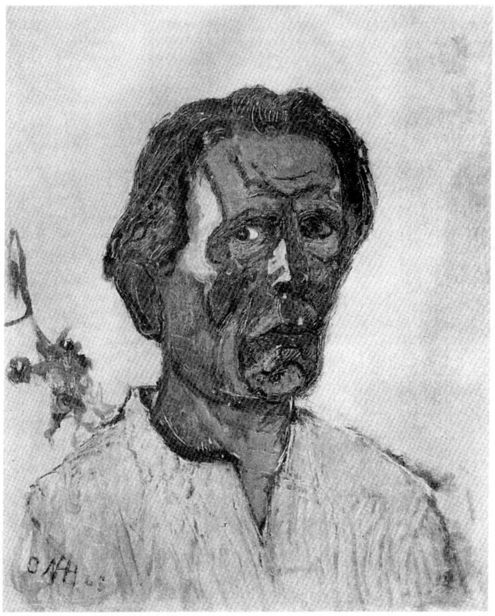

Der Maler Otto Niemeyer-Holstein (1896–1984), Selbstporträt mit roter Blume (1948)

6 Niemeyer-Holstein, Otto; Roscher, Achim: Lüttenort. Berlin 1989, S. 130f.

pen unentwegt zurückweichen mußten, hatte die Heeresleitung von den Peenemündern eine deutliche Schußweitensteigerung auch für die A 4-Rakete gefordert, wie sich General Dornberger erinnert.[7] Und so kommt man noch im Januar 1945 in aller Eile auf ein 1944 abgebrochenes Raketenentwicklungsprojekt zurück, das auf eine Verlängerung des Gleitfluges setzt. Das Gerät A 4b, wie es genannt wird, ist dafür mit Kurzflügeln ausgerüstet. Am 24. Januar 1945 gelingt der erste Start. Noch einmal steigt über Peenemünde eine Rakete auf eine Gipfelhöhe von 80 Kilometern und erreicht dabei eine Geschwindigkeit von 4 320 Stundenkilometern. Allerdings brechen beim Einschwingen am oberen Rand der Atmosphäre die Gleitflügel, so daß die geforderte Reichweitensteigerung eine Illusion bleibt.

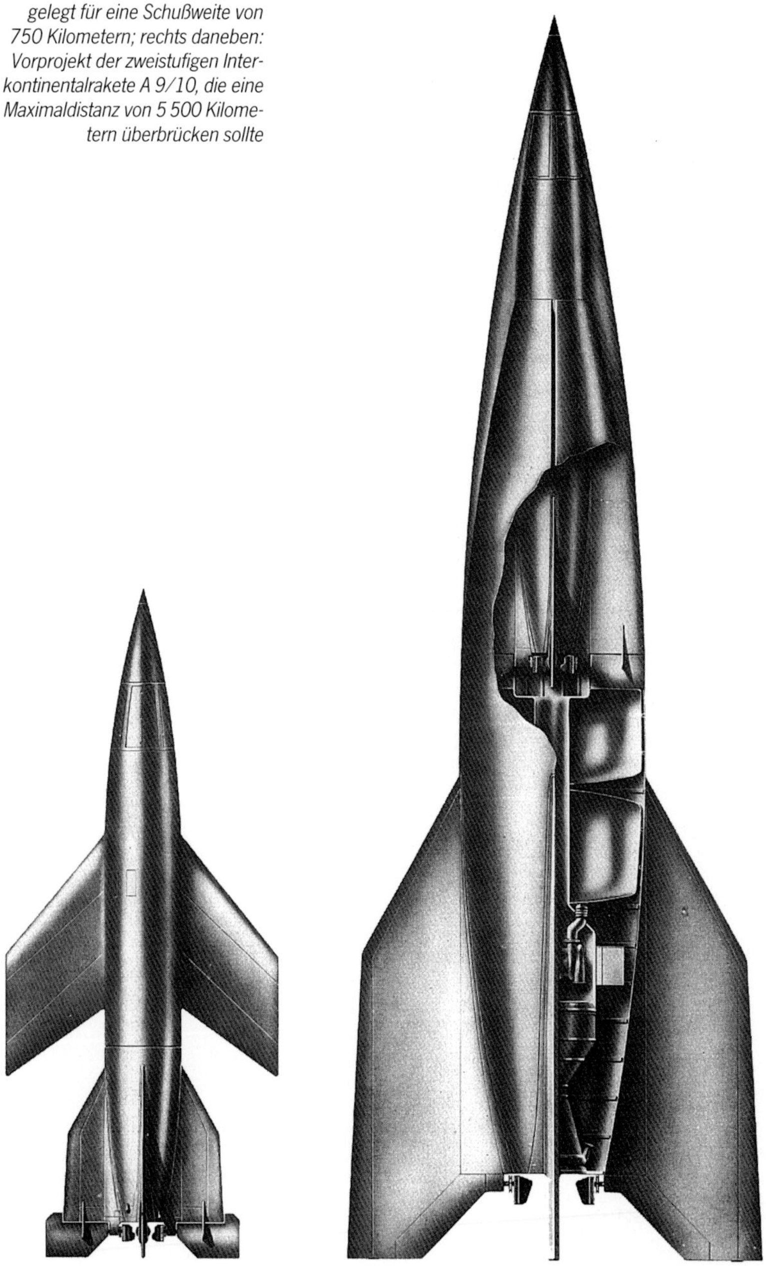

Versuchmodell der A 4b (l.), ausgelegt für eine Schußweite von 750 Kilometern; rechts daneben: Vorprojekt der zweistufigen Interkontinentalrakete A 9/10, die eine Maximaldistanz von 5 500 Kilometern überbrücken sollte

In Peenemünde arbeitete man seit 1943 zugleich am Projekt einer zweistufigen Fernkampfrakete – der A 9/10. Das Aggregat 10 sollte dafür als Startrakete dienen, nach deren Ausbrennen das Aggregat 9 zündete, bei dem es sich um eine leicht verbesserte Serienausführung von A 4b handelte. Mit einer projektierten Reichweite dieser Waffe von 5 500 Kilometern sollten damit die USA erneut anvisiert werden.

General Dornberger deutet dies sieben Jahre nach Kriegsende in einen Versuch zur Entwicklung *„der ersten Zwischenstufe zum Raumschiff"* um. Wie Wernher von Braun und andere Peenemünder Wissenschaftler und Ingenieure hätte auch er in dieser Zeit vor allem an die friedliche Nutzung der Raketentechnik nach dem Kriege gedacht: *„Die Aufgabe, die ich mir neben der Höhenforschung als erste für die Nachkriegszeit gestellt hatte, nämlich die Landung nach dem Flug im luftleeren Raum, eilte ihrer Lösung entgegen",* schreibt er in seinen Lebenserinnerungen.[8] Ob dies als Ausdruck der lange gehegten Lebenslüge eines Artillerieoffiziers zu verstehen ist oder als eine ehrlich entwickelte Illusion, mag dahingestellt bleiben.

New York in den Bereich großdeutscher Waffen zu bringen, dient auch der Versuch, Raketen vom Typ A 4 auf U-Booten der Baureihe XXI über den Atlantik zu transportieren und sie dort von einem vor die Küste der USA geschleppten Schwimmkörper aus zu starten. Solche Projekte entsprachen einer einseitigen Fixierung auf den Angriffskrieg, den die Führung des Dritten Reiches zur Grundlage ihrer Militärdoktrin gemacht hatte. Obwohl die militärische Situation spätestens seit 1943 eine Neuorientierung auf Luftabwehr verlangt hätte, blieb man in Peenemünde weiterhin bei Angriffswaffen. Fragt man nach den Ursachen dafür, so ist sicher zu berücksichtigen, daß Hochtechnologiezentren ihre Entwicklungsstrategien nicht wie die Hemden wechseln können, zumal dazu auch nie eine Auflassung von seiten der obersten Heeresführung gegeben wurde. Deshalb scheint erklärlich, daß man bis in die letzten Tage hinein in den Peenemünder Konstruktionsbüros an Konzepten für interkontinentale Waffen arbeitete. Die Ideen dafür werden später von den USA und der UdSSR für eigene Entwicklungen aufgegriffen.

Während im Januar 1945 in Peenemünde am Prüfstand 7 noch Tag für Tag Raketen starten, um neue, raffiniert ausgeklügelte technische Systeme zu testen und die Flugstabilität und Treffsicherheit der Waffe zu verbessern, ergießt sich vom Osten her ein Elendsstrom von Kriegsflüchtlingen. Das Chaos erreicht auch diesen abgelegenen Zipfel Deutschlands. Auf der Flucht vor der heranrückenden Sowjetarmee hetzen Zehntausende von Menschen mit ihrer letzten Habe auf Pferdewagen oder Handkarren über die Landstraßen der Insel Usedom in Richtung Wolgast. *„Eines der furchterregendsten Bilder, das uns vor Augen führte, was sich abspielte"*, notiert Diplomingenieur Dieter Huzel.[9]

Ende Januar 1945 war man sich auch unter den Raketenexperten einig: Der Krieg schien endgültig verloren, und wer überleben wollte, tat gut daran, an die Zeit danach zu denken.

Beim Maler in Lüttenort hatten einige der Herren beim Tee auch schon einmal über ihre Zukunftsvorstellungen geplaudert. *„Einer war Tragflächen- oder Leitwerkspezialist, ein ehemaliger Mitarbeiter von Dornier"*, erinnert sich Otto Niemeyer-Holstein. *„Er sagte, er sei wie sein Chef eigentlich gegen den Krieg, aber die Forschung auf dem Gebiet der Luftfahrt werde Deutschland später den internationalen Anschluß sichern; auch nach 1918 habe die Flugindustrie schließlich manches möglich gemacht. Als der große Vogel DO X nach der Atlantiküberquerung auf dem Hudson gelandet sei, hätten die Amerikaner vor Staunen nur den Mund aufgesperrt."*[10] Die Amerikaner – auch für viele Peenemünder erscheinen sie jetzt als letzte Hoffnungsträger. Dieter Huzel, zu diesem Zeitpunkt Assistent bei Wernher von Braun, ist sich so sicher wie nie zuvor: *„Wenn der Krieg verloren war, und wenn wir in Gefangenschaft geraten sollten"*, schreibt er, *„dann wollten wir den Westmächten und nicht den Russen in die Hände fallen."*[11]

Durchziehende Flüchtlinge hatten von Massakern und Vergewaltigungen in den verlorenen Dörfern und Städten im Osten berichtet. Wenn man Vergeltung fürchtete, dann vor allem von den Russen. Von den Armeen der Westmächte erhoffte man sich Fairneß und Ritterlichkeit, sollten die Kampfhandlungen erst einmal eingestellt sein. Und das, obwohl sich die Peenemünder Raketen doch ausschließlich auf Ziele in Westeuropa gestürzt hatten.

Erster und letzter erfolgreicher Start einer A 4b am 24. Januar 1945 in Peenemünde

Vom 13. Juni 1942 bis zum 17. Februar 1945 werden in Peenemünde insgesamt 282 Raketen gestartet, davon 175 vom Prüfstand 7 und weitere vom Prüfstand 10. Von der Insel Oie werden 24 verschossen, weitere versuchsweise von Plattenwagen der Reichsbahn und aus dem zerstörten Teil der Siedlung heraus.

7 Dornberger, Walter: Peenemünde, a.a.O, S. 274

8 Ebenda, S. 275

9 Huzel, Dieter: Von Peenemünde ..., a.a.O., S. 175

10 Niemeyer-Holstein, Otto; Roscher, Achim: Lüttenort ..., a.a.O., S. 126

11 Huzel, Dieter: Von Peenemünde ..., a.a.O., S. 179

Flüchtlingstreck im Hafen von Pillau, Winter 1945

Dieter Huzel (1912–1994) war als Elektroingenieur zunächst Prüfstandleiter, später Direktionsassistent bei Wernher von Braun; im April 1945 erhielt er den Auftrag, das Peenemünder Archiv zu sichern

Doch noch waren die Amerikaner fern, und der Krieg ging weiter. In Peenemünde hing man bis zuletzt ganz an der Arbeit und handelte auch deshalb nach der Devise: weitermachen, auf Posten bleiben. *„Wir betäubten uns mit Arbeit“,* erinnert sich Dieter Huzel. Andere allerdings, wie möglicherweise auch Huzels Dienstherr Wernher von Braun, wollten sich mit solcher Droge nicht ruhigstellen, zumal die Versuchsanstalt Peenemünde in Kürze evakuiert und in Mitteldeutschland wiedererrichtet werden sollte. Es ging, wenn auch in kleinen Schritten, erkennbar den Amerikanern entgegen, und auf ein solches Zusammentreffen mußte man vorbereitet sein.

Wie Wernher von Brauns wissende Weggefährten und Biographen Ernst Stuhlinger und Frederick I. Ordway erst 1992 zu erkennen geben, soll General Dornberger 25 Jahre nach Kriegsende bestätigt haben, daß es Ende 1944 über neutrale Vermittler in der Schweiz zu Kontakten zwischen amerikanischen Geheimdienstoffizieren und Führungskräften aus Peenemünde gekommen war. Da die entsprechenden Archive in den USA verschlossen bleiben, darf man allerdings für diese These weder eine Bestätigung noch ein Dementi erwarten. Der spätere reibungslose Ablauf der amerikanischen Geheimoperationen „Overcast“ und „Paperclip“ zum Auffinden der Peenemünder Raketenexperten und zu ihrer raschen Überführung in die USA lassen jedoch eine längerfristige Vorbereitung von beiden Seiten vermuten. Doch zuvor stehen Ende Januar erst einmal ausschließlich sowjetische Truppen in bedrängender Nachbarschaft zu Peenemünde. Ihr erster Brückenkopf an der Oder liegt keine 160 km Luftlinie von der Insel entfernt.

Zu diesem Zeitpunkt verzeichnen die Personallisten der Heeresversuchsanstalt noch gut 4 000 Angestellte. In den täglichen Arbeitsplänen der Prüfingenieure und Techniker steht die genaueste Kontrolle jeder dreißigsten im Serienfertigungswerk Mittelbau-Dora von KZ-Häftlingen produzierten Rakete.

Hinter den Kulissen läuft in diesen Wochen ein weiterer Akt im Machtkampf zwischen Wehrmacht und SS. Generalmajor Dornberger gelingt es schließlich nach zähem Ringen mit seinem SS-Rivalen, Obergruppenführer Hans Kammler, an die Spitze eines mit allen Vollmachten ausgestatteten „Arbeitsstabes zur Brechung der feindlichen Luftüberlegenheit" emporzusteigen. Das geschieht Mitte Januar 1945. Angebunden an das Rüstungsministerium unter Albert Speer, fällt ihm damit Weisungsrecht für die Industrie und für alle staatlichen Einrichtungen zu; auch militärische Dienststellen unterliegen nun seinen Befehlen. Mit dem Niedergang des Nazireiches hatte der General die höchste Stufe seiner bisherigen militärischen Karriere erreicht – allerdings „zu spät", wie er im nachhinein bedauerte, um doch noch den erhofften Aufschwung für das V 2-Programm bewirken zu können.

Als am 17. Februar 1945 die letzte V 2-Rakete zur Serienprüfung in den grauen Winterhimmel über Peenemünde verschossen wird, verlassen bereits die ersten Evakuierungstransporte auf dem Schienenweg die Insel in Richtung Mitteldeutschland nach Bleicherode und Umgebung. Schon in den nächsten Tagen folgen weitere Transporte per Lastkahn und LKW. Mitte März stehen die sowjetischen Truppen 30 km vor Peenemünde. Die Front rückt unaufhaltsam näher.

Offenbar waren in diesen letzten Kriegsmonaten nur wenige der leitenden Wissenschaftler und Ingenieure noch mit ganzem Herzen bei der Arbeit. Doch obwohl die Räumung und der Umzug in die Umgebung des Mittelwerkes seit 31. Januar beschlossene Sache waren, vermochte sich kaum einer von ihnen vorzustellen, wie man einen über Jahre gewachsenen Hochtechnologiepark so einfach von einem Ort an einen beliebigen anderen versetzen sollte, noch dazu in einem rasch schrumpfenden und vom Bombenkrieg zerfurchten Deutschland.

Da der Räumungsbefehl durch SS-Obergruppenführer Kammler ausgegeben wird, bleibt der Peenemünder Führungsebene eine erhebliche Entscheidungsfreiheit über das Scenario und die praktische Ausführung der Umzugsaktion. Direktionsassistent Dieter Huzel erinnert sich, daß Wernher von Braun bei einer Lagebesprechung unter seinen Mitarbeitern am 3. Februar Kammlers Befehl durch eine persönliche Anweisung konkretisierte. Danach sollte die Umsiedlung unter allen Umständen nur „als ganze Organisation" erfolgen, um möglichst komplett Struktur und Verwaltung zu erhalten. Dies hatte zum Ziel, daß trotz der zu erwartenden chaotischen Umstände am Zielort das wichtigste Personal mitsamt seinen Gerätschaften zusammenblieb, die kostbare „Denkfabrik" also nicht auseinanderfiel. Zum anderen war gegenüber der aufsichtführenden SS der Wille zur Gefolgschaftstreue signalisiert und damit Spielraum für alle geplanten Aktionen im eigenen Interesse geschaffen.

Vom 3. Februar an werden dann in aller Eile sämtliche Prüf- und Kontrolleinrichtungen, die wichtigsten Maschinen und Geräte sowie Büromöbel und Haushaltsgegenstände in Kisten und Kasten verpackt und für die Transporte vorbereitet. Man sichtet Zeichnungen und Dokumentationen und vernichtet, was im Augenblick überflüssig scheint. Zum Zerstören der Gebäude oder fest montierter technischer Einrichtungen bleibt keine Zeit.

Lehrling Reinhold Krüger erfährt wie die meisten Zivilangestellten erst spät vom bevorstehenden Evakuierungstermin: *„Als es auf den Schluß zuging"*, erinnert er sich, *„mußten wir unsere eigene Lehrwerkstatt abbauen, die Maschinen in Holzkisten verpacken und alles mit Brandstempeln kennzeichnen."*[12]

Immerhin hatte sich noch das Arbeitsamt um die Weiterbeschäftigung der Lehrlinge in örtlichen Handwerksbetrieben zu kümmern. Krüger landet in einem Autoreparaturbetrieb in seinem Heimatort Koserow und wird das Peenemünder Gelände erst wieder

12 Krüger, Reinhold: Interview, a.a.O.

Der sowjetische Flieger Michail Dewjatajew, hier 1984 mit Fliegern des Jagdgeschwaders 9, bei einem Besuch des NVA-Flugplatzes; im Februar 1945 war ihm mit einer Heinkel He 111 die Flucht aus Peenemünde gelungen

Reinhold Krüger, Jahrgang 1929, war zwischen April 1944 und Februar 1945 Lehrling in der Heeresversuchsanstalt Peenemünde

zwei Jahre später betreten – als Hilfskraft für die Demontagearbeiten, die von russischen Offizieren geleitet werden.

Von den 4 325 Personen, die noch am 2. Februar mit der Weiterentwicklung der V 2 und anderer Raketen sowie in den Werkstätten und Verwaltungen in Peenemünde beschäftigt sind, ziehen am Ende nur etwa die Häfte nach Bleicherode. Wenigstens tausend der Betriebsangehörigen – Ingenieure, mittlere Angestellte und Facharbeiter – bleiben mit ihren Familien auf der Insel, um hier das Ende des Krieges abzuwarten.

Dennoch, das einstige „Forschungsparadies" des Dritten Reiches bleibt, wie aus Berichten von KZ-Häftlingen und Kriegsgefangenen hervorgeht, bis auf den letzten Tag dem strengsten Sicherheitssystem und dem Terror der SS unterworfen. Und auch viele der verbliebenen Offiziere von Luftwaffe und Heer dürften in ihrem blinden Eifer, bis zum letzten Blutstropfen „Volk und Vaterland" zu dienen, kaum nachgelassen haben. Um so erstaunlicher ist deshalb der Fluchterfolg einer kleinen Gruppe sowjetischer Kriegsgefangener. Am 8. Februar 1945 besteigt auf dem Flugplatz der Luftwaffenerprobungsstelle der sowjetische Flieger Michail Dewjatajew mit weiteren acht Mitgefangenen einen dort abgestellten Bomber vom Typ He 111 und entschwindet nach dem zweiten Startversuch in Richtung Osten.

Dewjatajew, der die gewagte Aktion überlebte und noch Jahrzehnte später oft in der NVA-Kaserne in Peenemünde zu Gast war, hatte von Anfang an als Flieger am Krieg teilgenommen. Am 13. Juli 1944, eine Woche nach seinem 27. Geburtstag, war er in einem Luftkampf getroffen worden und in deutsche Gefangenschaft geraten. Nach mißglückter Flucht führte ihn sein Leidensweg durch mehrere Lager in Polen und Deutschland. Von Sachsenhausen wurde er schließlich nach Peenemünde verlegt. Daß er Flieger war, hatte er verheimlichen können. In seinen 1972 und 1985 veröffentlichten Erinnerungen vermischt Dewjatajew zwar Erlebtes mit Erfundenem, doch der Kern seiner Darstellungen scheint realistisch.[13]

Danach herrscht an jenem 8. Februar 1945 in Peenemünde kaltes Winterwetter mit leichtem Schneegestöber. Als das Häftlingskommando zu Erdarbeiten an den Rand des Rollfeldes geführt wird, starten und landen die Maschinen im normalen Flugbetrieb. Wie Dewjatajew zuvor erfahren hatte, stand an Tagen, für die ein Raketenstart vorgesehen war, immer eine Heinkel He 111 auf dem Platz für Kontrollflüge bereit. Auch an diesem Tag ist eine solche Maschine, die etwa zwanzig Personen aufnehmen kann, ganz in der Nähe der Kriegsgefangenen abgestellt. Da es recht kalt ist, verläßt der aufsichtführende Meister gegen Mittag das Kommando, um sich in der Kantine etwas aufzuwärmen. Nur ein Posten mit geschultertem Karabiner bleibt in ihrer Nähe. Einen günstigeren Augenblick, denkt Dewjatajew, wird es nicht geben. Man überwältigt den Wachposten, und während einer der Gefangenen dessen Uniformmantel überzieht und den Karabiner schultert, entern die anderen die Heinkel.

Eilig macht sich Dewjatajew mit der Instrumententafel und den wichtigsten Bedienungsmechanismen vertraut und startet die ihm unbekannte Maschine. Da sie durch einen Bedienungsfehler des Trimmruders zwar ausreichend Geschwindigkeit aufnimmt, aber nicht abhebt, steht man bald am Ende des Rollfeldes und muß wenden. Inzwischen bemerken die Luftwaffensoldaten, daß hier etwas Außergewöhnliches vor sich geht. Sie eilen mit Fahrrädern der Maschine entgegen, um einen weiteren Start zu verhindern, und für Dewjatajew kommen dramatische Sekunden. Seine Kameraden geraten in Panik. Einige vermuten, der Startversuch sei nur deshalb inszeniert worden, um sie dem sicheren Tod auszuliefern. Einer setzt dem Piloten sogar ein Bajonett zwischen die Schulterblätter, um einen erneuten Startversuch zu erzwingen. Da Dewjatajew ruhiges Blut bewahrt und seinen Bedienungsfehler korrigieren kann, gelingt schließlich der zweite Versuch. Die He 111 hebt in letzter Minute vom Peenmünder Rollfeld ab und fliegt unbehelligt auf die Ostsee hinaus, um dann auf die Frontlinie über Polen zuzuhalten, von deren Verlauf die Gefangenen aus illegal abgehörten Nachrichten eine ungefähre Vorstellung haben.

Wenig später bringt Michail Dewjatajew trotz Flakfeuer aus den eigenen Reihen die Maschine mit fliegerischem Geschick und einigem Glück hinter den sowjetischen Linien zu Boden. Nur drei seiner Kameraden tragen bei der Bauchlandung auf freiem Feld leichte Verletzungen davon. Was folgt, war voraus-

13 Vgl. Dewjatajew, Michail: Poljot k solnzu (Flug, der Sonne entgegen). Moskau 1972, und: Pobeg is ada (Flucht aus der Hölle). Saransk 1985

zusehen: Der Fliegeroffizier Dewjatajew wird vom sowjetischen Sicherheitsdienst verhört und erneut gefangengesetzt. Den anderen gewährt man umgehend, sich wieder zum Fronteinsatz zu melden. Wie Dewjatajew später erkundete, fielen die meisten seiner Kameraden in den letzten Wochen vor Kriegsende. Sie ruhen in den Soldatengräbern zwischen der Oder und Berlin.

Soweit die Geschichte, wie sie Dewjatajew erzählt, der 1957 als „Held der Sowjetunion" ausgezeichnet wurde. Es wird nicht berichtet, wie sein weiteres Leben verlief und warum es zu dieser späten Auszeichnung kam. Am 8. Februar 1945 hatte Dewjatajew nämlich zum letztenmal in seinem Leben ein Flugzeug gesteuert. Wie jeder Offizier der Sowjetarmee, der in Gefangenschaft geraten war, kam auch er, ungeachtet seiner Aktion, in eines der zahlreichen Überprüfungslager für ehemalige Kriegsgefangene. Von da an lebte er bis in die fünfziger Jahre hinein zuerst als Strafgefangener, dann als Verbannter mit eingeschränkter Bewegungsfreiheit im großen Archipel GULag. Erst 1957 wurde er wie Hunderttausende seiner Kameraden von der Sowjetregierung rehabilitiert.

Nach der Flucht Dewjatajews aus Peenemünde, so berichtet der damalige polnische KZ-Häftling Wlodzimierz Kulinski, reagierten die Wachmannschaften und die SS mit strengen Strafappellen, Essenentzug und körperlichen Mißhandlungen.[14] Alle Unterkünfte und Arbeitsplätze der Häftlinge wurden durchsucht, um weiteren Fluchtvorbereitungen zuvorzukommen.

Mit der fortlaufenden Evakuierung von Personal und Technik der Versuchsanstalt setzt Ende Februar/Anfang März auch die Verlegung der verschiedenen Zwangsarbeitergruppen ein. *„In das KZ Mittelbau"*, erinnert sich Kulinski, *„gingen Transporte mit etwa 800 Polen und noch einmal so vielen Russen. Hinzu kamen eine kleinere Gruppe Franzosen sowie Häftlinge anderer Nationalitäten. Zurück blieben annähernd 1 000 Häftlinge, meist junge Leute, die bei der Demontage und Evakuierung der Betriebsanlagen eingesetzt waren."* Nach seinen Angaben wurden durch diese Transportgruppen auch noch im März und April Triebwerksteile und Raketensegmente auf Eisenbahnwaggons und Schiffe verladen. Die Schiffe hätten den Hafen mit unbekanntem Ziel verlassen und ihre Ladung irgendwo auf den Grund der Ostsee gesetzt.

Stolleneingang der Grube „Georg Friedrich" in Dörnten bei Goslar, wo Dieter Huzel im April 1945 13 Tonnen Geheimakten des Peenemünder Archivs einlagerte

Da in den Apriltagen die Front hörbar näher rückt, versuchen viele der ausländischen Häftlinge die Transport- und Verladearbeiten zu verzögern. Zwischen dem 26. und 28. April kommt ihr Einsatz dann endgültig zum Erliegen. *„Uns wurde befohlen, mit unseren Habseligkeiten anzutreten und in Kolonnen zu je einhundert Mann zum Haupthafen zu marschieren. Hier wurden wir in Kohleschuten verladen. Es gab kein Entrinnen, weil ringsum Wachposten mit Maschinenwaffen standen. Wer nur den Kopf hob, mußte damit rechnen, noch im letzten Moment erschossen zu werden. Ein Schlepper zog*

14 Kulinski, Wlodzimierz: Erinnerungen an Peenemünde, in: Za Wolnosc i Lud, Warszawa 1971

uns ins offene Meer und setzte uns schließlich in der Nähe von Barth wieder ab. Unser Ziel war das dortige KZ, das etwas außerhalb des Ortes lag. Überall wurden Schützengräben ausgehoben und Straßensperren gebaut. Als wir ein paar Tage später gerade eine Kohlrübensuppe löffelten, heulten die Sirenen – sowjetische Truppen sollten im Anmarsch sein. Als uns die SS daraufhin noch einmal zur Verlagerung zwingen wollte, entschied ich mich mit meinen Kameraden zur Flucht." Wlodzimierz Kulinski kommt mit dem Leben davon. Das war Anfang Mai 1945.

In Peenemünde stehen zur dieser Zeit alle Räder still, nur die Kessel im Kraftwerk werden noch unter Dampf gehalten. „*Wir sagten uns, wir können nicht einfach verschwinden, die Turbinen müssen weiterlaufen, denn Strom wird überall gebraucht*", erinnert sich Betriebsingenieur Walter Petzold.[15] Außerdem schien ihm die Fortführung der gewohnten Arbeit auch die beste Lebensversicherung beim Einmarsch der Russen. Alle seine Männer, die auf der anderen Seite des Peenestroms, in Kröslin, ihr Zuhause hatten, wollten weitermachen wie er. Und auch viele der Dienstverpflichteten, die aus Hinterpommern kamen und gerade ihre Heimat verloren hatten, blieben gern, zumal ihre Frauen nach der Flucht gerade eine Bleibe in Peenemünde gefunden hatten. Einzig die Facharbeiter, darunter viele Elektriker, die aus ganz Deutschland nach Peenemünde gekommen waren, zog es zurück in ihre Heimatorte. Die Belegschaft des Kraftwerkes schrumpfte von 80 auf 40 Männer zusammen.

Haus Ingeborg, am Oberjoch in den Allgäuer Alpen; Dornberger und Wernher von Braun bereiten hier mit ihren engsten Mitarbeitern die Übergabe an die Amerikaner vor

Für Diplomingenieur Hartmut Küchen, der ab September 1943 lange Zeit Chef am Prüfstand 7 gewesen war, hatte die Verlagerung von Peenemünde-Ost zum Südharz und von dort schließlich in Richtung Alpen nur ein einziges Ziel: nämlich die Voraussetzungen dafür zu schaffen, daß *„das Fernraketen-Projekt in den Hafen eingesteuert werden konnte, in den es von seiner Natur, Größe und Zukunftsträchtigkeit aus auch hineingehörte, in die USA".*[16] Für diesen *„von uns allen herbeigewünschten Fall"*, bestätigt Küchen weiter, sei denn auch zweifach vorgesorgt worden. Zum einen hätte Wernher von Braun schon zu Beginn der Verlagerung Dr. Debus beauftragt, *„seinen mobilen P 7-Schießzug in den Raum Cuxhaven zu verlagern – offiziell zwecks Fortsetzung der Teststarts für die Mittelwerks-Produktion – aber zusammen mit einer Anzahl von P 7-geprüften A 4-Raketen".* Man darf vermuten, von Braun wollte sich mit diesem Arsenal auf dem Übungsplatz der Kriegsmarine Altenwalde bei Cuxhaven eine Art technisches Unterpfand für einen eventuellen Übertritt zu den Amerikanern sichern. Offenbar kam jedoch keine dieser Raketen tatsächlich an. Als wenige Wochen später die Engländer auf dem Gelände ihr Unternehmen „Backfire" einleiteten, fanden sie nur wenige Einzelbestandteile der V 2 vor. Den zweiten Schritt zur Vorsorge für einen eventuellen Übertritt auf die Seite der Amerikaner traf Wernher von Braun in Bleicherode. Ein unvorhergesehener Krankenhausaufenthalt – er hatte sich nach einem Verkehrsunfall den Arm gebrochen – brachte seinen Zeitplan jedoch erheblich ins Wanken. Es ging um die Sicherstellung eines Geheimarchivs. Dieses sollte eine komplette Dokumentation zur Technologie und Wirkungsweise der V 2 enthalten, die man bei passender Gelegenheit den Amerikanern übergeben wollte. Sein Assistent Dieter Huzel wurde am 1. April mit der eiligen Zusammenstellung und schließlich mit dem Abtransport dieses Archivs beauftragt. Nach eigener Aussage ging er allerdings davon aus, daß es galt, die Unterlagen vor dem Zugriff des Feindes sicherzustellen.[17] Wie Huzel anschaulich darstellt, gerät das Archiv, das 13 Tonnen wiegt und auf drei LKW und zwei Anhänger verladen werden muß, nach unendlichen Irrfahrten in die Nähe des Vorharzdorfes Dörnten bei Goslar. Im früheren Pulvermagazin der dor-

15 Petzold, Walter: Interview, a.a.O.

16 Küchen, Hartmut: Aufzeichnungen, in: HTIZPeA

17 Huzel, Dieter: Von Peenemünde ..., a.a.O., S. 197

tigen Georg-Friedrich-Grube findet man schließlich einen idealen Aufbewahrungsort. Gegen Mittag des 6. April ist die Nacht- und Nebelaktion beendet und der Stolleneingang zugesprengt. Nur fünf Personen wissen um das Geheimnis.
Einen Tag später schon erreichen amerikanische Verbände südlich des Thüringer Waldes Hildburghausen und beginnen damit den einzigen Fluchtweg nach Süddeutschland abzuschneiden. In dieser Situation soll SS-Obersgruppenführer Kammler erneut Order an die Führung der Peenemünder in Bleicherode gegeben haben, sich in Richtung „Alpenfestung“ abzusetzen.
Noch am 7. April geht ein Sonderzug mit 500 Raketenfachleuten über Leipzig, Chemnitz, Weiden und Regensburg nach Murnau. Am 13. April schließlich erreicht man Oberammergau, den eigentlichen Zielort in den Bayrischen Alpen.
Der Ort scheint fest in der Hand der SS. Wie Stuhlinger und Ordway in ihrer Wernher-von-Braun-Biographie erläutern, rechnete die Peenemünder Führung damit, am Ort als Kammlers „persönliche Geiseln“ festgehalten zu werden, geeignet für einen Freikauf beim Eintreffen der Alliierten.[18]
Da in Oberammergau inzwischen auch General Dornberger mit seinem Stab die Kernmannschaft noch erweitert hatte, gelingt gegenüber der SS ein Täuschungsmanöver. Um die an einem Ort konzentrierten „unersetzlichen Peenemünder Spezialisten“ nicht leichtsinnig einem feindlichen Luftangriff auszusetzen, stimmt diese einer dezentralen Unterbringung zu. So halten sich also in den letzten Apriltagen Wernher von Braun und General Dornberger mit ihren engsten Mitarbeitern fern aller Kriegsbedrohungen am Oberjoch im Gasthof „Haus Ingeburg“ auf. Noch am 20. April begeht man dort *„eine kleine Feier“* zu Hitlers 56. Geburtstag. Wie sich Dieter Huzel erinnert, *„herrschte natürlich eine bedrückte Stimmung“*. Aber offenbar rückte die Realität des Dritten Reiches schon zugunsten der bevorstehenden Ereignisse deutlich in den Hintergrund. In der Abgeschiedenheit des Wintersportortes gediehen die Vorstellungen über eine Weiterführung der Peenemünder Entwicklungen unter neuer Flagge.
Am 30. April erreicht die 7. US-Armee München und Garmisch-Partenkirchen. Als dann am 1. Mai aus Berlin die bis dahin zurückgehaltene Nachricht vom

Magnus von Braun (l.) stellt den ersten Direktkontakt zur US-Armee über den Serganten Schneiker her

Selbstmord Adolf Hitlers über den Reichsrundfunksender läuft, muß das wohl von Wernher von Braun als letztes Signal empfunden worden sein, nun die Fronten zu wechseln und sich mit seiner geschlossenen und sofort einsetzbaren Gruppe von Hochtechnologie-Experten den Amerikanern anzubieten. Spätestens seit Anfang Februar 1945 hatten alle seine Schritte insgeheim in diese eine Richtung geführt und offenbar hatte er nichts unterlassen, um dafür unter seinen Fachleuten auch Verbündete zu finden. Schon Anfang April, bei seiner Ankunft im Stollen des Fertigungswerkes im Kohnstein, so erinnert sich später zum Beispiel der Aerodynamiker Rudolf Wackernagel, hatte Wernher von Braun die Aufforderung ausgesprochen, sich ihm *„in Richtung Amerikaner anzuschließen“*.[19] Der Diplomingenieur lehnt ab, weil er alsbald seine Familie im zerbombten Leipzig aufzusuchen gedenkt. Bei über 100 anderen leitenden Wissenschaftlern und Ingenieuren seiner Peenemünder Mannschaft muß er jedoch Erfolg gehabt haben. Wobei für die meisten von ihnen sicher schon eine stillschweigende Übereinkunft ihrer Interessen vorlag.
Am Morgen des 2. Mai jedenfalls, so schreiben von Brauns Biographen, habe Bruder Magnus, der am besten Englisch sprach, die Initiative ergriffen und sei den Amerikanern entgegengefahren.[20] Damit geht man nicht nur einer regulären Gefangennahme aus dem Wege, sondern gibt zugleich das möglicherweise verabredete Signal. In der Nähe des Ortes Schattwald trifft von Braun auf amerikanische Sol-

18 Stuhlinger, Ernst; Ordway, Frederick I.: Wernher von Braun …, a.a.O., S. 126

19 Wackernagel, Rudolf: Aufzeichnungen, in: HTIZPeA

20 Stuhlinger, Ernst; Ordway, Frederick I.: Wernher von Braun …, a.a.O., S. 127

Peenemünde im Mai 1945, zerstörter Prüfstand P 7

daten der 44. US-Infanteriedivision. Wie sich bald herausstellt, hatten auch die Amerikaner die Suche bereits aufgenommen.

Peenemünde im Mai 1945

Auch Peenemünde wird inzwischen vom Krieg überrollt. Als in den letzten Apriltagen der Geschützdonner aus Richtung Oderhaff immer lauter wird, packt in Lüttenort der Maler Niemeyer-Holstein Frau und Sohn und sein bißchen Habe und verschwindet mit seinem Segler „Orion" im Schilfgürtel des Achterwassers. Das kleine Schiff gleicht einer Arche Noah: Schmuck, Lebensmittel, ein paar Haustiere, einige Bilder, selbst die kostbare Geige, die ihm ein Freund anvertraut hat, nichts wird zurückgelassen. Draußen, vor seinem Atelier, haben Flakhelfer Schützenlöcher ausgehoben, um die Russen aufzuhalten. Wehrmachtpioniere, selbst auf eiligem Rückzug zum Kriegshafen von Swinemünde, verminten Straße, Bahndamm, Wiesen, Dünenwald und Strand.[21]

Der Feind wurde aus dem Osten erwartet und sollte an der schmalsten Stelle der Insel, am einstmals äußersten Vorposten des Kontrollsystems, auf eine Barriere von Hindernissen stoßen. Doch es sollte ganz anders kommen.

Am 30. April dringen Einheiten der sowjetischen 2. Stoßarmee, die erst wenige Tage zuvor Stettin

21 Niemeyer-Holstein, Otto; Roscher, Achim: Lüttenort …, a.a.O., S. 136f.

und danach Anklam genommen hatten, von Süden her auf Wolgast vor. Die Stadt hat weiß geflaggt, und es kommt nur zu vereinzelten Gefechten. Da die Wehrmacht auch die Stellungen an der Peene nicht halten kann, wird bald darauf Rückzugsbefehl gegeben. Damit setzen sich die restlichen Infanterieeinheiten unter Feuerschutz von zwei Artillerieträgern der Kriegsmarine über die Peenebrücke auf die Insel Usedom ab. Nachdem am späten Nachmittag der letzte Troß das Festland verlassen hat, zünden Pioniere die vorbereiteten Sprengladungen und zerstören die Brücke. Da bereits am Tag zuvor sowohl die Straßenbrücke bei Zecherin als auch die Eisenbahnbrücke bei Karnin gesprengt worden waren, ist Usedom von jetzt an wieder für lange Zeit nur noch auf dem Wasserwege erreichbar.

Während sich die deutschen Infanterieeinheiten im Eilmarsch mit schwerem Gerät, Waffen, Munitions- und Treibstoffvorräten in den noch unbesetzten Kriegshafen von Swinemünde zurückziehen und dabei Schützenminen legen, laufen die beiden Artillerieträger der Marine von Wolgast nach Peenemünde aus, um Übersetzungsversuche der Sowjets vom anderen Peeneufer zu verhindern. Gleichzeitig wird noch immer evakuiert, wie sich später der ehemalige Flottillenchef Schneider erinnert. Das letzte Personal der Luftwaffe verläßt am 30. April mit Lastkähnen, Selbstfahrern, Jachten und anderen Fahrzeugen den Hafen in Richtung Norden.[22]

Wohnhaus des Malers Otto Niemeyer-Holstein, Zustand um 1965

Vom Dach des Peenemünder Kraftwerkes aus hatte Ingenieur Walter Petzold an diesem Tag bereits die ersten Russen auf der gegenüberliegenden Uferseite sehen können. Panzerspitzen der 2. Stoßarmee waren am Nachmittag bis zum Fischerdorf Kröslin vorgedrungen. Nach dem Befehl des letzten Militärkommandanten von Peenemünde hätte der Betriebsleiter spätestens jetzt im Kraftwerk die vorbereiteten Sprengladungen zünden müssen, doch Walter Petzold entschied sich anders. Zwar hatte er pflichtgemäß bereits Mitte April den Militärs eine

Garten des Malers Otto Niemeyer-Holstein in Lüttenort; im Hintergrund der Kutter „Orion“

22 Müller, Wolfgang; Kramer, Reinhard: Gesunken und verschollen. Herford 1994, S. 113

Lageskizze zur Anbringung der Minen vorgelegt, den ausgehändigten Sprengstoff jedoch mitsamt den 16 Gewehren und dazugehöriger Munition in einem Luftschutzraum verwahrt. Den Schlüssel trug er in der Hosentasche. Eine Zerstörung des Kraftwerks kam für ihn nicht in Frage. Als dann in den letzten Apriltagen sowohl der Volkssturm als auch die ungarndeutschen Soldaten in Wehrmachtsuniform, die das Gelände der Heeresversuchsanstalt gegen den Ansturm der Russen verteidigen sollten, Mann für Mann verschwanden, war ihm klar, ins Niemandsland geraten zu sein. Er läßt die Leistung der Turbinen auf Eigenbedarf herunterfahren und wartet ab.[23]

Am 4. Mai, 6 Uhr früh, erfährt Ingenieur Petzold dann am Telefon: *„Die Russen sind da!"* Es fällt kein Schuß. Die Rote Armee besetzt Peenemünde geradezu im eiligen Vorbeimarsch, offenbar ohne vorerst zu ahnen, was sich hier in den vergangenen neun Jahren zwischen Peenestrom und Ostseestrand ereignet hat. Was von der einstigen Hochburg der deutschen Waffentechnologie an Gebäuden, Einrichtungen und Gerät nach vier Bombenangriffen der Briten und Amerikaner und dem Kehraus im März noch vorzufinden war, geht unversehrt in die Hände der Sieger über. Dann zieht die kämpfende Truppe weiter in Richtung Swinemünde. Am Nachmittag des 4. Mai jagen sowjetische Tiefflieger über die Dörfer. Einige Scheunen und Stallungen gehen in Flammen auf, doch an Gegenwehr denkt längst keiner mehr. Am 5. Mai vereinigen sich die Truppen der 19. sowjetischen Armee mit denen der 2. Stoßarmee am Kriegsmarinestützpunkt Swinemünde. Für die Insel Usedom ist der Krieg vorüber.

Nachdem Otto Niemeyer-Holstein nach Tagen im Schilf seinen Segler „Orion" wieder nach Lüttenort gesteuert hat, wird er auf seinem Grundstück mißtrauisch von russischen Soldaten empfangen. Zwar ist sein Boot, wie auch das der anderen Dorfbewohner, die Sicherheit im Achterwasser gesucht hatten, über die Toppen mit weißem Tuch geflaggt, doch was inzwischen wirklich geschehen ist, weiß er nicht. Erst als alles ruhig bleibt, die Soldaten nur routinemäßig fragen und umhersuchen, wird ihm klar – der Krieg ist vorbei. *„Ich lief langsam durch den Garten ins Haus"*, erinnert er sich. *„Alle Scheiben waren zersprungen, die Dachziegel teilweise weggefegt – eine Folge der Sprengungen von Straße, Bahndamm und Deich. Am gleichen Tag gingen wir an die Arbeit, sammelten die Scherben auf, stopften die Löcher zu, bestellten den Garten und holten das Kleinvieh an Land. Es war, als sei der erste Tag angebrochen."*[24]

23 Petzold, Walter: Interview, a.a.O.

24 Niemeyer-Holstein, Otto; Roscher, Achim: Lüttenort ..., a.a.O., S. 138f.

Fischzüge der Sieger

Die Geheimunternehmen „Backfire“, „Paperclip“ und „OSOAVIACHIM“ 1945 bis 1948

Operation „Backfire“

Während Anfang Mai 1945 der Ort Peenemünde in die Hände der unaufhaltsam vorstoßenden Sowjettruppen gerät, kommt es gut 180 km südwestlich, in der Nähe des märkischen Städtchens Fehrbellin, zu einem merkwürdigen Ereignis. Mit dem Befehl, das eingeschlossene Berlin zu befreien, hatte das OKW alle noch einsatzfähigen Truppen aus Richtung Westen zusammengezogen, darunter auch die einstige „Division z.V.“, die seit September 1944 für den militärischen Einsatz der V 2 zuständig war. Aus den aufwendig ausgebildeten Raketenspezialisten hatte man schon seit Mitte März gewöhnliche Panzergrenadiere gemacht, die sich nun in die letzten Kämpfe werfen sollten. Gegen Mittag des 1. Mai erreicht die Kommandeure dieser Truppe ein Divisionsbefehl, der nicht wenig Verwirrung auslöst, denn er besagt, sich augenblicklich vom Gegner zu lösen, um einen bestimmten Ort an der Elbe aufzusuchen, der sich bereits in amerikanischer Hand befindet. Wie sich später herausstellt, war der Befehl das Ergebnis separater Übergabeverhandlungen, die am 30. April zwischen einem Beauftragten des Divisionskommandeurs und einem amerikanischen Stab stattgefunden hatten. Danach verpflichtete sich die deutsche Seite ausdrücklich, mit der Niederlegung der Waffen alle noch vorhandenen Unterlagen über die Bedienung der V 2-Raketen an die West-Alliierten auszuhändigen.

2. Oktober 1945; rekonstruierte A 4/V 2-Rakete vor dem Start auf dem britischen Versuchsgelände Altenwalde bei Cuxhaven

Wie Oberst Wolfgang Weber, damals der Kommandeur der Heeresartillerieabteilung 836 frank und frei in einem Erinnerungsbericht bekennt, hatten zwei Gründe die Divisionsführung zu diesem Schritt bewogen: zunächst die *„Erkenntnis, daß weiterer Kampf sinnlos sei“*, dann aber auch *„der Wunsch, das wertvolle Menschenmaterial und Spezialwissen – dabei in erster Linie die praktischen Erfahrungen – nicht der Vernichtung preiszugeben“.*[1]

Mit diesem Wunsch trifft man offenbar ganz die Interessen der Amerikaner, denn der größte Teile der einstigen „Division zur Vergeltung“ landet daraufhin bald in einem Auffanglager der US-Army bei Herford. Um hier die Spreu vom Weizen zu trennen, wird die deutsche Seite selbst mit der Auswahl ihrer eigentlichen Spezialisten beauftragt. Das danach zusammengestellte „Sonderkommando“ umfaßt etwa 100 Führungskräfte und Techniker, die per LKW über Holland nach Belgien transportiert werden. Den 8. Mai 1945, der hier als Tag des Sieges gefeiert wird, erleben die V 2-Spezialisten in den Straßen Brüssels, die sie mit ihren Raketen noch wenige Monate zuvor in Schutt und Asche gelegt hatten. Hier bekommen sie erstmals den geballten Zorn ihrer Raketenopfer zu spüren. Weber notiert zynisch: *„Die erregte Volksseele zeitigt beim Erfassen unserer ‚lorries‘ alle Steigerungen der ‚Sympathien‘, von der Gebärde bis zum Schrei und dem handfesten Bierglas oder Stein … Und doch prallt dieser Haß, dieser Rausch an uns ab.“* Die Gewißheit, von den West-Alliierten als besonders wertvolle Kriegsbeute behandelt zu werden, scheint die Selbstwertgefühle der „Wunderwaffen“-Soldaten wieder zu steigern und aufkommende Nachdenklichkeit oder gar Schuldgedanken zu überlagern. Daran ändert sich auch nichts, als wenig später das „Sonderkommando“ durch Zufall oder Absicht von den Amerikanern an die Briten übergeben wird.

1 Die Darstellung folgt hier Weber, Wolfgang: Die Geschichte des Sonderkommandos der Div. z.V., in: HTIZPeA

Im Gefangenenlager beginnen bereits ab Mitte Mai die ersten theoretischen Vorbereitungen für ein inzwischen geplantes Versuchsschießen mit erbeuteten V 2-Waffen. Als Übungsgelände ist ein altes Militärareal in der Nähe von Cuxhaven vorgesehen. Anfang Juli bezieht das Kommando im ehemaligen Barackenlager des Marineartillerieschießplatzes Altenwalde Quartier und nimmt seine Planungen auf. Noch im März hatte Wernher von Braun gehofft, an dieser Stelle die in Peenemünde abgebrochenen Versuchsabschüsse mit der V 2 fortsetzen zu können. Der Belegschaft des Prüfstandes 7 war der Marschbefehl nach Altenwalde bereits zugegangen. Nur der schnelle Vorstoß der Alliierten sorgte damals dafür, daß es nicht dazu kam.

Im Sommer 1945 treffen dennoch mehr als einhundert Mitarbeiter Wernher von Brauns in Altenwalde zusammen. Ihr neuer Dienstherr ist inzwischen allerdings ein General der britischen Infanterie. Der einstige Prüfstandchef Dieter Huzel, der Mitte August 1945 mit anderen Peenemünder Ingenieuren aus seiner Wartestellung in Süddeutschland an die Engländer weitergereicht worden war, bemerkt: *„Man hatte uns angeblich zu dem Zweck hierhergebracht, schwarz auf weiß niederzuschreiben, was an unseren Arbeiten in Peenemünde bemerkenswert gewesen war. Die meiste Zeit jedoch hatten wir fast nichts zu tun.“*[2] Aber die Operation „Backfire“ (Fehlzündung), wie die Engländer von nun an ihr Unternehmen nennen, muß trotzdem zu dem erwünschten Erfolg geführt haben. Sie verfolgte das Ziel, aus vorhandenem und noch zu beschaffendem Material etwa 30 V 2-Raketen zu montieren und zu verschießen, um auf diese Weise *„eine gründliche Bewertung und Dokumentierung der Raketen“* zu erhalten. Da sich jedoch nach den ersten Erkundungen herausstellt, daß für die Montage vorwiegend neues Material beschafft werden muß, wird das Unternehmen komplizierter als zunächst geplant. So muß man zugängliche Lagerstätten mit Raketentei-

Befreite KZ-Häftlinge zeigen amerikanischen Soldaten mit Tarnnetzen abgedeckte Raketenteile, die unweit des Eingangs zum Mittelwerkstollen gelagert sind

2 Huzel, Dieter: Von Peenemünde …, a.a.O., S. 258

Brigadegeneral Trumen E. Boudinot, Chef des Kampfkommandos B der 3. US-Panzerdivision im April 1945 vor einem Tor zum unterirdischen Mittelwerk

len aufspüren und deutsche Herstellerfirmen zur Nachlieferung gewinnen. Ein langwieriger Vorgang. Auch deshalb versichern sich die Engländer ganz ähnlich wie bereits zuvor ihre russischen und amerikanischen Verbündeten der Kooperationsbereitschaft der Peenemünder Ingenieure. Der dann im Sommer 1945 in der Britischen Besatzungszone aus der Taufe gehobene V 2 produzierende Rüstungsbetrieb mit der Bezeichnung „Versuchskommando Altenwalde" verfügt in der Organisation über eine Besonderheit: Mit der Leitung werden ehemalige deutsche Offiziere betraut – Kommandeure der einstigen „Division zur Vergeltung".

Ihnen zur Seite steht eine Reihe von Zivilisten, die wie Dieter Huzel auf Betreiben der Amerikaner nach Altenwalde dirigiert werden und sich offenbar mit unterschiedlichem Engagement der Sache hingeben. Darunter ist auch Arthur Rudolph, der letzte Produktionsdirektor im KZ-Betrieb Mittelbau-Dora, der bald darauf in Altenwalde die Fertigungsabteilung übernimmt. Da auch die Offiziere des einstigen Divisionskommandos ab Mitte Juli von den Briten nicht mehr als Kriegsgefangene, sondern als „disarmed German personnel" geführt werden, wird ab August bereits das Leben im Camp als „recht erträglich" geschildert. Es gibt doppelten Wehrsold und später sogar Sonderzulagen. Insgesamt stehen den Engländern fast 600 deutsche Raketenspezialisten zur Verfügung.

Ende September steht fest, daß für die beabsichtigten Abschußversuche nicht 30, sondern nur acht Raketen bereitgestellt werden können. Trotzdem läuft damit die letzte Phase des Unternehmens „Backfire" an. Nach zwei mißglückten Startversuchen steigt am 2. Oktober 1945 die erste V 2 wieder über Norddeutschlands Himmel in die Stratosphäre auf. Wie der Augenzeuge Oberst Wolfgang Weber berichtet, soll es auch auf englischer Seite *„Begeisterung bis zur ausgelassenen Freude"* gegeben haben. Nach zwei weiteren erfolgreichen Abschüssen am 4. und 15. Oktober schließen die Engländer ihr Experiment „Backfire" endgültig ab.

Wie inzwischen aus mehreren Quellen belegt ist, hatte der kommandierende britische Brigadegeneral in diesen Oktobertagen nicht nur amerikanische und französische Beobachter, sondern auch eine Gruppe sowjetischer Experten zu dem Ereignis nach Altenwalde eingeladen. Statt der erwarteten drei, erschienen allerdings sechs sowjetische Offiziere, darunter auch die Oberstleutnante Valentin Gluschko und Sergej Koroljow, die sich als Abgesandte des Moskauer Raketenforschungsinstituts seit Anfang September in Deutschland aufhielten. Der Forschungsingenieur Koroljow hatte zuvor in Berlin erreicht, sich als „blinder Passagier" in Hauptmannsuniform der Gruppe anschließen zu dürfen.[3] Ihr Kamerad Boris Tschertok hatte kurz zuvor gerade bei Bleicherode den russischen Raketenbaubetrieb RABE gegründet, der das Ziel verfolgte, Raketenwaffen zu produzieren.

Ob für die britische Regierung damals mit dem letzten V 2-Start auch das Thema Rüstungstranfer aus Deutschland zum Abschluß gebracht werden sollte, ist schwer erkennbar. Dieter Huzel urteilt: *„Die umfangreichen Berichte, die über die Operation ‚Backfire' erstellt wurden, teils schriftlich und teils auf Filmen, waren umfassender als alles, was in den deutschen Akten enthalten war."*[4] Was am Ende mit diesen Dokumentationen geschehen ist, bleibt bis heute unaufgeklärt. Nachweisbar ist nur, daß die Engländer, anders als Amerikaner und Russen, damals nicht auf eine Verlängerung der „Werkbank Peenemünde" setzten, um die eigene Rüstung mit Hilfe des deutschen Raketen-Know-hows im großen Sprung voranzutreiben. Zwar gingen noch 1948 Zeitungsmeldungen um die Welt, wonach deutsche Raketen-

3 Eine ausführliche Beschreibung bei Golowanow, Jaroslaw: Koroljow i Fau (Koroljow und die V). In: Dossier Literaturnaja gazeta. 8/94, und die Materialzusammenstellung, HIB 77/47, in: KZGDMA

4 Huzel, Dieter: Von Peenemünde …, a.a.O., S. 257

fachleute gemeinsam mit den Engländern in Westcott, Bughamshire, an V 2-Waffen arbeiteten, doch von erfolgreichen Startversuchen oder Plänen zu einem großangelegten Raketenbauprogramm in Großbritannien ist nichts bekannt geworden. Einzig von einer Kooperation mit Australien, die die Einrichtung eines Raketenschießplatzes in den Steinwüsten im Süden des Kontinents vorsah, war Mitte 1949 noch einmal die Rede. Doch offenbar haben zu hohe Kosten diese Pläne später wieder zu Fall gebracht.

Sowohl Dieter Huzel als auch andere ehemals leitende Peenemünder Ingenieure erhalten in den letzten Tagen von Altenwalde die lang erwartete Zusage, bald in Amerika arbeiten zu können. Bereits Ende Oktober fliegt er in einer ersten Gruppe von zwölf V 2-Fachleuten mit einer amerikanischen Militärmaschine von Cuxhaven nach München. Die nächste Geheimaktion, die Operation „Overcast" (Bewölkung), nimmt ihren Lauf. Doch auch dieses Unternehmen der Amerikaner hat eine um Monate zurückreichende Vorgeschichte.

Das Unternehmen „Overcast"/„Paperclip"

Während am 2. Mai 1945 Wernher von Braun und Generalmajor Dornberger in dem österreichischen Ort Reutte „diplomatische Beziehungen" zur US-Army aufnehmen und gemeinsam mit ihren engsten Mitarbeitern die „Übergabe" erklären, sichten und dokumentieren amerikanische Raketenexperten bereits seit drei Wochen im Stollensystem des Kohnstein bei Nordhausen die unzerstört aufgefundene V 2-Montagefabrik.

Unzerstörte Produktionsanlagen des Mittelwerks nach der Einnahme durch amerikanische Truppen am 11. April 1945

Die zur Elbe vorstoßende 3. US-Panzerdivision hatte am 11. April Nordhausen genommen und damit auch das Mittelwerk erreicht. In dem kleinen Vorort Niedersachswerfen stoßen sie auf das KZ Mittelbau, wo sie etwa 700 nichttransportfähige Häftlinge vorfinden, die von der SS im Krankenbau zurückgelassen worden waren. Ein Bild des Grauens bietet sich auch auf dem Gelände der Boelcke-Kaserne in Nordhausen. Hier hatten sieben Tage zuvor 1 200 Häftlinge des KZ bei einem alliierten Bombenangriff den Tod gefunden.

Major Robert B. Staver, der einer Frontabteilung des technischen Nachrichtendienstes Army Ordnance Technical Intelligence (AOTI) angehörte, hatte schon einen Tag nach Abzug der letzten SS-Wachmannschaften die völlig intakte Raketenproduktionsanlage im Kohnstein in Augenschein genommen und Blitzberichte über das Vorgefundene an die Raketenabteilung des amerikanischen Waffenamtes gesandt. Deren Chef, Colonel Holger N. Toftoy, war Anfang des Jahres 1945 vom Kriegsministerium mit dem Auftrag versehen worden, beim Vormarsch in Europa mehrere Exemplare der deutschen Raketenwaffen zu erbeuten und Ausschau nach den Entwicklungsingenieuren zu halten. Mit Erreichen der Reichsgrenzen ließ sich seine Aufgabe immer genauer fassen. Nachdem man den Kohnstein entdeckt hatte und sicher war, an der Quelle angekommen zu sein, erging Befehl, 100 V 2-Raketen zu beschaffen und in die USA zu transportieren. Damit sollte der Grundstein gelegt werden für eine weitreichende Geheimoperation, die die Amerikaner zunächst „Overcast“ (Bewölkung), später „Paperclip“ (Büroklammer) nennen.[5]

Da mit dem Abkommen der Antihitlerkoalition in Jalta auch die Grenzziehung der künftigen Besatzungszonen feststand und danach der nordthüringische Raum eindeutig den Sowjets zufallen würde, setzte in diesen Wochen ein Wettlauf um die Kriegsbeute ein. Amerikaner wie Russen sahen in den Peenemünder Raketen den Schlüssel für die rasche Entwicklung eigener neuer Waffensysteme. Mit einem Technologietransfer und der Übernahme deutscher Expertengruppen sollte die künftige militärische Vormachtstellung für die Nachkriegszeit gefestigt werden. Dieser Zweck heiligte alle angewandten Mittel, denn nach dem Abkommen von Jalta hatten sich die Amerikaner verpflichtet, in der künftig russischen Besatzungszone alle „Fabriken, Einrichtungen, Unternehmen, Forschungsinstitute, Patente, Pläne und Erfindungen“ unangetastet zu lassen.

In Nordhausen war deshalb auch die gesamte Transferaktion von Anfang an dem Nachrichtendienst AOTI (Army Ordnance Technical Intelligence) überlassen worden. Dessen Offiziere arbeiteten eng mit einer anderen amerikanischen Spezialeinheit zusammen, dem Combined Intelligence Objectives Subcommittee (CIOS). In dieser Unterabteilung des alliierten Nachrichtendienstes waren seit Ende 1944 bereits Vertreter der Armee, mehrerer Regierungsbehörden und der Industrie zusammengeführt worden, um *„unter militärischen Gesichtspunkten den Stand der deutschen Rüstungs- und Kriegsindustrie zu analysieren“.*[6]

Die Offiziere des technischen Nachrichtendienstes sollten innerhalb kürzester Zeit in Kooperation mit Peenemünder Ingenieuren möglichst komplette Raketen sowie alle auffindbaren größeren Einzelelemente, wie Triebwerke oder Heckteile, Instrumente und weitere Ausrüstungen, aus den Stollen des Mittelwerkes und den Depots transportieren und sofort per LKW oder Eisenbahn an allen Kontrollen vorbei zum belgischen Hafen Antwerpen weiterleiten. Wie mehrfach berichtet wird, sollen sie das „Meisterstück militärischer Beschaffung“ innerhalb von neun Tagen bewältigt haben. Am 22. Mai erreichen 341 Güterwaggons mit ihrer Fracht, zu der auch die geforderten 100 V 2-Raketen gehören, den Atlantikhafen. 16 Truppentransporter bringen die Ladung schließlich hinüber in die USA in den Hafen von New Orleans. Von dort gehen die in Kisten verpackten „Wunderwaffen“ zum Versuchsgelände White Sands im Staate Neu-Mexiko.

Major Robert B. Staver hatte noch einen weiteren Auftrag erfolgreich erfüllen können – die Bergung des Peenemünder Archivs, das Wernher von Brauns Assistent Dieter Huzel ein paar Wochen zuvor in der stillgelegten Grube Georg Friedrich bei Dörnten, nordöstlich von Goslar, versteckt hatte. Die Aktion gelingt den Amerikanern in buchstäblich letzter Minute, wiederum aufgrund bereitwilliger Unterstützung durch Peenemünder Führungskräfte, da dieses Gebiet inzwischen von britischen Besatzungssoldaten bezogen wird. Peenemündes „Schatz-

5 Stuhlinger, Ernst; Ordway, Frederick I.: Aufbruch in den Weltraum. München 1992, S. 129

6 Karlsch, Rainer: Allein bezahlt? Die Reparationsleistungen der SBZ/DDR 1945–53. Berlin 1993, S. 151

Amerikanische Soldaten 1945 vor der Version einer Flugbombe Fi 103/V 1 mit Pilotensitz, die im Mittelwerk hergestellt wurde, aber nicht zum Fronteinsatz kam

kammer", das in Tausenden von Zeichnungen, technischen Beschreibungen und Berechnungen festgehaltene Ergebnis von 13 Jahren Entwicklungsarbeit an der Raketenwaffe A 4/V 2, geht ungeöffnet in das „Auswertungszentrum für ausländische Dokumente" nach Aberdeen im Bundesstaat Maryland und wird später als Grundlage bei der Wiederaufnahme der Entwicklungsarbeiten der Peenemünder in den USA genutzt.

Im harten Poker um die Kriegsbeute A 4/V 2 waren bisher die größten Fischzüge eindeutig den Amerikanern gelungen. Obwohl die V 2 weit über tausendmal auf London abgeschossen worden war und hier die meisten Opfer ihres Einsatzes zu beklagen waren, gelang es der britischen Regierung nicht, damit auch ihren besonderen Anspruch auf die Nachnutzung dieser deutschen Waffenentwicklung geltend zu machen. Zwar zeigten sich die amerikanischen Militärs gegenüber ihren angelsächsichen Verbündeten durchaus kooperativ bei der Vorbereitung ihres Unternehmens „Backfire" und stellten aus den aufgefundenen Raketenproduktionsstätten auch einiges Material, bestimmte Einzelsysteme und Zubehör zur Verfügung, doch weiter reichte die Freundschaft nicht. Der überwiegenden Mehrheit der Peenemünder Wissenschaftler und Ingenieure, die vom August bis Oktober 1945 leihweise auf dem britischen Übungsgelände in Altenwalde arbeiteten, war bereits signalisiert worden, bald eine Anstellung in den USA zu finden. Die Amerikaner hatten sich nicht nur einen Vorsprung beim Aufspüren der V 2-Raketen und der dazugehörigen Herstellungstechnologie verschafft, sondern auch den Transfer deutscher Raketenexperten geschickter als die anderen eingefädelt.

Seit Anfang Mai 1945 erfolgt im Gebäude der Jägerkaserne in Garmisch-Partenkirchen, einem eilig eingerichteten Auffanglager für die in der Umgebung aufgegriffenen Peenemünder, die erste personelle Bestandsaufnahme der Amerikaner. Wernher von Braun und seine engsten Mitarbeiter zeigen sich außerordentlich offenherzig und geben auf jede Frage eine ausführliche Antwort. Man ist auf beiden Seiten an einer nutzbringenden Zusammenarbeit interessiert und dafür bereit, die Vergangenheit so schnell wie möglich zu vergessen. Wie später alle Biographen Wernher von Brauns erklären, sollen damals die deutschen Entwicklungsingenieure ihren ameri-

In Frankreichs Dienste traten 1945 neben anderen Waffenkonstrukteuren und Ballistikern der Raketenforscher und SS-Hauptsturmführer Helmut von Zborowski (SS-Nr.: 382 449) sowie der Triebwerksspezialist Eugen Sänger, der 1932/33 sowohl der SS-Fliegerstaffel in Wien als auch der NSDAP/Hitlerbewegung in Österreich angehört hatte. Beide gingen unabhängig voneinander nach 1933 ins „Altreich", wo sie in der privaten (BMW) und staatlichen Rüstungsforschung der Luftwaffe und des Reichsführers SS Himmler tätig waren.

kanischen Vernehmungsoffizieren immer wieder verdeutlicht haben, daß die Rakete A 4/V 2 durchaus mehr als eine Waffe sei.

Dies klingt allerdings einigermaßen merkwürdig, wenn es nicht sogar ins Reich der vielen Legenden gehört. Denn zum einen fragten die Offiziere im Auftrage der US-Luftstreitkräfte, und zum anderen konnten die USA wenige Wochen nach dem Kriege wohl kaum Interesse an phantastischen Weltraumprogrammen entfalten. Liest man Wernher von Brauns Bericht, den er im Mai 1945 unter der Überschrift „Überblick über die Entwicklung von Flüssigkeitsraketen in Deutschland und ihre zukünftigen Aussichten" für die Amerikaner anfertigte, fällt auf, daß darin immer sowohl vom zivilen Transportmittel der Zukunft als auch von der außergewöhnlichen Waffe die Rede ist. Wörtlich heißt es bei ihm: *„Wir betrachten die von uns entwickelte stratosphärische Rakete A 4, der Öffentlichkeit als V 2 bekannt, als eine kriegsbedingte Zwischenlösung, der noch einige Mängel anhaften ... Wir sind fest überzeugt, daß die völlige Beherrschung der Raketentechnik die Verhältnisse in der Welt auf die gleiche Weise verändern wird, wie es die Beherrschung der Aeronautik tat, und wir glauben, daß sich diese Veränderung sowohl auf die zivile als auch auf die militärische Seite ihrer Verwendung beziehen wird."*[7]

Die totale „Flucht nach vorn" erscheint der Peenemünder Führungsriege als aussichtsreichster Weg, sich der schwer lastenden Schuld ihrer Nazi-Vergangenheit mit einem Schlag zu entledigen, zumal sie wissen, daß die Amerikaner nicht vorrangig an der Verurteilung der Personen, sondern vor allem an deren Wissen interessiert sind. Auch der einstige Militärchef der Heeresversuchsanstalt Peenemünde, Generalmajor Walter Dornberger, versucht gegenüber seinen amerikanischen Vernehmungsoffizieren auf diese Methode zu setzen, indem er allein die neuen wissenschaftlichen Möglicheiten seiner Rakete für die *„Höhenforschung"* und für *„Reisen zum Mond und zu den Sternen"* hervorhebt. Als so ziemlich einziger Militär in der Runde der Peenemünder muß er allerdings mit der Überführung in die Kriegsgefangenschaft rechnen, da er wegen des Fronteinsatzes der V 2 vor ein Kriegsverbrechertribunal gestellt werden soll. Bis zum Herbst 1945 hält die US-Army zwar schützend die Hand über ihn, dann

Amerikanische Politiker besichtigen im Mai 1945 die ehemalige Produktionsstätte der A 4/V 2-Raketen

Peenemünder Fachmann erläutert einem amerikanischen Offizier das Triebwerk einer A 4/V 2

LKW-Transport der US-Armee mit Raketenteilen zum Verschiffungshafen Antwerpen

Der größte Teil der erbeuteten Raketen lief über die Schiene

7 Siehe Wernher von Brauns Bericht: Entwicklung der Flüssigkeitsraketen in Deutschland ... vom Mai 1945; zitiert nach: Ruland, Bernd: Wernher von Braun – Mein Leben für die Raumfahrt. Offenburg, 2. Aufl. 1969, S. 279

allerdings, nach Abschluß des Unternehmens „Backfire“, greift ihn sich die britische Militärjustiz. Nach vielen Monaten in Sondergefängnissen des Königreiches entschließt man sich aber doch, die angestrebte Anklage wegen des Beschusses von London mit V 2-Waffen aus Mangel an Beweisen einzustellen. Im Juli 1947 wird Dornberger entlassen und den Amerikanern übergeben.[8] In den USA ist er in der Industrie tätig und bringt es noch bis zum Vizepräsidenten und Chefwissenschaftler der Bell Aerosystems Company in Buffalo.

Andere Peenemünder müssen allerdings solche Karrieren nicht deutlich genug vor Augen gehabt haben, denn von den ursprünglich 500 Wissenschaftlern und Ingenieuren, die mit dem „Vergeltungsexpreß“ in Südbayern gelandet waren, verschwinden gut 300 wieder aus dem amerikanischen Auffanglager, um in Thüringen oder anderswo nach ihren Familien zu suchen. Wollte man in den bewegten Zeiten dennoch eine möglichst hochqualifizierte Expertenmannschaft für die Fortsetzung der Entwicklungsarbeiten in den USA zusammenbringen, war höchste Eile angebracht. Mit dem 20. Juni beginnt die sowjetische Armee in die vertraglich zugesicherten Gebiete, also auch in Thüringen, einzuziehen. Wernher von Braun wird deshalb Ende Mai von den Amerikanern nach Nordhausen geflogen, um dort in letzter Minute seine einstigen Mitarbeiter aufzuspüren und zur Flucht in Richtung Westzonen zu bewegen. Als neuer Sammelpunkt wird der kleine Ort Witzenhausen in der Nähe von Göttingen angegeben. Der letzte Transport mit Peenemündern wird noch mit Hilfe eines Sonderzuges der amerikanischen Armee im Juni aus Leutenberg in der Nähe von Saalfeld geholt und in Waiblingen bei Stuttgart abgesetzt. Eine weitere Gruppe ist in die Vorbereitungen zum britischen Unternehmen „Backfire“ auf dem Versuchsgelände Altenwalde bei Cuxhaven eingebunden, also auch außerhalb des russischen Einflußbereiches.

Im Raum südlich des Harzes hält die fieberhafte Suche nach den Peenemünder Ingenieuren noch bis Anfang Juli an. Dr. Ernst Stuhlinger, der seit 1943 in der Heeresversuchsanstalt die Arbeitsgruppe „Integrationsverfahren“ geleitet hatte und Spezialist für die Geschwindigkeitsmessung der Rakete gewesen war, spürten amerikanische Nachrichtenoffiziere bereits in seinem letzten Aufenthaltsort in Stadtilm, südlich von Weimar, auf, kaum daß ihre ersten Panzerspitzen durch die Stadt gerollt waren. Jetzt, wenige Tage vor Einzug der Sowjets, verläßt auch er mit seiner Wissenschaftlergruppe den Ort und meldet sich in Witzenhausen. Hier befindet sich noch immer eine Abwicklungsstelle der Elektromechanischen Werke GmbH Karlshagen, der Nachfolgeeinrichtung der Heeresversuchsanstalt. Amtierender Direktor ist Dr. Ernst Steinhoff, der Meß- und Steuerungsexperte von Peenemünde. Wie Stuhlinger kommen viele der Wissenschaftler mit ihren Familien. Sie alle lassen sich von der Hoffnung leiten, daß ihnen die Amerikaner oder Briten bald wieder eine Tätigkeit auf ihrem sehr speziellen Fachgebiet vermitteln werden.

Wernher von Braun (Mitte) bei den ersten Kontakten mit seinen neuen Auftraggebern, den amerikanischen Militärbehörden; l. Charles Stewart (US-Geheimdienst), r. als Dolmetscher Magnus von Braun

Generalmajor Walter Dornberger (1895–1980) stellt sich am 2. Mai 1945 in Zivil den Amerikanern

8 Ebenda, S. 293

Der Fall Arthur Rudolph löst 35 Jahre später öffentliche Empörung aus, als Beamte des US-Justizministeriums auf Initiative des Kongresses nach untergetauchten nationalsozialistischen Kriegsverbrechern suchen und auf Arthur Rudolph stoßen. Rudolph war in den USA zum Direktor für Entwicklung des Saturn-5-Programms aufgestiegen und gehörte wie Wernher von Braun zu den populärsten Managern des ersten amerikanischen Mondlandeunternehmens. Auch Rudolphs Personalunterlagen waren gefälscht worden. Es lagen Beweise vor, die für die Mitschuld des einstigen Betriebsleiters in der KZ-Fabrik Mittelbau-Dora am Tode ungezählter Häftlinge sprachen. Um einer Anklage mit dem Ziel der Ausbürgerung aus den USA zuvorzukommen, gab Arthur Rudolph schließlich 1984 die amerikanische Staatsbürgerschaft auf und ließ sich in Hamburg nieder. Nach den Ermittlungen der dortigen Staatsanwaltschaft waren die Morde nicht zu beweisen.
Siehe dazu Eisfeld, Rainer: Die unmenschliche Fabrik. V 2-Produktion und KZ „Mittelbau-Dora". Nordhausen o.J., S. 38ff.

Am 5. Juli 1945 betreten dann die ersten sowjetischen Offiziere das Mittelwerk in Nordhausen und setzen fort, was sie in Peenemünde bereits begonnen hatten: die systematische Auswertung der erhaltenen oder zurückgelassenen Raketensysteme und der dazugehörigen Fertigungs- und Prüfanlagen. Auch sie suchen intensiv nach den Entwicklungsingenieuren und nehmen wenig später bereits erneut die Serienproduktion der Rakete im Mittelwerk auf. Ihr Unternehmen „OSOAVIACHIM", das Pendant zur amerikanischen Geheimoperation „Overcast/Paperclip", läuft außerordentlich vielverspechend an, obwohl zuvor ihre alliierten amerikanischen Kameraden die Stollen des Kohnstein beinahe mit dem Staubsauger leergefegt hatten.

Mitte Oktober 1945 werden inzwischen wenige Kilometer weiter westlich, in Witzenhausen und in Cuxhaven, die ersten amerikanischen Arbeitsverträge an Peenemünder Spitzenkräfte verteilt.

Die zweite Phase „Overcast" läuft an: die Einschleusung der „besten Wissenschaftler Hitlers" in die USA.

Während Wernher von Braun Ende September 1945 mit einer Vorhut von sieben Peenemünder Raketenexperten per Flugzeug und zuletzt mit einem Schiff in Boston anlandet und von dort den Weg über das Kriegsministerium in Washington zum Raketenversuchsgelände von Fort Bliss bei El Paso in Texas nimmt, beziehen die übrigen 120 Ausgewählten mit ihren Familien zunächst Zwischenquartier in der bayrischen Stadt Landshut. Erst im November reist die nächste Gruppe ohne Familien aus, die letzte folgt im Februar 1946. Im Laufe des Jahres 1947 dürfen dann auch Familien aus Landshut in die USA nachreisen.

Anfang 1946 arbeiten zunächst 118 deutsche Raketenexperten aus Peenemünde im Dienste der Amerikaner. Keiner von ihnen ist im Besitz von offiziellen Aufenthaltspapieren, denn die amerikanischen Gesetze verbieten die Vergabe von Einreisevisa an Kriegsverbrecher, Mitglieder der SS oder NSDAP. Da kaum einer der Peenemünder Spitzenkräfte damit die Bedingungen der amerikanischen Einreisebehörden erfüllt, entschließen sich Militär- und Regierungsstellen zur illegalen Einreise und später zur Fälschung vieler Personalunterlagen. Zwar ist über diesen einzigartigen Vorgang in der jüngeren amerikanischen Einwanderungsgeschichte der Präsident in Kenntnis gesetzt worden, doch letztlich hat die Verantwortung dafür einzig die US-Army übernommen. Da sich inzwischen im Waffenamt in Washington die Dossiers über die eingereisten und noch zu erwartenden Peenemünder zu hohen Bergen stapeln und die Akten der jeweils aufgearbeiteten Fälle mit einer Büroklammer versehen werden, tauft man das Unternehmen „Overcast" in „Paperclip" um. Dieter Huzel, seit Februar 1946 in den USA dabei, bezeichnet das mit dem Einsatz der Deutschen verbundene Programm untertrieben als *„Nutzbarmachung deutscher Spezialisten"*. Einbezogen sind nach seinen Aussagen insgesamt 700 Personen, die als Wissenschaftler in den Fachgebieten Flugzeugbau, Aerodynamik, Medizin, Chemie, Strahlantriebe und Raketentechnik mit besonderen Erfahrungen aufwarten können.[9] Die Amerikaner selbst sprechen unverhohlen vom größten *„Technologie- und Brainpower-Transfer"*, der je in der Weltgeschichte nach einem Kriege stattgefunden hat.[10] Lange Jahre glaubten sie außerdem, damit den Russen in der Entwicklung der Raketentechnik meilenweit voraus zu sein. Daß dies ein folgenschwerer Irrtum war, sollte sich erst mit dem Start des ersten Sputniks am 4.10.1957 erweisen.

Die 1946 im entlegenen Fort Bliss in Texas untergebrachten Peenemünder Wissenschaftler, Konstrukteure, Ingenieure, Techniker und Meister werden zunächst mit recht unbefriedigenden Arbeiten be-

Fort Bliss, Texas, erste Unterkunft der Peenemünder Raketenkonstrukteure und ihrer Familien in den USA

auftragt. Während auf dem neu eingerichteten Raketenversuchsgelände White Sands, mehrere Busstunden von Fort Bliss entfernt, die V 2-Raketen aus der Produktion des Mittelwerkes montiert und für Abschüsse überprüft werden, erteilt das amerikanische Waffenamt keine ernsthaft neuen Projektvorgaben für die Entwicklungsfachleute um Wernher von Braun. Das ändert sich erst mit Beginn des Korea-Krieges.

Zuvor steht vor allem die weitere Erprobung der V 2-Raketen auf dem Arbeitsplan der Peenemünder. Da sich bei der Montage immer wieder einzelne Geräte oder ganze Systeme nach der langen Reise als unbrauchbar erweisen und nicht immer aus vorhandenen Raketen ergänzt werden können, besteht zwischen White Sands und dem Hauptquartier der US-Army in Frankfurt am Main ein fester Arbeitskontakt. Um in Deutschland die benötigten Bauelemente zu beschaffen, ist eine Gruppe ehemaliger Peenemünder Ingenieure eingesetzt, die sich gut mit den alten Zulieferbetrieben auskennt. Einer dieser Leute ist Ingenieur Rudolf Daniel, der für die Amerikaner von August 1945 bis April 1952 tätig ist. Schon im September 1945 bekommt er den Auftrag, über eine Abwicklungsstelle der Elektromechanischen Werke Karlshagen in Weilburg Ersatzteile und Bauelemente für die A 4 und A 9 zu beschaffen und an seinen Auftraggeber, das Headquarter der 7. US-Army in Frankfurt am Main, zu übersenden. Der Ingenieur frischt auf seinen Beschaffungsreisen kreuz und quer durch Deutschland wieder alte Kontakte auf, um nach Beständen oder möglichen Neuanfertigungen für die V 2-Produktion zu fragen. Einer seiner Kunden ist der früher in Peenemünde tätig gewesene Siemens-Beauftragte Storch. Da Ingenieur Daniel inzwischen von Wismar nach Landshut in Bayern übergesiedelt ist, entschädigen ihn die Amerikaner mit 67 500 RM. Der Betrag beläuft sich vier Wochen später, nach der Währungsreform in den Westzone, immerhin noch auf 6 750 DM.[11]

Dem amerikanischen Kriegsministerium konnten die Peenemünder in Fort Bliss, unterstützt auch durch solche Beschaffungsbeihilfe aus Deutschland, im Frühjahr 1946 wieder ihre Feuerbereitschaft melden. Am 16. April startet die erste V 2 in den Wüstenhimmel über White Sands. Bis zum September 1952 folgen an gleicher Stelle noch insgesamt 70 solcher Abschüsse, die sowohl mit militärischen als auch wissenschaftlichen Versuchen verbunden sind. Im Vorfeld des Korea-Krieges wächst Anfang 1950 das Interesse des amerikanischen Kriegsministeriums an der Entwicklung von Raketenwaffen enorm. Die zuständige Heereswaffenabteilung legt daraufhin ein weitreichendes Programm für die Entwicklung neuer leistungsfähiger Raketenwaffen vor, das sich jedoch in Fort Bliss aus Kapazitätsgründen nicht mehr verwirklichen läßt. Das neue Wirkungsfeld heißt

Erster Start einer modifizierten A 4/V 2-Rakete auf dem amerikanischen Versuchsgelände White Sands (New Mexico) am 16. April 1946

9 Huzel, Dieter: Von Peenemünde ..., a.a.O., S. 276

10 Aussage von Frederick I. Ordway, Marshal Center, in: ARD-Dokumentation „Aus der Hölle zu den Sternen“, MDR 1993

11 Privatarchiv Harald Tresp, Koserow

nunmehr Huntsville, eine Kleinstadt am Tennessee River im Norden Alabamas. Hier entsteht in den folgenden Jahren unter maßgeblicher Mitwirkung der Peenemünder Wissenschaftler und Ingenieure zunächst die Boden-Boden-Rakete „Redstone“ mit einer Reichweite von 300 Kilometern. Wernher von Braun wird „Chef der Entwicklungsabteilung für gelenkte Geschosse, Heereswaffenamt, Raketen-Laboratorium“. Am 20. August 1953 startet die erste „Redstone“ von Cap Canaveral. Später entsteht in Huntsville das größte Raketenzentrum der amerikanischen Weltraumbehörde NASA. 1962 arbeiten dort unter der Leitung Wernher von Brauns 6 000 amerikanische und deutsche Wissenschaftler und Techniker. Huntsville nennen sie im Scherz „Peenemünde-Süd“.

Operation „OSOAVIACHIM“

Auf den Wiesen der einstigen Heeresversuchsanstalt Peenemünde grasen seit dem 5. Mai 1945 die Pferde sowjetischer Kavalleristen. Durch die Dörfer ziehen Soldaten, auf der Jagd nach privaten Siegestrophäen. Im harmlosesten Fall geben sie sich mit Federvieh oder ein paar Kaninchen zufrieden. In den Stallungen des ehemaligen Heeresgutes am Peenemünder Hafen stehen bald wieder einige Milchkühe, die man aus allen Ecken der Insel zusammengetrieben hat, zur Versorgung der Soldaten. Auch für die Kinder der Kraftwerksleute fällt kostenlos so mancher Liter Milch ab. Deutsche und Russen halten sich scharf im Auge – aber man lebt in Frieden miteinander.

Zustand der Heeresversuchsanstalt Peenemünde im Mai 1945

Vorläufig bleiben einige hundert Soldaten auf dem weitläufigen Gelände stationiert. Auf dem Flugplatz richtet sich eine sowjetische Fliegerstaffel ein.
Vieles deutet darauf hin, daß Peenemünde vorerst im Verständnis der Besatzer ein Ort wie jeder andere ist. Kraftwerksingenieur Walter Petzold erinnert sich, daß sowjetische Soldaten ihre Zerstörungswut an zurückgelassenen Maschinen und Geräten der Versuchsanstalt ausließen. In der Telefonzentrale, die noch intakt war und über die auch die Gespräche vom Kraftwerk zum Festland liefen, wurden Leitungen zerschnitten und Relais zerschlagen.
Doch dann, am 1. Juni, melden sich beim Kommandanten die ersten Abgesandten einer technischen Sonderkommission für Raketenbau aus Moskau. Darunter ist auch Boris Tschertok vom russischen Raketenforschungsinstitut NII-1. Er will, daß die Spuren der deutschen Raketenproduktion auch in Peenemünde möglichst lückenlos aufgenommen werden. Wenige Monate später folgen der ersten Expertengruppe weitere Fachleute aus Moskau, darunter Sergej Koroljow, der spätere Chefkonstrukteur der sowjetischen Weltraumraketen. Unterkunft finden sie in requirierten Pensionen oder Hotels zwischen Karlshagen und Zinnowitz. Für Festessen und Geselligkeiten sucht man, wie zuvor die deutsche Führungsspitze unter Wernher von Braun, „Schwabes Hotel" auf. Das Haus beherbergt ohnehin inzwischen die „Kommandantura".
Wie die sowjetischen Fachleute bald feststellen, sind in Peenemünde die meisten Prüfstände, Fertigungshallen, Werkstätten und Labors durch die vier Bombenangriffe weit weniger zerstört als zunächst angenommen. Nur von den begehrten V 2-Raketen fehlt hier jede Spur. Lediglich auf dem Luftwaffengelände in Peenemünde-West finden sich noch wenige zurückgelassene Bestände aus dem V 1-Arsenal. Alles in allem lohnt es sich aber dennoch, das erkennen die sowjetischen Raketenfachleute auf den ersten Blick, vor dem Abtransport von Beutegütern eine genaue Bestandsaufnahme der Anlagen anzufertigen. Zu diesem Zwecke geht man in den Sommermonaten daran, alle wichtigen Fertigungshallen, Prüfstände und Laboratorien zeichnerisch genauestens zu erfassen und erst danach Maschinen und Geräte abzutransportieren. In der Bevölkerung geht schnell das Gerücht um, die Russen hätten die Absicht, Peenemünde originalgetreu in Sibirien wiederzuerrichten, um dort ihre eigene Raketenproduktion mit deutschem Wissen schneller voranzutreiben.
Tatsache ist, daß man sich in Moskau seit April 1945 intensiv auf eine Übernahme der technischen Lösungen und Erfahrungen der Deutschen bei der Produktion von Raketenwaffen vorbereitet hatte. Noch im gleichen Monat wurden alle wichtigen Raketenfachleute des Forschungsinstituts NII-1 formal in den Militärdienst übernommen, zu Offizieren ernannt und an die Front abkommandiert. Sie unter-

Major Boris Tschertok, Mitarbeiter des Moskauer Raketenforschungsinstituts NII-1, macht im Sommer 1945 eine Bestandsaufnahme in Peenemünde

Zur Gruppe sowjetischer Raketenfachleute, die Peenemünde inspizieren, gehört auch Oberstleutnant Sergej Koroljow (1906–1966), der spätere Chefkonstrukteur der sowjetischen Weltraumraketen

Schwabes Hotel an der Strandpromenade von Zinnowitz war 1945 Sitz der sowjetischen Kommandantur und Treffpunkt Moskauer Raketenforscher, darunter Sergo Berija, Sohn des Geheimdienstchefs Lawrenti Berija

Sowjetische Raketenexperten bei der Bestandsaufnahme in Peenemünde

Am 1. Juli 1945 betritt erstmals ein Suchkommando der Sowjetarmee das Stollensystem des Mittelwerks

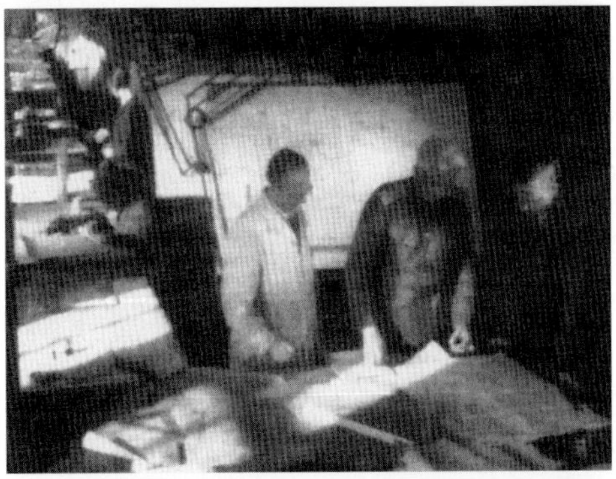

Deutsche Raketenfachleute erarbeiten für die sowjetische Rüstungsindustrie Rekonstruktionsunterlagen zur A 4/V 2

Wiederaufnahme der Raketenproduktion im Zentralwerk Bleicherode: hier Brennkammer einer A 4/V 2

standen dem Ministerium für Flugzeugindustrie und hatten die Aufgabe, neueste deutsche Technik und technische Dokumentationen sicherzustellen. Boris Tschertok, im NII-1 verantwortlich für Staustrahltriebwerke und Antriebe für Flüssigkeitsraketen, kam beispielsweise im Range eines Majors nach Peenemünde. Noch Anfang der neunziger Jahre erinnerte er sich, daß der Ort *„ein erstklassiges Forschungszentrum"* gewesen sei. Hier habe man erstmals und in aller Deutlichkeit erfahren, welch *„gigantisches Ausmaß die Entwicklung der Raketentechnik in Deutschland genommen hatte"*.[12]

Dennoch verlagerte sich ab Juli 1945 das Hauptinteresse der Moskauer Raketenforscher von Peenemünde auf den Raum Nordhausen, der inzwischen von amerikanischen Truppen geräumt worden war. Hier und nicht in Peenemünde setzte denn auch im gleichen Monat die sowjetische Geheimdienstoperation OSOAVIACHIM ein, das Gegenstück zur amerikanischen Operation „Paperclip". OSOAVIACHIM war der Deckname für die zweite von insgesamt drei Aktionen zur Verbringung deutscher Wissenschaftler und entsprechender Technik in die UdSSR. Die Bezeichnung verdankte die Operation einer 1927 gegründeten „Gesellschaft zur Unterstützung der Verteidigung, des Aufbaus der Luftfahrt- und Chemieindustrie", russisch: Obschestvo Sodejstvija Oborone, AVIAzionnomu i CHIMitscheskomu stroitelstvu. Offenbar hatte man diese unverfänglich-geheimnisvolle Abkürzung gewählt, da sich die strategische Kriegsbeute der UdSSR vor allem auf die Felder der Verteidigungs-, Luftfahrt- und Chemieindustrie richtete.

Am 5. Juli 1945, einen Tag nach Abzug der Amerikaner aus Thüringen, rücken die sowjetischen Raketenforscher in Nordhausen ein. Ihren Dienstsitz errichten sie in Bleicherode. Boris Tschertok und sein Kollege Alexander Isajew befassen sich von nun an nicht mehr allein mit Flugzeugbau, sondern vor allem mit den von den Amerikanern hinterlassenen Resten der deutschen Raketenproduktion. Ihr Ziel ist die Dokumentation aller noch verfügbaren technischen Fertigungsdetails und die Rekonstruktion mehrerer einsatzfähiger V 2-Raketen. Ihr Raketen-Bau-Institut RABE, das beide ohne Auftrag und Abstimmung mit Moskau gründen, soll vor allem deutsches Know-how für die Weiterführung ihrer eigenen

12 Tschertok, Boris: U sowjetskich raketnych triumfow bylo nemezkoje natschalo (Die sowjetischen Raketentriumphe hatten deutsche Wurzeln), in: Iswestija vom 4. bis 10. März 1992

Forschungen auf dem Gebiet der Fernraketen zusammentragen. Tschertok erklärt sich aus eigener Machtvollkommenheit zum Institutsdirektor und wirbt Arbeitskräfte unter den in Deutschland verbliebenen Fachleuten an. Als Quartier sucht er sich jene Villa aus, die zuletzt von Wernher von Braun bezogen worden war.

Obwohl das RABE-Institut seine Tätigkeit verständlicherweise verdeckt aufnimmt, melden sich Tag für Tag mehr deutsche Fachleute, die zuvor in der Luftfahrtindustrie oder der Raketenentwicklung beschäftigt waren, und erkundigen sich nach Arbeitsmöglichkeiten. Für viele wird in diesen Nachkriegsmonaten nicht einmal die in Aussicht gestellte Tätigkeit oder die Entlohnung zum ausschlaggebenden Punkt, sondern schlicht und einfach die zugesicherte Verpflegung. Nach Absprache mit der Militäradministration versorgt man die bald auf zweihundert Personen angewachsene Gruppe mit Weißbrot, Mehl, Butter und Speck – und mit Speck fängt man bekanntlich Mäuse. Eine Erfahrung, die auch die Amerikaner im bayrischen Landshut beherzigen. Dort wird zur gleichen Zeit den Familien der ehemaligen Peenemünder das Privileg zugestanden, in einem Zuteilungsladen der Besatzungsmacht einzukaufen.

Bereits nach einem Monat, Ende Juli 1945, laufen an mehreren Orten des Südharzes wieder die Vorbereitungen zur Montage von V 2-Raketen auf vollen Touren. In Kleinbodungen, unweit von Bleicherode, wird ein Reparaturwerk umgerüstet, das die von den Amerikanern nicht abtransportierten A 4-Reste überprüft und zur Montage vorbereitet. Die Arbeitsorganisation liegt in dieser Zeit sowohl in sowjetischen als auch in deutschen Händen. Allen sowjetischen Ingenieuren mit militärischen Dienstgraden steht ein deutscher Fachmann zur Seite.

Und auch die Anwerbung weiterer deutscher Raketenexperten erweist sich trotz der nahen Demarkationslinie zur britischen Besatzungszone als problemlos. Noch wohnen etwa dreihundert der aus Peenemünde evakuierten Wissenschaftler und Ingenieure mit ihren Familien in den Hotels und Pensionen der Umgebung, oft nur wenige Kilometer von der Grenzlinie entfernt. Jenseits dieser Linie, in Witzenhausen, wird die Abwicklungsstelle der Elektromechanischen Werke Karlshagen zu einem Umschlagpunkt für die Peenemünder Spitzenkräfte. Dort stellt der amtierende Direktor Dr. Ernst Steinhoff den zu entlassenden Raketenfachleuten Zeugnisse aus, in denen die in Peenemünde erworbenen technischen Qualifikationen exakt benannt werden. Einem Ingenieur Leo Schüssele aus Freiburg i. Br. beispielsweise wird in ausgesprochen ziviler Wortwahl bescheinigt, seit 1941 mit der *„Vorbereitung von Abwürfen mit Erprobungsabwurfkörpern"* beschäftigt gewesen zu sein und außerdem mit der *„Freiflugerprobungsgruppe für große Fernraketen"* bestens zusammengearbeitet zu haben. Direktor Steinhoff wünscht seinen einstigen Mitarbeitern stets *„alles Gute für die fernere berufliche Laufbahn"*, als wäre er sicher, daß sie ihre waffentechnischen Berufserfahrungen entweder auf amerikanischer oder russischer Seite bald einsetzen könnten.[13]

In der sowjetischen Dienststelle des RABE-Instituts ist im Auftrage Tschertoks Oberleutnant Wassili Chartschew, ein Absolvent der Militärakademie der Luftstreitkräfte in Moskau, mit der Ab- und Anwerbung hochrangiger deutscher Fachkräfte betraut. Aber nicht nur dieser unbekannte russische Offizier rührt die Trommel, auch der weltberühmte Wissenschaftler Albert Einstein rät noch 1946 seinen deutschen Kollegen, sich beim Chef der Sowjetischen Militäradministration, Wassili Sokolowski, für eine Tätigkeit in der UdSSR zu bewerben.[14]

Sowjetischer Offizier mit deutschem Konstrukteur vor einem Reißbrett des Raketenbauinstituts RABE.

13 Arbeitszeugnis der Abwicklungsstelle der EMW Karlshagen, in: HTIZPeA

14 Karlsch, Rainer: Allein bezahlt?, a.a.O., S. 155

Dienstauweis
Der Diplomingenieur Helmut Gröttrup erfüllt dringende Aufgaben der Technischen Sonderkommission der Regierung der UdSSR. Zur Durchführung dieser Arbeiten ist ihm Bewegungsfreiheit auf dem gesamten von sowjetischen Truppen besetzten Gebiet zu gewähren: Danzig, Ostpreußen, Tschechoslowakei und Österreich. Alle Militärkommandanten und alle Mitarbeiter der zivilen Administration sind gebeten, Dipl.-Ing. Gröttrup jedwede Unterstützung bei der Verwirklichung der ihm übertragenen Aufgaben zu gewähren.
gez. Sonderabteilung der Technischen Kommission Oberst/Unterschrift/Siegel

Und die Sowjets haben Erfolg. Unter den zahlreichen Fachwissenschaftlern und Ingenieuren, die in diesen Wochen aus freien Stücken auf ihre Seite wechseln, sind Dipl.-Ing. Helmut Gröttrup, der als *„besessener Raketenmann mit Erfahrung und Können"* in Peenemünde als Direktionsassistent bei Dr. Ernst Steinhoff gearbeitet hat, der Aerodynamiker Dr. Werner Albring und der Kreiselexperte Dr. Kurt Magnus von der Universität Göttingen.[15] Sicher war ihre Entscheidung, sich vertraglich auf eine längerfristige Zusammenarbeit mit den sowjetischen Behörden einzulassen, von sehr verschiedenen persönlichen Motiven getragen. Politische Sympathien allerdings existierten in keinem Falle. Am ehesten verlockte die einmalige Chance, sofort und an Ort und Stelle auf einem außerordentlich spezialisierten Forschungsgebiet weiterarbeiten zu können und dafür beste äußere Bedingungen eingeräumt zu bekommen.

Der unverkennbar militärische Endzweck ihrer Tätigkeit in sowjetischen Diensten erschien den damals kaum dreißigjährigen Wissenschaftlern moralisch nicht verdächtig, zumal die meisten von ihnen bereits seit Jahren mit Forschungsaufgaben für die Rüstung befaßt waren. Generalmajor Lew Gaidukow, Chef der Technischen Sonderkommission, bot den Angeworbenen einen gesicherten Arbeitsplatz in der Raketenforschung in Deutschland. Statt in Kriegsgefangenschaft zu gehen oder interniert zu werden, versprach man ihnen, wie auch ihren Berufskollegen, die sich den Amerikanern zur Verfügung gestellt hatten, die umgehende Weiterführung ihrer Wissenschaftlerkarriere. Das hieß: Entwicklungslabors, Fertigungs- und Erpobungsanlagen sowie Wohnungen, Sonderverpflegung, auch für die Familie, und nicht zuletzt ein hohes Gehalt.

Im Herbst 1945 hatte sich die sowjetische Stammmannschaft in Bleicherode bereits erheblich vergrößert. Fachleute unterschiedlichster Disziplinen erreichten den Ort durch Abkommandierungen aus der Besatzungstruppe oder durch Versetzungen aus dem Moskauer Raketenforschungsinstitut und aus diversen Ministerien. Eine interministerielle Expertenkommission wurde gegründet, der namhafte Raketenforscher und viele der künftigen Chefkonstrukteure der sowjetischen Raketenbauindustrie angehörten, darunter V. Kusnezow, V. Mischin, N. Piljugin und M. Rjasanski. Sie alle steckten in strengen Uniformen, obwohl sie sich selbst als „technarji" – als zivile „Techniknarren" fühlten.

Da sich bald herausstellt, daß es an umfassenden technischen Unterlagen zur Konstruktion und Fertigung der V 2 mangelt, beginnt Kommissionsmitglied Mischin mit systematischen Nachforschungen in allen Regionen und wird schließlich in der Tschechoslowakei fündig. Zwar verfügen damit die Sowjets nicht wie die Amerikaner über eine komplette Sammlung der Peenemünder Entwicklungs- und Produktionsunterlagen, auch das von Dieter Huzel im Bergwerkstollen bei Dörnten versteckte Geheimarchiv ist inzwischen als Morgengabe Wernher von Brauns über den Großen Teich gegangen, aber dennoch gelangen wichtige Teildokumentationen zur V 2 und Auflistungen mit Zulieferbetrieben auch in ihre Hände. Außerdem bemüht man sich hier wie auch auf dem Versuchsgelände in Peenemünde durch Gerätedemontagen und Analysen vorhandener Bauelemente hinter das Geheimnis der V 2 zu kommen. Mit der Unterstützung deutscher Ingenieure wird alles bis aufs kleinste Rädchen zerlegt, auf seine Funktionsweise überprüft und zeichnerisch dokumentiert. Je weiter die Arbeiten vorankommen, um so stärker wird das Interesse in Moskau.

Nach einer Inspektion durch den stellvertretenden Rüstungsminister Rjabikow folgt kurz darauf der Chef persönlich – der siebenunddreißigjährige Generaloberst Dmitri Ustinow, der später nach langer Partei- und Armeekarriere zu einem der einflußreichsten Männer der Sowjetunion wird, indem er Staatspolitik, Rüstungsindustrie und Parteiinteressen als Verteidigungsminister zu bündeln versteht und in eine harte Linie umsetzt. Damals erkennt Ustinow, daß Tschertoks Raketenbauinstitut RABE in Bleicherode entschieden zu klein angedacht war. Ihm geht es um mehr als um den Nachbau der V 2 in Deutschland. Er hat vor allem den Entwicklungssprung für eine Großproduktion von Fernraketen in der Sowjetunion im Auge. Als Schritt dorthin soll das neu gegründete Institut „Nordhausen" dienen, dem RABE als Entwicklungseinrichtung für Steuerungssysteme untergeordnet wird. Generalmajor Lew Gaidukow, der sich zuvor mit Katjuscha-Raketen befaßt hat, wird Institutsdirektor und widmet sich vornehmlich der Rekonstruktion, Weiterentwicklung, Herstellung

15 Vgl. Albring, Werner: Gorodomlija. Deutsche Raketenforscher in Rußland. Hamburg, Zürich 1991; vgl. auch Magnus, Kurt: Raketensklaven. Deutsche Forscher hinter rotem Stacheldraht. Stuttgart 1993

und Erprobung der V 2. Dabei inspiziert er außer den Unternehmungen in Thüringen auch die angeschlossenen Berliner und Peenemünder Institutionen der Sowjets. Als Stellvertreter und Chefingenieur fungiert Sergej Koroljow, der damit erstmals wieder nach sechs Jahren Lagerhaft eine verantwortungsvolle Position in der sowjetischen Raketenforschung übernehmen darf.

Zwischen Herbst 1945 und Frühjahr 1946 hatte die Technische Sonderkommission der UdSSR die sogenannten Zentralwerke in Nordthüringen aufgebaut, in denen die einstigen Produktions- und Forschungsstätten des Mittelwerkes und der Peenemünder Nachfolgeeinrichtungen zusammengeführt sind. Im Oktober 1946 werden hier bereits wieder über 5 000 deutsche Arbeitskräfte tätig. Geleitet wird das Unternehmen von Generaldirektor Helmut Gröttrup. Von hier führen auch die Fäden zu den Forschungsstellen in Berlin und Peenemünde.

Zu den vielen beigeordneten Einrichtungen gehört beispielsweise das „Gemeinsame Sowjetisch-Deutsche Konstruktionsbüro" in den ehemaligen Rheinmetallwerken in Sömmerda. Peenemünder Ingenieure, Konstrukteure, Chemiker und Physiker sind damit beschäftigt, Gedächtnisprotokolle zur Funktionsweise, Technologie und Produktion deutscher Raketenwaffen zusammenzustellen. Die Ergebnisse werden mit den Daten und Beschreibungen aus dem Technischen Büro und der Sonderkommission Peenemünde verglichen, so daß die Dokumentensammlungen zur Rekonstruktion der V 2 immer lückenloser werden.

Gleichzeitig wird in verschiedenen Teilunternehmen der „Zentralwerke" bereits die Produktion aufgenommen, man schließt Verträge mit Zulieferbetrieben in der sowjetischen Besatzungszone und bezahlt die Aufträge zumeist mit Lebensmittelzuwendungen. Im Waggonbau Ammendorf bei Halle wird sogar ein speziell ausgerüsteter Eisenbahnzug bestellt, der ein komplettes fahrbares Raketenforschungsinstitut mit Labors und Werkstätten enthält. Besonderes Interesse besteht auf sowjetischer Seite an der Weiterentwicklung des alten Peenemünder Projektes einer zweistufigen Rakete vom Typ A 9/A 10. Was bisher nur auf den Reißtischen gelungen war, sollte in den nächsten Jahren Realität werden: ein Projektil, das interkontinental eingesetzt werden kann und damit erstmals New York oder Washington in den Bereich europäischer Waffen bringt. Dabei gilt die besondere Aufmerksamkeit einer ausgeklügelten Fernsteuerung der Rakete, die, in verfeinerter Form und mit automatischen Mitteln versehen, auch später noch, zum Beispiel im Golfkrieg, Anwendung findet.

Doch während man im September 1946 in den sowjetisch-deutschen Zentralwerken darangeht, die ersten rekonstruierten Geräte und Maschinenteile wieder zu Raketensegmenten zu montieren, kommt alles anders, als von Generaldirektor Helmut Gröttrup gedacht. Anfang Oktober werden von sowjetischer Seite zunächst die Abschlußtermine aller begonnenen Arbeiten erheblich vorverlegt, außerdem wird eine Urlaubssperre verhängt. Niemand ahnt die wahren Hintergründe. Unter aller Geheimhaltung war bereits am 13. Mai in Moskau beschlossen worden, die Raketenproduktion nicht weiterhin gegen die bestehenden Abmachungen der Alliierten auf deutschem Boden fortzusetzen, sondern in einer Nacht- und Nebelaktion genau ausgewählte Personen und Ausrüstungen in die UdSSR zu überführen. Damit läuft die Operation OSOAVIACHIM an.

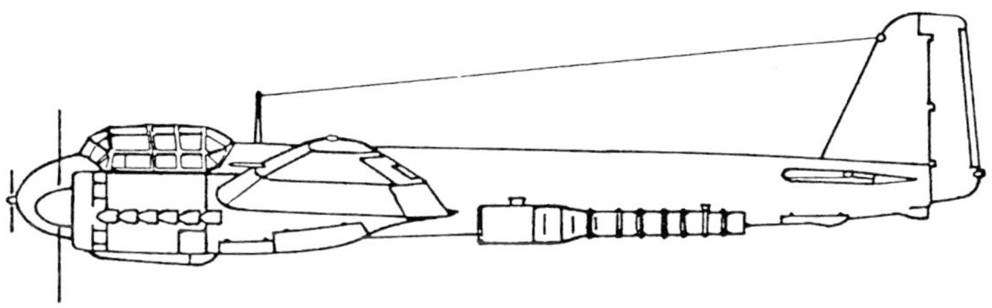

Pulsionsstrahltriebwerk der Flugbombe Fi 103/V 1 an einem erbeuteten Versuchsflugzeug (Ju 88); internierte deutsche Triebwerkspezialisten steigern im Auftrag der sowjetischen Luftwaffe die Schubleistung; über eine spätere militärische Anwendung ist nichts bekannt

Im Zentralwerk rekonstruierte A 4/V 2-Raketen auf dem Transportweg in die UdSSR

Bahnhof Kleinbodungen (1994); hier begann am 21. Oktober 1946 der Abtransport der deutschen Raketenfachleute und ihrer Familien in die UdSSR

Sowjetische Offiziere kontrollieren zum Transport verladene A 4/V 2-Raketen

Ankunft des Raketentransports auf dem sowjetischen Versuchsgelände Kapustin Jar

Noch am 20. Oktober 1946 beraten die deutschen und sowjetischen Raketenexperten nichtsahnend ihre nächsten Projekte für das Zentralwerk. Helmut Gröttrup, der Chef der Truppe, schließt erst gegen 22 Uhr die Sitzung. Da General Gaidukow anschließend zu einem Festessen ins Restaurant „Japan" am Stadtrand von Bleicherode einlädt, endet der Tag mit viel Wodka und herzlichen Trinksprüchen auf die Zusammenarbeit zwischen Russen und Deutschen.

Inzwischen laufen die geheimdienstlichen Vorbereitungen für die bevorstehende Evakuierung der Zentralwerke auf Hochtouren. NKWD-General Iwan Serow, der nach 1954 zum Chef des gesamten KGB aufsteigt, hatte bereits Wochen zuvor alle 5 000 deutschen Fachkräfte, die in den Diensten der sowjetischen Rüstungsindustrie standen, auf eine künftige Verwendbarkeit überprüfen lassen und einen Kreis von besonders geeigneten Personen ausgesiebt. Die Suchaktion erstreckte sich auch auf die Einrichtungen in Peenemünde.

Da selbst die sowjetischen Raketenexperten und Militärs nur spärlich über eine bevorstehende Operation informiert sind, trifft der Überraschungsschlag in der Nacht zum 21. Oktober beide Seiten. Geheimdienstgeneral Serow, der im Krieg sowohl für die Spionageabwehr „Smersch“ als auch für Diversion und Aufklärung im Rücken der Wehrmacht zuständig gewesen war und inzwischen neue Sicherheitsdienste in Polen und Ostdeutschland aufgebaut hatte, setzt zur Ausführung seiner Aktion radikal vorgehende Operativgruppen ein. Mit Namenslisten und Adressenverzeichnissen ausgerüstet, in denen auch die Familienangehörigen der gesuchten Personen erfaßt sind, greifen sie am frühen Morgen zwischen 3.00 und 5.00 Uhr zu. Als erstes erzwingen die Soldaten von den völlig überraschten deutschen Wissenschaftlern und Ingenieuren eine Bereitschaftserklärung, künftig in der UdSSR zu arbeiten. Danach ergeht der Befehl zum augenblicklichen Abtransport. Jeder der „Auserwählten“, ob er sofort unterzeichnet oder sich zunächst weigert, muß in wenigen Stunden sein Hab und Gut zusammenpacken. Mit Armeelastwagen geht der Transport zum Bahnhof Kleinbodungen und von dort mit einem bereitgestellten Sonderzug nach Moskau. Insgesamt verlassen 92 Eisenbahntransporte mit Personen und Gerät die Sowjetische Besatzungszone. Von der Internierung sind Fachwissenschaftler verschiedenster, vor allem aber rüstungsrelevanter Bereiche ebenso betroffen wie Ingenieure und Facharbeiter. Für die 175 deutschen Raketenexperten, die mit ihren Familien zunächst in Moskau Quartier beziehen, beginnt ein langjähriger Zwangsaufenthalt in der UdSSR. Erst im Dezember 1951 kehren die ersten Gruppen in die DDR zurück. Helmut Gröttrup verläßt als letzter im November 1953 mit seiner Familie das Land und geht in die Bundesrepublik.

Sowjetische Fernrakete R 1, die modifizierte A 4/V 2, auf dem Startfeld in Kapustin Jar; der Erststart einer rekonstruierten A 4/V 2 erfolgte zuvor an gleicher Stelle am 18. Oktober 1947

Sprengung der Stollen im Kohnstein durch eine sowjetische Pioniereinheit im Sommer 1948

Zum „Reisegepäck“, das die sowjetischen Raketenbauer aus Bleicherode und Umgebung nach Moskau in ihr neues Forschungsinstitut NII-88 mitnehmen, gehört neben einer Reihe rekonstruierter A 4-Raketen eine dreizehnbändige „Materialsammlung zum Studium der erbeuteten reaktiven Technik“. Daran hatte Sergej Koroljow federführend mitgewirkt, indem er die Stärken gegen die Schwächen der deutschen A 4-Rakete aufrechnete, vor allem um die neuen Ansatzpunkte der sowjetischen Raketenforschung zu markieren. Diese wird inzwischen mit großem Aufwand vorangetrieben – allerdings immer konsequenter mit eigenen Fachkräften.

Im September 1947 ist in der menschenleeren Steppe nahe dem Wolgastädtchen Kapustin Jar der erste Raketenschießplatz der Sowjetunion eingerichtet. Am 18. Oktober 1947 startet dort eine rekonstruierte A 4-Rakete. Ihr folgen in den nächsten Tagen elf weitere, deren technische Probleme noch einmal mit Hilfe deutscher Fachleute gelöst werden. Nach Zeugnis von Boris Tschertok gehen unmittelbar danach die sowjetischen Wissenschaftler und Ingenieure an die Schaffung einer eigenen „vaterländischen Rakete“. Die deutschen Spezialisten haben zu diesem Zeitpunkt ihre Schuldigkeit getan, doch gehen dürfen sie noch lange nicht.

Alles auf die Räder!

Vom Technikparadies zur Abbruchstelle
1945 bis 1948

Bei Beginn der Demontage im August 1945 sind trotz erheblicher Zerstörungen durch alliierte Luftangriffe mehrere Gebäude in ihrer Grundsubstanz noch erhalten

Obwohl Peenemünde im Sommer 1945 kaum noch als verlockendes Beutegut gelten kann, weckt der Ort immer wieder neue Begehrlichkeiten sowjetischer Raketenspezialisten. Auch die Moskauer Demontagebeauftragten, die einem Sonderstab beim staatlichen Verteidigungskomitee (GKO) unterstehen, finden sich ein und durchsuchen die technischen Anlagen nach verwertbaren Maschinen und Materialien, die nach Bombenzerstörung und Auslagerung noch zurückgeblieben sind. Mit der ersten Demontagewelle im August 1945, als es für die Sowjets noch heißt: *„Alles auf die Räder!"*, verschwindet das erste komplette Turbinenaggregat mit dazugehöriger elektrischer Anlage und Kessel aus dem Peenemünder Kraftwerk. Im Oktober 1945 muß Betriebsingenieur Walter Petzold vor weiteren geplanten Eingriffen warnen. Um die Erzeugung von Elektrizität aufrechterhalten zu können, war mit den russischen Behörden eine fünfzigprozentige Demontage des Betriebes vereinbart worden. Wenn weiterhin gegen die Vereinbarungen gehandelt werde, sei eine Stillegung bald nicht mehr zu umgehen, schreibt er in einem Brief an seinen Vorgesetzten.[1] Das Kraftwerk versorgt neben russischen Abnehmern inzwischen auch die Stadt Wolgast mit Strom.

Petzold hatte bereits in den Monaten Mai und Juni mehrere Kontrollkommissionen der Alliierten durch das Gelände der ehemaligen Heeresversuchsanstalt geführt. Zwar stand seit den Beschlüssen von Jalta fest, daß alle Stätten der Rüstungsproduktion in Deutschland nach Kriegsende zu vernichten seien, und hob das Potsdamer Abkommen gerade diesen

1 Brief W. Petzolds an EW-Leitung vom 17.10.1945, in: HTIZPeA

Punkt als verbindlich für alle vier Siegermächte noch einmal hervor, doch wurde auf beiden Seiten lange nach der Devise gehandelt: Nutzung vor Zerstörung.

Bereits Ende Mai 1945 hatten sowjetische Offiziere der Technischen Sonderkommission damit begonnen, ein Deutsches Technisches Büro in Peenemünde einzurichten, in dem unter ihrer Regie ehemalige Peenemünder Ingenieure und neu geworbene deutsche Fachleute zusammengeführt wurden. Als Leiter dieses Büros wurde Dipl.-Ing. Friedrich Wilhelm Bethke eingesetzt, der zuvor in der Heeresversuchsanstalt gearbeitet hatte. Bethke vertritt nach außen die Direktorenstelle eines neu gegründeten deutschen Betriebes – der Arbeitsgemeinschaft Peenemünde. Parallel zum deutschen Technischen Büro existiert ein russisches Technisches Büro. Sein erster Chef ist Oberstleutnant Posdnjakow. Beide Einrichtungen arbeiten mit dem Auftrag, eine Bestandsaufnahme in den Versuchsstellen von Peenemünde einzuleiten. Posdnjakow hat als erstes einen exakten Lageplan der Versuchsanstalten aufs Papier zu bringen und außerdem alle vorhandenen technischen Unterlagen, Konstruktionszeichnungen und Berechnungen aufzuspüren und zu dokumentieren. Später sollen damit wichtige Arbeitsvorgänge, Prüfverfahren und Technologien rekonstruiert werden. Auch was an vorhandenem Gerät und Bauelementen der A 4/V 2 noch in den Werkhallen und Lagern aufzufinden ist, wird zusammengetragen. Beide Büros liefern ihre Arbeitsergebnisse an das in Nordthüringen neu entstandene Zentralwerk, zu dem das Hauptmontagewerk in Kleinbodungen sowie mehrere Zweigbetriebe und Abteilungen in Bleicherode, Niedersachswerfen, Nordhausen und Sömmerda gehören. Ab Herbst 1945 startet hier unter sowjetischer Regie erneut die Produktion der V 2-Raketen. Außerdem sollen die Bestandsaufnahmen den bevorstehenden Demontagen dienen und einen genauen Überblick über nutzbares Material und wiederverwendbare Maschinen liefern. Generalmajor Lew Gaidukow, in der Technischen Sonderkommission zuständig auch für Peenemünde, setzt auf Spurensicherung und hofft außerdem, auch hier auf kooperationsbereite deutsche Raketenfachleute zu stoßen. Gaidukow hatte zuletzt die militärische Leitung des Raketenforschungsinstituts NII-88 in Moskau übertragen bekommen und war somit in gewissem Sinne das Gegenbild zu General Dornberger. Auf seine Anweisungen hin läßt Posdnjakow in Peenemünde alles an Unterlagen erfassen, was für die Fertigung von V 2-Raketen im Zentralwerk von Interesse sein kann. Auch deshalb pendelt Gaidukow häufig zwischen der Zentrale in Bleicherode und der Abbruchstelle Peenemünde.

Gelände am Prüfstand 7 nach Demontage und Sprengung; Zustand im April 1994

Herbert Lucht, Jahrgang 1922, kehrt nach Kriegsdienst und Gefangenschaft im April 1946 nach Trassenheide zurück und wird als Facharbeiter in der Arbeitsgemeinschaft Peenemünde eingestellt

Trotz dieser speziellen Interessenlage der Technischen Sonderkommission beginnt im November 1945 die zweite Demontagewelle. Dazu wird die sowjetische Brigade 104 nach Peenemünde befohlen. Ihr erster Chef ist Oberstleutnannt Frolow, der während des Krieges bei der Flotte und den Baupionieren gedient hat. In Berlin hatte er gerade den Auftrag Marschall Shukows ausgeführt, ein Russisches Ehrenmal zwischen Brandenburger Tor und Siegessäule zu errichten. Frolow hält sich bis zum Frühjahr 1947 in Peenemünde auf und leitet den Hauptteil der Demontagen.

Während an der einen Ecke Peenemündes die Demontagen anlaufen, nimmt an einer anderen Ecke, in der unzerstörten früheren Einzelbauwerkstatt, die „Arbeitsgemeinschaft Peenemünde" ihre Fertigung auf. Hergestellt werden Artikel für Haushalt und Gewerbe, wie Kochtöpfe, Wassereimer und Geräte für die Küstenfischerei. Außerdem bietet man Reparaturleistungen für Kraftfahrzeuge an. Weit über die Hälfte der Aufträge wird für die Besatzungsmacht ausgeführt.

Herbert Lucht aus Trassenheide, zuvor in der Materialuntersuchung der Heeresversuchsanstalt beschäftigt, wird im April 1946 in diesem Betrieb als Schlosser und Dreher angestellt. In seiner Werkstatt stehen immerhin noch zwei Drehbänke, zwei Fräsmaschinen, zwei Bügelsägen, mehrere Schweißumformer und Autogen-Schweißgeräte.[2] Auch an Material mangelt es nicht, denn im Hauptlager der Heeresversuchsanstalt stapeln sich noch Stahlbleche und allerhand Rohlinge aus Aluminium wie aus feinstem Buntmetall. Da das Gelände zu dieser Zeit noch nicht wieder vollständig abgesperrt ist, bedienen sich an dieser güldenen Hinterlassenschaft der Peenemünder Raketenbauer denn auch ganze Heerscharen von Handwerkern und Gewerbetreibenden von Dresden bis Rostock. *„Hier war die reinste Fundgrube für die metallverarbeitende Industrie"*, erinnert sich Herbert Lucht. *„Die Hallen waren zum größten Teil noch vollständig ausgerüstet, der größte Teil der Lüftungs- und Heizanlagen einschließlich der E-Motoren, Pumpen und Elektroanlagen war noch betriebsfähig. Kurz gesagt: von der Stecknadel bis zur Rakete – alles vorhanden. Für die Schwarzhändler das reinste Paradies."*[3]

Auch einige der Kesselwagen, in denen zuvor die Treibstoffe für die Raketen transportiert worden waren, stehen noch auf Abstellgleisen. Da zum flüssigen Sauerstoff ein ganz spezieller hochprozenti-

Das Kraftwerk von Peenemünde ist nach Kriegsende weiterhin betriebsfähig, wird Mitte 1945 teilweise demontiert und liefert bis Ende März 1990 Elektrizität in das Verbundnetz; Zustand April 1994

2 Lucht, Herbert: Aus den Episoden 1946 und 1947, in: Raketenpost Nr. 1., Koserow, o.J., S.29ff.

3 Ebenda

ger Alkoholmix in die Triebwerke gespritzt werden mußte, glauben nicht wenige sowjetische Soldaten und deutsche Neuankömmlinge, mit einigen dieser Kesselwagen die billigste Selbstbedienungsbar aufgestöbert zu haben. Hunderte von Litern des vergällten und mit giftigen Zusatzstoffen versetzten Alkohols fließen so durch eilig montierte Schnapsdestillen. Doch wenn der Tropfen durch die Kehle rinnt, kommt meist jede Hilfe zu spät. Kraftwerkchef Walter Petzold hatte schon im Mai zwei seiner Heizer zu begraben. Unter den russischen Soldaten soll es über zehn Tote gegeben haben.

Um die Demontagen schneller voranzubringen, wird im Sommer 1945 ein russisches Strafbataillon nach Peenemünde versetzt. Darin dienen vorwiegend Soldaten, die zuvor in deutsche Kriegsgefangenschaft geraten waren, was in den Augen der sowjetischen Militärführung als unehrenhaft galt. Über 2 000 solcher nun doppelt vom Krieg Gestraften setzt man zum Beispiel für den Abriß der Peenemünder Werkbahnanlagen ein. Zuerst werden zwischen Zinnowitz und Bahnhof Nord die Oberleitungsdrähte gekappt und aufgenommen, dann die Stahlmasten in Sockelhöhe abgebrannt und mit unzähligen weiteren Ausrüstungen über den Hafen Swinemünde oder per Bahn Richtung Sowjetunion transportiert. Der Zugbetrieb muß danach mit den wenigen Dampflokomotiven, zusammengesuchten Personenwaggons, darunter auch Beutegut aus Frankreich, und mit einigen Güterwagen auskommen, die dem Inselverkehr geblieben sind. Da bis 1947/48 oft weit über 1 000 Personen in der Demontage arbeiten und für ihre langen Arbeitswege bis Ahlbeck oder Wolgast die Eisenbahn nutzen, kommt es nicht selten zu stundenlangen Wartezeiten.

Über den späteren Verbleib der S-Bahn-ähnlichen Züge ist wenig bekannt. Neun von insgesamt sechzehn Triebwagenzügen sollen zunächst als Reparationsleistung in die UdSSR gegangen sein. Wie man allerdings an Ort und Stelle herausfand, waren diese Bahnen wegen anderer Betriebsnormen nicht einsetzbar. Daraufhin kaufte sie die Reichsbahn zurück, so daß sie noch in den frühen fünfziger Jahren, baulich leicht verändert, im Berliner S-Bahnnetz eingesetzt werden konnten. Weitere Spuren der Peenemünder Werkbahn führen nach Ungarn und nach Bayern, wo die Bundesbahn einen der letzten Triebwagenzüge dieser im Auftrag der Wehrmacht bei der Kasseler Waggonfabrik Wegmann & Co. gebauten Reihe noch zwischen München-Ost und Deisenhofen eingesetzt haben soll, bevor sie verschrottet wurden.[4]

Im Juni 1946, so berichtet Herbert Lucht, beginnen die sowjetischen Technikoffiziere, den von Bombenangriffen stark beschädigten Prüfstand 9 zu rekonstruieren, und arbeiten dabei eng mit dem ehema-

Einstiger Kabelgraben auf dem Gelände der Heeresversuchsanstalt, April 1994

4 Kuhlmann, Bernd: Die Akku-Triebzüge der ehemaligen Werkbahn Zinnowitz-Peenemünde, in: Der Modelleisenbahner 4/90, S. 11f.

Areal des Prüfstandes 7, im Hintergrund Reste des Erdwalls; Zustand April 1994

Fünfzig Jahre nach Kriegsende gibt der Waldboden bei Peenemünde noch Zeugnisse der Raketenproduktion preis

ligen Peenemünder Fachpersonal zusammen. Auch an der Wiedereinrichtung anderer Teststrecken zur Überprüfung von Antriebs- und Steuersystemen wird gearbeitet. Obwohl solche Unternehmen im krassen Widerspruch zum Potsdamer Abkommen der vier Siegermächte stehen, lassen sich die Sowjets hier wie im Zentralwerk vorläufig nicht von ihren Vorhaben abbringen. So erhalten in Peenemünde beispielsweise die beiden Ingenieure Jaffke und Kolbe in dieser Zeit den Auftrag, ihre Erfahrungen mit Teststrecken im gerade entdeckten Reparaturbetrieb für V 2-Raketen bei Lehesten einzusetzen. Dort hatten die Sowjets überraschenderweise ein reiches Arsenal einsatzbereiter Raketen vorgefunden, das von den Amerikanern in der Eile übersehen worden war. Überhaupt muß es in dieser Zeit einen regen Erfahrungs- und wohl auch Personalaustausch zwischen den Technischen Büros in Peenemünde und den Betrieben des Zentralwerkes in Nordthüringen gegeben haben. An der Einrichtung des im Sommer 1946 im Zentralwerk auf die Schienen gestellten Prüf- und Werkstattzuges für V 2-Raketen, der unter der Geheimbezeichnung „F.M.S." („Fahrbare meteorologische Station") geführt wurde, waren nachweislich ebenfalls Ingenieure aus Peene-

münde beteiligt.[5] Unbemerkt von allen daran beteiligten Personen hatte die Technische Sonderkommission unter Generalmajor Gaidukow mit der Fertigstellung dieses Zuges den ersten entscheidenden Schritt zur Verlagerung der Raketenfertigung in die UdSSR getan.

Als im August 1946 amerikanische, britische und französische Offiziere des Alliierten Kontrollrates die Demontagearbeiten in Peenemünde in Augenschein nehmen, bleibt ihnen die gerade eingeleitete Rekonstruktion und Nutzung des Prüfstandes 9 offenbar nicht verborgen. Nach Herbert Luchts Berichten werden die Sowjets daraufhin gezwungen, ihre Versuche einzustellen. Seiner Ansicht nach, waren die wichtigsten Ergebnisse ohnehin in Sack und Tüten.[6]

Als in der Nacht zum 21. Oktober 1946 die deutschen Raketenspezialisten des Zentralwerkes entgegen allen Absprachen und Arbeitsverträgen gewaltsam gezwungen werden, mit ihren Familien in die Sowjetunion überzusiedeln, fallen die Schatten dieser Operation kurze Zeit später auch auf die Restmannschaften in Peenemünde. Wie Herbert Lucht berichtet, hatte ein Arzt aus Zinnowitz wohl die beste Idee, den Zwangsaufenthalt auf einem russischen Raketenversuchsgelände zu verhindern. Da die alarmierende Nachricht aus Thüringen offenbar die Betriebsleitung der Arbeitsgemeinschaft Peenemünde erreicht hatte, entschließt man sich zum schnellen Handeln. Dr. Mahnke legt mit der Ausstellung von Krankenscheinen so gut wie den ganzen Betrieb still. Für mehrere Wochen erscheint keiner der Beschäftigten am Arbeitsplatz. Wie sich herausstellt, konnten sie damit dem Zugriff der Operativgruppen des russischen Geheimdienstes entgehen, die wie in Bleicherode oder Kleinbodungen auch in Peenemünde nach Raketenspezialisten und tüchtigen Fach-

Nach der Demontage gesprengte Raketenbunker an der Peene; Zustand April 1994

5 Siehe Materialzusammenstellungen, Nr. HIB 77/47, in: KZGDMA

6 Lucht, Herbert: Aus den Episoden …, a.a.O., S. 35

arbeitern suchten. Was Herbert Lucht gelingt, ist anderen nicht vergönnt. Von einer Gruppe Peenemünder Ingenieure, zu der auch die Einrichter der fahrbaren Experimentierwerkstatt „F.M.S." gehörten, fehlt seit November 1946 jede Spur.

Monate zuvor hatten die russischen Demontagebrigaden damit begonnen, alle Werkhallen auszuräumen und das Labyrinth der Schienen, Kabel und Rohrleitungen aufzunehmen. Wie sich bald herausstellt, eine unüberschaubare Aufgabe, die in der vorgesehenen Zeit nur mit Tausenden von weiteren Arbeitskräften zu bewältigen ist. Da über die Arbeitsämter der Insel inzwischen alle arbeitsfähigen Männer und Frauen erfaßt und zur Demontage verpflichtet wurden, kommt auch der einstige Metallbaulehrling Reinhold Krüger aus Koserow wieder nach Peenemünde. *„Ich hatte zwei Dinge zur Auswahl"*, erinnert er sich, *„entweder nach Aue zu gehen in den Bergbau, also unter Tage, von Wismut war noch keine Rede, oder in die Demontage nach Peenemünde."* Die Entscheidung fällt nicht schwer. Reinhold Krüger zieht es wieder zurück an den Ort, an dem er in die Lehre gegangen war und der trotz aller Zerstörungen doch technisch faszinierend blieb.

In den nächsten Monaten gräbt er allerdings tagein, tagaus vorwiegend im Peenemünder Dünensand und legt mit seiner Kolonne Wasserrohre und Hochspannungskabel frei, die als Reparationsgut über den nunmehr polnischen Hafen Swinemünde in die UdSSR gehen. *„Wir haben damals gedacht, so wie die Russen mit dem demontierten Material umgehen – das entsprach ja nicht unseren Vorstellungen von technischer Ordnung –, würden sie sowieso nie Nutzen davon haben."*[7]

Man erfüllt also ordentlich die zugewiesene Aufgabe, aber wenn sich Gelegenheit bietet, von dem reichlich vorhandenen Baumaterial – Bretter, Dachlatten, Wasserrohre, Fenster – etwas zur Seite zu legen, macht man Gebrauch davon. Es gibt keinen Eigentümer mehr, und wer Haus und Hof hat, kann ohnehin in dieser Zeit alles gebrauchen. Viele der Heimatvertriebenen, vorwiegend aus dem Sudetenland, die abends in ihre fußkalten Notquartiere zurückfahren, tragen Bündel mit Brennholz auf dem Rücken.

Nachdem im Frühjahr 1948 das meiste verwertbare Gerät und Material aus Gebäuden, Bunkern, Bodenschächten und Prüfständen zusammengetragen ist, legen die letzten Sprengkommandos noch einmal Hand an. Obwohl sie nicht an Pulver sparen, klaffen noch lange die aufgerissenen, stahlbewehrten Ruinenwände. Da das Gelände bis zum Frühjahr 1961 in großen Teilen zugänglich bleibt, holen noch ungezählte Eigenheimbauer von Karlshagen bis Koserow aus dem Abbruch ihre Klinkermauersteine und verzinkten Wasserrohre. Erst nachdem sich später die Sprengmeister der Nationalen Volksarmee erneut über die geschundenen Ruinen hermachen, bleibt kaum ein Stein mehr auf dem anderen. Dennoch vergehen lange Jahre, bis sich Kiefern und Gräser den Boden zurückholen. Die DDR verordnet Schweigen über die Vergangenheit, von einer Zukunft für den Ort sprechen allein die Militärs.

7 Krüger, Reinhold: Interview, a.a.O.

Neue Herren, neue Sperren

Marine und Jagdflieger rücken ein
1951 bis 1989

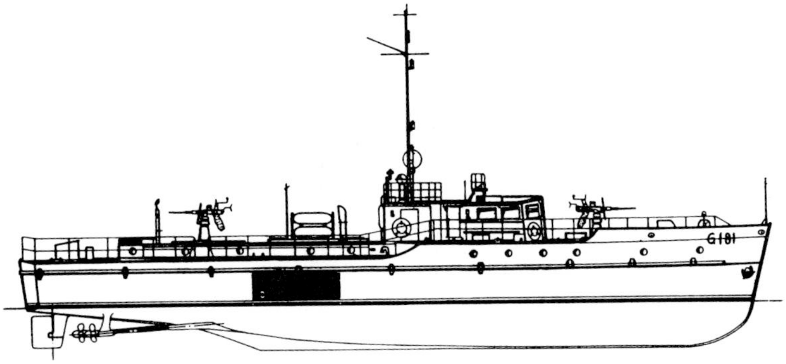

Küstenschutzboot „Seekutter“ Schnittdarstellung

Mitte Januar 1951 läuft erstmals wieder ein deutsches Marinefahrzeug in den Hafen von Peenemünde ein. Das aus Stralsund kommende Küstenschutzboot trägt die Tarnbezeichnung „Seekutter“. Auf der Brücke steht Seepolizei-Inspekteur Friedrich Elchlepp – nur zwei Jahre später wird er der erste Chef der neuen Flottenbasis Peenemünde sein. Zuvor kommt er mit dem Auftrag, die äußeren Bedingungen für die Stationierung eines Bootsverbandes zu erkunden.[1]

Die Nordwestspitze der Insel Usedom ist zu diesem Zeitpunkt auch weiterhin von sowjetischen Truppen besetzt. Auf dem Gelände der einstigen Luftwaffenprüfstelle Peenemünde-West hat 1948 der Flugbetrieb eines sowjetischen Jagdfliegergeschwaders begonnen. Das Flugplatzareal ist von der Außenwelt mit Zäunen und Stacheldraht abgesperrt. Zwischen den Neuankömmlingen im Hafen und den sowjetischen Fliegern bestehen keinerlei Kontakte.

1 Politabteilung des Verbandes Born (Hg.): 30 Jahre 1. Flottille. Peenemünde 1986, S. 7ff.

2 Mehl, Hans; Schäfer, Knut: Die andere deutsche Marine. Berlin 1992, S. 30

Zum Bestand der Seepolizei gehören im neuen Peenemünder Marinestandort Küstenschutzboote mit leichter Bewaffnung; das Bild zeigt ein solches KS-Boot vor Saßnitz 1952

Die Seepolizei der DDR war organisatorisch zunächst im Juni 1950 in Form einer Hauptverwaltung im Ministerium des Innern gegründet worden, aber bereits damals als Basis für den späteren Aufbau der Marine gedacht. Kurz zuvor, im Mai 1950, war in Stralsund-Parow mit der Aufstellung einer Räumflottille begonnen worden. Den Grundstock dafür bildeten sechs Minenräumboote der ehemaligen deutschen Kriegsmarine, die die Sowjets aus ihrem Beutegutbestand abgegeben hatten. Friedrich Elchlepps „Seekutter“ allerdings war nagelneu. Das mit Junkers-Flugzeugmotoren vom Typ „Jumo 205 D“ ausgerüstete Wachfahrzeug hatten Schiffsbauer der Yachtwerft Berlin-Köpenick gebaut. Die Projektierung von zwanzig solcher Küstenschutzboote war bereits im Jahre 1948 von der Sowjetischen Militäradministration in Deutschland (SMAD) unter klarer Umgehung des Potsdamer Abkommens auf den Weg gebracht worden.[2] Nach Gründung der DDR sollten die nächsten Schritte zum Aufbau von Flottenbasen folgen. Keine sechs Jahre nach Kriegsende beginnt damit für Peenemünde ein weiteres Kapitel jahrzehntelanger Nutzung und Besetzung durch deutsches Militär.

Denn wie nicht anders zu erwarten, erweisen sich Hafengelände und Hinterland, das ja noch nicht wieder besiedelt worden war, als außerordentlich vielversprechend für den Aufbau einer Marinebasis. Das großräumige Hafenbecken ist noch weitgehend benutzbar. Dort legen die Kohleprahme des benachbarten Kraftwerkes an, das seit 1948 wieder auf Hochtouren im Dreischichtbetrieb arbeitet. Schon im Januar 1951 beginnen auf dem Gelände die ersten Bauarbeiten. Diesmal entstehen in Nähe des Haupthafens feste Unterkünfte für die zu erwartenden Mannschaften und Offiziere einer Räum- und Küstensicherungsdivision. Wach- und Lagereinrichtungen kommen hinzu, die Hafenanlagen werden wiederhergestellt. Um sich vom Zivilbereich des Kraftwerks und damit vor unliebsamen Beobachtern fernzuhalten, baut man als erstes eine mannshohe Mauer. Der „Klassenfeind“, so muß man wohl gedacht haben, könnte hinter jeder Häuserecke stehen. Allerdings ist das, was sich hier hinter der Abzäunung ereignet, auch wirklich nicht „legal“ zu nennen. Nachdem nämlich bereits im November 1951 die ersten Besatzungen für die mit Waffen ausgerüsteten Schiffe ausgebildet worden sind, zögert die DDR-Regierung keinen Augenblick, ihre jungen paramilitärischen Einheiten auch mit einem klaren Kampfauftrag auszurüsten. Bereits Anfang August 1952 verlegt man die erste Räum- und Küstensicherungsdivision mit ihrem Stab nach Peenemünde, um von hier aus schrittweise einen operativen Küstensicherungsdienst aufzubauen. Neben der „Abwehr imperialistischer Provokationen", wie das damals im Militärdeutsch der DDR hieß, gehörte das Aufspüren und Räumen von Minen aus dem zweiten Weltkrieg zum gefährlichen Tagesgeschäft. Die Schiffe der Division operieren vom Peenemünder Hafen aus und erhalten über lange Zeit logistische und technische Unterstützung durch Spezialisten der Baltischen Rotbannerflotte. Das wichtigste Räumfeld liegt zwischen Kap Arkona auf Rügen und der Greifswalder Oie. Erst 1962 können alle DDR-Küstengewässer als „minenfrei" bezeichnet werden.

Inzwischen war im Jahr 1952 die „Kasernierte Volkspolizei" gebildet worden – ein nächster Schritt zum Aufbau einer Landesarmee. Damit tritt die bisherige Seepolizei ab Juli 1952 als militärisch organisierte Streitkraft auf und trägt die Bezeichnung „Volkspolizei See" (VP-See). Über ein Drittel des Personalbestandes sind Angehörige der ehemaligen Wehrmacht. Die Mehrheit der Offiziere aber ist militärisch unerfahren und jünger als 25 Jahre. Wie aus einer Statistik der späteren Volksmarine hervorgeht, sollen bereits damals 73 Prozent der Offiziere Mitglieder der SED gewesen sein.[3]

Ab Dezember 1952 führt der Standort der Division Peenemünde die Bezeichnung „Flottenbasis". Zur Räumung von Ankertau- und Fernzündungsminen sind sechs Boote im Einsatz.

Für die Bewohner von Trassenheide und Karlshagen eröffnen sich mit dem Jahr 1953 erstmals wieder neue Arbeitsmöglichkeiten in unmittelbarer Umgebung. Der weitere Aufbau von militärisch organisierten Polizeieinheiten hat nach den Juni-Revolten in der DDR für Partei und Regierung anhaltende Priorität. Auch in Peenemünde stockt man weiter auf und stellt ab August die ersten Zivilbeschäftigten ein, vor allem Fachpersonal für die Werkstätten und Lagereinrichtungen. Wie die Chronik der Flottille vermerkt, können dadurch die *„Ausfallzeiten der Schiffe bei Störungsbeseitigungen merklich herabgesetzt"* werden.[4] Da die Boote noch ausschließlich aus der Yachtwerft Berlin-Köpenick stammen, wäre ein Weg über Peene, Oderhaff, Oder und zurück zu weit und zu aufwendig für anfallende Reparaturarbeiten. Im August 1953 unterstehen dem Kommandeur der Flottenbasis 100 Offiziere, 124 Unteroffiziere und 208 Mannschaften. Anderthalb Jahre später hat sich dieser Personalbestand bereits verdoppelt, Ende 1955 fast verdreifacht. Als es im März 1956 zur Gründung der Nationalen Volksarmee und der dazugehörigen Seestreitkräfte kommt, stehen in Peenemünde wieder 1 750 Mann unter Waffen. Nach der vorübergehenden Bezeichnung „Flottenbasis Ost" wird der Verband ab November 1956 als „1. Flottille" der Seestreitkräfte geführt. Unter Flagge stehen mehr als 50 Boote und Hilfsschiffe. Das Kommando haben vorwiegend junge Offiziere, deren Dienstauffassung nachhaltig von der politischen Umbruchstimmung dieser Jahre geprägt ist.

Allerdings dürfte der innere, moralische Zustand der Mannschaften durchaus nicht dem äußeren Glanz dieser neuen Armada entsprochen haben. In den Inspektionsberichten des Marinekommandos wird

Matrosen einer Wachkompanie in der Flottenbasis Peenemünde

Technik-Ausbildung bei der Seepolizei

Am 17. Juni 1953 werden in Peenemünde die Küstenschutzabteilungen der gerade gegründeten Flottenbasis alarmiert. Die Volkspolizei-See muß erstmals mit dem Säbel rasseln. Ein ehemaliger Wachoffizier, Dienstgrad Maat, keine 18 Jahre alt, erinnert sich 1993 in einem Beitrag in der „Ostseezeitung", daß sein Küstenschutzboot KS 125 die üblichen Verbandsmanöver unterbrechen mußte, um unverzüglich in den Hafen zurückzukehren. Nachdem man gebunkert, aufmunitioniert und Zusatzverpflegung an Bord genommen hatte, wurden alle Boote auf Sondereinsatz geschickt und mußten Positionen auf See oder in Nähe der DDR-Häfen einnehmen. Ein Übergreifen der Streik- und Protestwelle auf die Hafenarbeiter sollte durch Demonstrationen der Stärke verhindert werden.
KS 125 hatte zunächst Patrouille östlich von Saßnitz (Insel Rügen) zu fahren und wenig später den Werfthafen von Warnemünde anzulaufen. Offenbar wurde das Ziel erreicht. Auf beiden Posten, heißt es, gab es keine besonderen Vorkommnisse.

3 Vgl. Ehm, Wilhelm u.a.: Kollektive Dissertationsschrift, Potsdam 1977, in: BAMZPo, Dok. B 212

4 Politabteilung des Verbandes Born (Hg.): 30 Jahre ..., a.a.O., S. 11

Gefechtsausbildung auf einem Räumboot der Volkspolizei-See, 1952

Vizeadmiral Waldemar Verner leitete seit 1950 den Aufbau der Seestreitkräfte der DDR

anhaltend über *„mangelnde Ausbildungsbereitschaft, Bürokratie und Nachlässigkeiten"* geklagt. Obwohl die Essenversorgung für Matrosen im Durchschnitt besser als die für Mot.-Schützen ausfällt, wird die *„mangelnde Ausbildung der Köche"* und ihre Unfähigkeit, *„mit Gewürzen umzugehen"*, als Hauptursache für den Tiefpunkt der Kampfmoral geortet. Mit ihren rührenden Schlußfolgerungen setzen die Inspektoren hier wie anderenorts in der DDR auch, auf die Heilslehre vom besseren, vom „sozialistischen Menschen". *„Der Leiter der Verpflegung"*, heißt es in den aufbauenden Berichten an die Politabteilung der Flottille, *„muß sich noch mehr vom Schreibtisch lösen und an Bord praktische Hilfe und Anleitung geben."*

Um trotzdem, wenigstens im Berichtswesen, aus der Misere herauszufinden, wird in den folgenden Jahren in vergleichbaren Analysen zur inneren Ordnung der Truppe oder zur „politisch-ideologischen Arbeit" einfach „schön" geschrieben, was schön sein soll. So beurteilt man den *„politisch-moralischen Zustand"* der Mannschaften, Unteroffiziere und Offiziere immer wieder schlichtweg als *„gesund"* und die militärische Disziplin mit *„knapp befriedigend"*, obwohl sich die Zahl der Verstöße gegen diese Disziplin gerade verdoppelt hat. Bei Mannschaften wie Offizieren, so wird übereinstimmend festgestellt, sind Landgangüberschreitungen wie Auflehnungen gegen die Streife die häufigsten Delikte.

Wen es zu DDR-Zeiten zu den „Mollis" nach Peenemünde verschlagen hatte, der mußte wissen, daß er zwar in einem Naturparadies, aber dennoch am Ende der Welt zu dienen hatte. Den Soldatenalltag bestimmten bei weitem nicht der Dienst auf See, wie das viele vor Augen hatten, sondern viel häufiger sinnloses Exerzieren und dumpfe ideologische Unterweisungen. *„Das Studium der Materialien der 3. Parteikonferenz der SED und des XX. Parteitages der KPdSU wird nicht konsequent durchgeführt"*, kritisieren die Inspektoren in Berichten aus dem Jahre 1956. Wobei nicht überliefert ist, welche Fragen zu diesen politischen Ereignissen aufkamen, welche Antworten durch die Politoffiziere gegeben wurden und welche Zweifel zurückgeblieben waren. Statt dessen greift man zu Sprachhülsen und verliert sich im unverständlichen Partei-Chinesisch: *„Die ideologische Arbeit ist ungenügend auf die unmittelbar von der Dienststelle zu lösenden Aufgaben gerichtet."* Nur ein kommandierender Kapitän zur See spricht aus, was eigentlich gemeint ist: *„Es kann nur einen Maßstab für die Wirksamkeit der ideologischen Arbeit geben: das ist der Erfolg, in der Festigung der militärischen Disziplin, der strikten Durchführung der Befehle und Anordnungen der übergeordneten Dienststellen und Vorgesetzten."*[5]

Auf der militärischen „Königs"-Ebene freilich hatte man weit höhere Ziele zu verfolgen. Vizeadmiral Wilhelm Ehm bezeichnet in seiner kollektiv verfaßten Dissertationsschrift als vornehmliche Aufgabe der Seestreitkräfte in jenen Jahren, die *„Seegrenzen der sozialistischen Ostseestaaten zu sichern und Aggressionshandlungen gemeinsam abzuwehren"*. Um dafür bei der besonderen militärisch-geographischen Lage der Ostsee mit ihren geringen Entfernungen, der nur mittleren Wassertiefe, einer stark gegliederten Küste mit vielen Buchten und Inseln gewappnet zu sein, hätte man in der DDR auf *„leichte und schnelle Flottenkräfte"* gebaut.[6]

Auch in Peenemünde wird entsprechend dieser Strategie zwischen 1956 und 1961 technisch modernisiert und personell weiter aufgestockt. Zu Booten und Schiffen aus der Produktion der Wolgaster Peenewerft kommen Torpedoschnellboote von sowjetischen Herstellern. Der Nordhafen wird im Oktober 1957 zur Stationierung der 4. Torpedoschnellbootabteilung eingerichtet. Im Peenemünder Haupt-

5 Vgl. Inspektionsberichte zur Flottenbasis Peenemünde 1956, in: BAMZPo, Dok. VA-04/599

6 Vgl. Ehm, Wilhelm u.a.: Kollektive Dissertationsschrift, a.a.O.

7 Ebenda

hafen und im Hafen von Karlshagen entsteht ein Jahr später die Basis für den Seehydrographischen Dienst (SHD), der für die Betonnung der Fahrwasser und Seegebiete sowie für die Unterhaltung der Leuchtfeuer und Richtfeuer verantwortlich ist. Wie Vizeadmiral Ehm formuliert, hatten *„die Seestreitkräfte in den fünfziger Jahren die Fähigkeit erworben, auch bestimmte Aufgaben bei der Unterstützung der Landstreitkräfte unter den Bedingungen des Einsatzes von Kernwaffen zu übernehmen und wurden außerdem weiter eingesetzt bei der Minenräumung und bei der Bekämpfung von See- und Luftzielen und bei der U-Boot-Suche".*[7] Diese Aufgaben bestehen unter anderem darin, im Verband mit der sowjetischen und der polnischen Flotte Seelandeoperationen nach erfolgten Kernwaffenschlägen im Rücken des angenommenen Gegners auszuführen und dabei neue Truppen nachzuführen.

Anfang 1961 gehören zum Bestand der Flottille fast 70 Schiffe und Boote, darunter Küstenschutzschiffe, Minenleg- und Räumschiffe, U-Bootjagdboote und allein 27 Torpedoschnellboote, ausgestattet mit Militärtechnik, die einen hohen Ausbildungsstand der Mannschaften erfordert. Da seit Januar 1962 in der DDR die Allgemeine Wehrpflicht eingeführt ist, wird auch in den folgenden Jahren die Mannschaftsstärke in Peenemünde weiter aufgestockt. Die Mehrheit der Matrosen und Maate allerdings besteht weiterhin aus Freiwilligen, die sich für eine dreijährige Dienstzeit verpflichten. Nicht wenige von ihnen versuchen auf diese Weise, sich einen späteren Hochschulstudienplatz zu sichern.

Nachdem 1961 die Ausbauarbeiten am Flugplatz abgeschlossen werden und das Fliegergeschwader 9 der Luftstreitkräfte von Drewitz bei Cottbus nach Peenemünde verlegt, wird der Nordwestteil der Insel erneut zum hermetisch abgeriegelten Sperrgebiet erklärt. Wieder verbirgt der Peenemünder Kiefernforst moderne Waffensysteme, die höchster Geheimhaltung unterliegen. Das Betreten ist nur mit Sondergenehmigungen und Passierscheinen möglich. Der letzte Kontrollpunkt steht am Ausgang von Karlshagen.

Am 20. November 1962 kehren dann auch wieder Raketenwaffen nach Peenemünde zurück. An diesem Tag laufen die ersten zwei Raketenschnellboote des Typs 205 (Osa) in den Hafen von Peenemünde-

Offiziere der Seepolizei bei einem Aufmarsch nach dem III. Parteitag der SED 1950 in Berlin

Mai-Parade Peenemünder Matrosen 1952 im Lustgarten in Berlin

Minenleg- und Räumschiff der Volksmarine beim Einlaufen in den Peenemünder Haupthafen, 1964

Raketenschnellboot der Volksmarine vom Typ 205 (Osa) beim Start einer sowjetischen Seezielrakete P-15

Nord ein, der deshalb zuvor zur besonders abgeschirmten Sicherheitszone erklärt worden war. Die Schiffe kommen aus dem Bestand der russischen Rotbannerflotte und sind mit je vier Seezielraketen P-15 (Styx) bewaffnet, die über eine automatische Zielsucheinrichtung verfügen. Kommandanten und Fachoffiziere der Boote hatte man auf Lehrgängen in der Sowjetunion an der neuen Waffe ausgebildet.[8]
Damit setzt eine neue Eskalationsstufe in der Bewaffnung der DDR-Marinekräfte ein, denn das Raketenschnellboot 205 (Osa) aus sowjetischer Produktion stellt in Bewaffnung, Ausrüstung, Geschwindigkeit, Seetüchtigkeit und Einsatzmöglichkeit, wie die Führung der Marine in Rostock damals mit Befriedigung feststellt, „Weltspitze" dar. Zwei Jahre später werden die Boote aus Peenemünde wieder abgezogen und nach Dranske auf der Insel Rügen überführt, wo die Stoßkräfte der Marine stationiert sind.

Zu dieser Ausrüstung der Marine mit Raketenschnellbooten kommen noch im gleichen Jahr landgestützte Raketeneinheiten hinzu. Die erste Küstenraketenabteilung, die aus Geheimhaltungsgründen Spezial-Küstenartillerie-Abteilung (SKA) genannt wird und u. a. über Boden-See-Raketen verfügt, wird bei Kühlungsborn stationiert. Beim großangelegten Manöver VAL 77, an dem auch die Polnische Seekriegsflotte und die Rotbannerflotte der UdSSR teilnehmen, verzeichnet eine Karte des Volksmarinekommandos, abgezeichnet am 21. 6. 1977 von Vizeadmiral Ehm, auch fünf Raketenstellungen im Wald vor der Großen Strandwiese, nahe dem einstigen Prüfstand 7. Bereits in der gemeinsamen Kommandostabsübung „Baltik" sieben Jahre zuvor, waren Raketenangriffe durch Boote der DDR-Marineeinheiten durchgespielt worden. Wie in vergleichbaren Manöverspielen der NATO auch wird dabei die Einnahme von ganzen Inselgruppen und die Vernichtung des Gegners in der Nordsee sowie in der mittleren und westlichen Ostsee trainiert. Nach der operativen Direktive Nr. 001/OP des Oberkommandierenden der Vereinigten Streitkräfte der Warschauer-Pakt-Staaten ist zugleich der *„Übergang zum Einsatz von Kernwaffen gegen Basen bei Kopenhagen, Kiel und Korsöl"* vorgesehen.[9]

In solchen Routinekriegsspielen zur Übung operativer Entscheidungen wurden meist Invasionssituationen im Ost- und Nordseeraum angenommen, berichtet auch Tadeusz Pioro, polnischer Brigadegeneral im Vereinigten Oberkommando. Bei den angenommenen Vorstößen handelte in der ersten Staffel zu Lande das sowjetische Heer, das in der DDR stationiert war, begleitet auf See von der Rotbannerflotte, während die NVA und die polnische Armee in der zweiten Staffel eingesetzt werden sollten. Zur Vorbereitung solcher Manöver hatten regelmäßig polnische Militärs, als Urlauber oder Segelsportler getarnt, die entsprechenden Zielgebiete in den NATO-Ländern ausgekundschaftet.

Für derartige Strategien gewinnt auch die Flottenbasis Peenemünde in den sechziger und siebziger Jahren zunehmend an Bedeutung. So wird ab 1960 zunächst eine Ausbaggerung der Fahrrinnen im Bereich des Peenestroms vorgenommen, das Hafenbecken auf fünf Meter und die Zufahrt auf sechs Meter Tiefe gebracht. 1964 wird damit begonnen, den Hafen der Insel Greifswalder Oie pioniermäßig auszubauen, um dort einen Stützpunkt für Torpedoschnellboote einzurichten. Für die Verlegung eines Seekabels zwischen der Kommandostelle in Peenemünde und der Insel werden rund 780000 Mark ausgegeben.

Da in diesen Jahren auch der Ausbau des NVA-Flugplatzes riesige Summen verschlungen hat, ist offenbar nur noch wenig Geld in der Kasse für die Unterkünfte der Mannschaften und für den längst fälligen Wohnungsbau. 1967 steigen daraufhin, wie die Chronik der 1. Flottille festhält, die Eingaben und Beschwerden der Unteroffiziere und Offiziere wegen *„persönlicher Probleme"* um 50 Prozent. Im Vordergrund stehen *„Wohnraumfragen, finanzielle Forderungen, Fragen der materiellen Versorgung*

8 Mehl, Hans; Schäfer, Knut: Die andere ..., a.a.O., S. 64

9 Vgl. Unterlagen zum Manöver VAL 77, in: BAMZPo, GVS 266711 sowie Unterlagen zur Kommandostabsübung „Baltik 1970", in: BAMZPo, Dok. VA-04/24748

und der Arbeit mit den Menschen".[10] 1968 registriert das Peenemünder Bürgermeisteramt 600 Einwohner, doch die inzwischen hier hochgezogenen Neubaublocks decken bei weitem nicht den Bedarf. Befriedigende Lösungen für die Wünsche nach ausreichendem Wohnraum und nach besseren sozialen Bedingungen am abgelegenen Ort können aber weder von den Kommandierenden in Rostock noch von den zentralen Stellen in Berlin für absehbare Zeit angeboten werden. Es bleibt einzig bei einer Bevorzugung in den Soldzuwendungen für Offiziere und bei der Versorgung mit „Gütern des täglichen Bedarfs" über die militäreigene Handelsorganisation. Die Folgen sind zunehmender Frust und immer mehr Disziplinverstöße, Militärstraftaten und Gesetzesverletzungen. Da man in den Kommandoebenen die wirklichen Ursachen nicht zur Kenntnis nehmen will, wird das Verhalten meist mit der *„politisch-ideologischen Diversionstätigkeit des Gegners"*, mit dem verbotenen Hören von Westsendern und einer wachsenden Bevorzugung von westlicher Unterhaltungskultur unter den Jugendlichen der DDR in Verbindung gebracht. Über 60 Prozent der Straftaten im Militärgelände, so muß 1970 festgestellt werden, finden unter Alkoholeinfluß statt. Vornehmlich unter den wehrpflichtigen Soldaten nimmt die Gewaltbereitschaft zu. Kaum jemand fragt warum.

Ihren jungen Offizieren raten die „kampfgestählten" Kommandeure, sich nicht den Verlockungen eines kleinbürgerlichen Lebens hinzugeben, sondern sich ganz dem *„Dienst zum Schutz der Errungenschaften des Sozialismus"* zu stellen. Und dafür hält das militärische Programm der Truppe in den siebziger und frühen achtziger Jahren auch genügend Aufgaben bereit. Im September 1970 vereinen sich erstmals mit einer Anlandung am Strand zwischen Karlshagen und der Insel-Nordspitze die Seestreitkräfte der Warschauer-Pakt-Staaten zum Großmanöver „Waffenbrüderschaft", das auch die Peenemünder Luftstreitkräfte einbindet. An weiteren Manöverorten in der DDR sind Verbände und Einheiten aller sieben Armeen beteiligt. Als aktuellen Hintergrund der Übung erläutern die Politoffiziere ihren Mannschaften im gröbsten Schwarz-Weiß-Raster, daß der Imperialismus aggressiver und gefährlicher geworden sei. *„Inhalt und Wesen der Ostpolitik der Regie-*

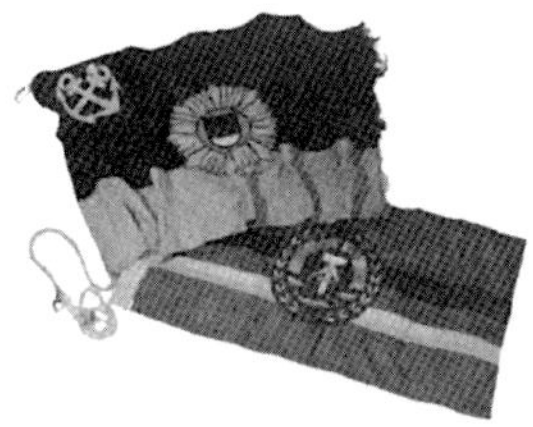

Die Dienstflagge der Volksmarine (mit Hammer, Zirkel und Ährenkranz) löste 1960 die Flagge der Volkspolizei-See ab

10 Vgl. Chronik der 1. Flottille vom 1.12.1966–10.11.1968, in: BAMZPo

Großes Landemanöver von Truppenverbänden der Warschauer-Pakt-Staaten an der Küste westlich von Karlshagen

Vorbeimarsch von Soldaten des Jagdgeschwaders 9, im Hintergrund die Wohnsiedlung Karlshagen

rung Brandt/Scheel", schreiben sie in ihre Berichte, *„sind Ausdruck des langfristig angelegten Plans, die alten Ziele des deutschen Imperialismus mit variablen Methoden doch noch zu realisieren."*[11]

Ohne Zweifel verfolgen die gemeinsamen Manöver neben der Demonstration militärischer Geschlossenheit und Stärke nach außen vor allem propagandistische Absichten nach innen. Wie ein Zauberkünstler wollen sie vorspiegeln, was im Leben nicht existent ist. Militärische Losungen wie *„Klassenbrüder – Waffenbrüder – vereint unbesiegbar. Dem Feind keine Chance!"*, die den meisten DDR-Bürgern wie Kabarett-Texte in den Ohren klingen, werden mit lautstarken öffentlichen Großveranstaltungen untersetzt, um möglichst vielen die *„brüderliche Verbundenheit"* der Manöverteilnehmer zu demonstrieren. Dazu muß auch mit einem „Kampfmeeting" das Mahnmal für die Opfer des Faschismus in Karlshagen herhalten, das an die Toten unter den KZ-Häftlingen und Zwangsarbeitern in der Peenemünder Raketenversuchsanstalt erinnert. Gemeinsam mit 3000 Bürgern des Kreises Wolgast, so liest man in den „Manövernotizen", hätten die Soldaten in diesen Tagen *„ihre unerschütterliche Einheit und Geschlossenheit"* bekundet.[12]

Auch in den frühen achtziger Jahren leistete man sich an Usedoms Nordwestspitze weitere gemeinsame Manöver, doch da es zunehmende Zurückhaltung auf polnischer Seite gab, kam es nie wieder zu einem ähnlich dimensionierten Mammutunternehmen. Außerdem forderten die rasante Wirtschaftstalfahrt in den Bündnisstaaten und der angelaufene KSZE-Prozeß in Europa auch von der SED-Führung ein moderates militärisches Verhalten im Ostseeraum. So darf der Chef der 1. Flottille, Kapitän zur See Kotte, zum Beispiel erstmals im Sommer 1981 eine DDR-Militärdelegation in Finnlands Hauptstadt Helsinki führen. Und nachdem man im Frühherbst 1987 einem General der Alpenrepublik Österreich in Peenemünde den roten Teppich ausgerollt hatte, kommt es im Sommer 1988 endlich auch zu einem inoffiziellen Flottenbesuch in Schwedens Hafenstadt Göteborg.

Außer solchen diplomatischen Höhepunkten hält allerdings die Chronik der 1. Flottille für das letzte Jahrzehnt ihrer Existenz weitaus mehr militärischtechnische Routinehandlungen fest. Neuanschaffungen bei Schiffen und Booten stehen Konservierungen und Außerdienststellungen gegenüber. Immer wieder wird das Umladen von Militärtechnik trainiert, werden Handgriffe geübt, wird geputzt und lange gewartet. Da sich Peenemünde offenbar zum Vorzeigeprojekt der Volksmarine eignet, geben sich auch ausländische Militärdelegationen die Klinken in die Hand. Merkwürdigerweise kehren die Gäste aus den befreundeten Ländern ohne Flotte, wie die Tschechen und Ungarn, am häufigsten wieder.

Rainer Adam, seit den siebziger Jahren Stabschef Rückwärtige Dienste bei der 1. Flottille in Peenemünde, später Stellvertreter des Verbandschefs und Stützpunktkommandant in Wolgast, berichtet, daß die Unzufriedenheit unter Mannschaften und Offizieren in diesen Jahren von Tag zu Tag zunahm, vor allem als immer häufiger Soldaten als billige Arbeitskräfte in Industriebetriebe, Bergbau und Landwirtschaft geschickt wurden.[13] Die Wirtschaft der DDR, das war für jeden sichtbar, lief mehr und mehr aus dem Ruder. Was ihr die Armee mit der Wehrpflicht an Arbeitskräften entzog, konnte durch höhere Maschinenproduktivität nicht ausgeglichen werden. Deshalb vereinbarte man eine indirekte Rückführung. Allerdings blieb der Effekt für beide Seiten ver-

11 Vgl. Erfahrungsbericht zum Manöver „Waffenbrüderschaft 1970", Dok. VA-05/25364, in: BAMZPo

12 Waffenbrüder, vereint zur See. Anthologie. Rostock 1979, S. 74

13 Adam, Rainer: Interview. Karlshagen, April 1994

heerend. In Peenemünde, so erinnert sich Rainer Adam, nahm seit Mitte der achtziger Jahre die Motivation zu hoher Gefechtsbereitschaft rapide ab. *„Zeitweilig war sogar ein Drittel der Flottille in Braunkohletagebauen, im LKW-Werk Ludwigsfelde und in der Wolgaster Peenewerft eingesetzt. Schließlich waren wir sogar gezwungen, zwei Schiffe kontinuierlich zu konservieren, weil ihre Mannschaften nicht mehr zur Verfügung standen. Unsere Militärdoktrin war unterhöhlt – die Luft war raus."*[14]
Als letzten Personalbestand meldet im Oktober 1989 die 1. Flottille 2 800 Marineangehörige, dazu 600 Zivilangestellte.

Peenemünder Start- und Landebahn mit Tower; seit Mai 1964 gehören Abfang-Jagdflugzeuge vom sowjetischen Typ MiG 21 zum Bestand des Jagdgeschwaders

Die Jagdflieger kommen 1961 bis 1989

Auch die Jagdflieger nähern sich Anfang 1961 ihrem neuen Standort Peenemünde ausgemacht standesgemäß. Major Klaus Baarß, der künftige Kommandeur und Abgesandte eines Vorkommandos, kurvt mit seiner MiG 15 UTI zunächst ein paar Runden zwischen Oie und Peenestrom, bevor er zur ersten Landung ansetzt. Auf dem Rollfeld glänzt noch der frische Beton. Nach dem Abzug der russischen Jagdflieger 1958 war der Platz mit einer neuen Start- und Landebahn versehen worden. Doch für die Erneuerung technischer Anlagen reichte das Geld nicht. Der „Tower" zum Beispiel bleibt weiterhin ein Provisorium – eine Baracke aus Holz und Dachpappe. Die Sowjetarmee hatte das einstige Gelände der Luftwaffenprüfstelle nach der Zerstörung und oberflächlichen Demontage 1948 nur wieder sparsam aufgebaut und technisch rein feldmäßig eingerichtet.
Der neue NVA-Kommandeur war mit seiner Maschine in Drewitz bei Cottbus gestartet, wo sein Fliegerge-

Tower nach der Schließung des Militärflugplatzes; Zustand im April 1994

14 Ebenda

Flugvorführung mit einer MiG 23; der Abfangjäger wird seit 1978 in Peenemünde geflogen

schwader seit 1954 Standort bezogen hatte. Mitte Mai 1961 wird seine Einheit mit rund 600 Mann vom Festland auf die Insel Usedom verlegt. Als Jagdgeschwader 9 (JG 9) gehört sie ab Juni des gleichen Jahres zum Bestand der gerade neu gebildeten 3. Luftverteidigungsdivision. Ihre Hauptaufgabe besteht im Verhindern von Einflügen potentieller Luftgegner aus Richtung Nordwest. Das schließt auch das Abdrängen oder Begleiten von Aufklärungsflugzeugen der NATO ein. Die wichtigsten Operationsfelder des Peenemünder Jagdgeschwaders werden damit die Ostsee und der östliche Küstenraum der DDR an der Grenze zu Polen.[15] Zu den besonderen Schutzobjekten, die zu sichern sind, rechnen neben den Seehäfen und Industriegebieten das Greifswalder Kernkraftwerk und die DDR-Hauptstadt Berlin.

Um diesen militärischen Auftrag wirkungsvoll erfüllen zu können, rüstet das DDR-Verteidigungsministerium sein neues Einsatzgeschwader immer wieder mit dem modernsten und teuersten Gerät aus, was die Sowjetunion für ihre Verbündeten bereithält. Zunächst werden im Mai 1964 neue Maschinen vom Typ MiG 21 13F angekauft, ein Überschall-Abfang-Jagdflugzeug, das seit 1960 in der UdSSR in Serie produziert wird. In den darauffolgenden sechs Jahren erweitert man den Bestand auf 54 dieser Maschinen, die eine Höchstgeschwindigkeit von 2 125 km/h und eine Dienstgipfelhöhe von 19 000 Metern erreichen.[16] Das Tagjagdflugzeug gehört zur 2-Mach-Klasse und ist mit infrarotgelenkten Luft-Luft-Raketen ausgerüstet.

Da ab 1. September 1961 das Jagdgeschwader in das diensthabende System der Warschauer-Pakt-Staaten zum Schutze des Luftraums aufgenommen wird, unterliegen Flugzeugführer wie Bodenpersonal in Peenemünde sehr bald höchsten Belastungen. Teil dieses Systems zu sein bedeutet, rund um die Uhr stets mit zwei Flugzeugen einsatzbereit zu stehen. Zwei Drittel der Offiziere, die am Standort, also in Peenemünde oder Karlshagen, mit ihren Familien wohnen, dürfen in ihrer Freizeit den Bereich der Alarmsirenen nicht verlassen. Die Angehörigen der Luftstreitkräfte sind damit von einem doppelten Sperrgürtel umgeben, der sie bis zum Ende der NVA vom Alltag in der DDR fernhält.

Da die Waffensysteme auch einen hohen technischen Standard am Boden voraussetzen, wird in den sechziger und siebziger Jahren wiederholt das Rollfeld erweitert und die funktechnische Einrichtung auf den neuesten Stand gebracht. Im Jagdgeschwader 9 kommen nicht nur die modernsten Kampfflugzeuge der NVA aus sowjetischer Produktion zum Ersteinsatz, auch das Navigationssystem entspricht höchstem Ausrüstungsstandard. Luftein-

15 Siehe Brünner, Rainer u.a: Jagdgeschwader 9 (1956–1977). Diplomarbeit, Dokument B 217, in: BAMZPo,

16 Kopenhagen, Wilfried: Die andere deutsche Luftwaffe. 2. Aufl., Stuttgart 1994, S. 95

sätze können unter Benutzung einer automatisierten Jägerleitführung direkt vom Gefechtsstand des Fliegergeschwaders aus erfolgen. Technische Voraussetzung dafür schafft ein Funkmeßleitzentrum des Funktechnischen Bataillons 33, das sich im Innern der Insel nahe dem Dorf Pudagla befindet.

Nach den Erfahrungen des israelisch-ägyptischen Sechs-Tage-Kriegs (1967), bei dem nahezu die gesamte ägyptische Luftwaffe am Boden zerstört wurde, läßt man Anfang der siebziger Jahre zunächst Splitterboxen und später feste Hangars auf dem Flugplatz bauen, in denen die Kampfmaschinen von zwei Jagdfliegerstaffeln gedeckt untergebracht und zum Start vorbereitet werden können. Mehr noch als die technische Ausstattung ändert sich in den späten siebziger und frühen achtziger Jahren die innere Beschaffenheit des Jagdfliegergeschwaders 9 in Peenemünde. Oberst a.D. Klaus Hein, 35 Jahre Berufssoldat und bis 1984 als Stabschef für die Einsatzplanung der Piloten zuständig, erinnert sich: *„Als die Marinefliegerdivision Kiel von der ‚Phantom' auf die moderneren ‚Tornado' umrüstete, klickte bei deren Piloten wie bei uns ständig die Zielkamera. Wir nahmen uns gegenseitig ins Visier. Beide waren im Zenit der Hochrüstung angelangt."* Da besonders die Elektronikausrüstung der NATO-Maschinen erkennbare Vorsprünge aufwies, versuchten die Kommandos der DDR-Luftstreitkräfte das Technikdefizit durch intensive Ausbildung von Piloten und Bodenpersonal auszugleichen. *„Während wir 1972 für unser Jagdgeschwader noch im Jahresdurchschnitt auf 20 000 Flugstunden kamen, verdoppelte sich deren Anzahl am Ende der achtziger Jahre, ohne daß wir wesentlich mehr Flugzeugführer im Einsatz gehabt hätten."*[17] Durch die Unzahl der Bereitschaftsdienste wuchsen psychologische Span-

Eine MiG 23 bei der Landung

Zum Staatsbesuch in der DDR (1985) landet der schwedische Ministerpräsident Olof Palme (Mitte) auf dem Peenemünder Militärflugplatz (links Gastgeber E. Honecker)

17 Hein, Klaus: Interview. Wolgast,

nungen und belasteten den Alltag auf dem Flugplatz wie in den Familien. Seit Beginn der achtziger Jahre standen weit über drei Viertel der Truppe in ständiger Gefechtsbereitschaft.
Stabschef Klaus Hein, der sich selbst wie seinen Offizieren und Soldaten härteste gefechtsnahe Ausbildung und strengsten Dienst auferlegte, fragt sich heute nach dem Sinn dieser Forderungen. Nicht, daß er als Soldat der DDR gedient habe, will er bereuen. *„Ich bereue, militanter Sozialist gewesen zu sein“*, erklärt er nachdenklich in der Öffentlichkeit. *„Wir haben die DDR militarisiert, den Krieg in die Kasernen getragen.“*
Zum auferlegten Flugprogramm gehören extreme Tiefflüge über der Ostsee. Die rasch wechselnde Wetterlage zwingt oft zu gewagten Manövern und zum vorzeitigen Abbruch von Übungen. Wenn nach längeren Sturm- und Regenperioden der Himmel über der Insel aufklart, wird oft in Tagen nachgeholt, was eigentlich für Wochen geplant war. Bei einigen der angesetzten Luftverteidigungsübungen kommt es zu über 240 Starts und Landungen innerhalb von drei Tagen. Dies bedeutet nicht nur Höchstbelastung für die Piloten, sondern vor allem auch für die Bevölkerung der Insel und im Sommer für Tausende von Urlaubern.

Auszeichnung eines Unteroffiziers vor der „entfalteten“ Truppenfahne

Dennoch lebt man in den Dörfern Peenemünde, Karlshagen und Trassenheide in geduldiger Nachbarschaft mit den Soldaten. Sowohl der Marinehafen als auch der Flugplatz schaffen einige hundert Arbeitsplätze. Wesentlich ungeduldiger ist man allerdings bei der Beschaffung von Wohnraum. Während 1964 das Fischerdorf Karlshagen nur 864 Einwohner zählte, werden 1977 bereits 3036 mit Wohnrecht registriert. Für viele der neu angekommenen NVA-Offiziere und ihre Familien bleiben die Wohnverhältnisse allerdings nicht nur bescheiden, sondern beschämend. Während für militärische Belange auf dem Flugplatz oder im Marinehafen keine Kosten gescheut werden – dringend erforderliche Ersatzteile werden aus der Sowjetunion eingeflogen –, sind die Lebensbedingungen der Soldaten und oft auch der jüngeren Offiziere mehr als spartanisch. Zwar hat man zwischen 1965 und 1975 einige hundert Wohnungen in Karlshagen geschaffen, doch das reicht bei weitem nicht aus. Am besten treffen es immer noch diejenigen, die in den Einfamilien- oder Reihenhäusern der ehemaligen Siedlung der Heeresversuchsanstalt unterkommen. Erst 1980 werden im Wohnungsbau der Kreisstadt Wolgast auch Peenemünder Offiziere berücksichtigt. In Karlshagen entsteht erst sechs Jahre später eine Siedlung mit Neubaublocks.
Dabei hatte es an Protesten und Petitionen an alle Kommandoebenen bis hin zum Staatsrat der DDR nicht gemangelt. 1980 war es im Fliegergeschwader sogar zu einer heftigen und unerwarteten Auflehnung gekommen. Junge Offiziere beklagten, daß sie seit langem getrennt von Ehefrau und Kindern leben müßten und das künftig nicht mehr hinnehmen wollten.
„Die Nationale Volksarmee war auch in Peenemünde für die Wirtschaftsplaner der DDR zu einer unsäglichen Last geworden“, kommentiert Oberst a.D. Klaus Hein. Dabei wußten sowohl die Leutnants und Kapitäne der Marine wie auch die Flieger, daß sie nach wie vor zu den Privilegierten im Versorgungssystem der DDR gehörten. Apfelsinen- und Bananenkisten gingen zuerst in die Dienststellen der NVA und meist noch zu den Matrosen an Bord. Was ab-

Die erhaltenen Einfamilienhäuser der einstigen Peenemünder Wohnsiedlung werden Anfang der sechziger Jahre durch Offiziere der NVA und ihre Familien bezogen

Beobachtungspunkt auf einem Shelter des Peenemünder Flugplatzes; die letzte Militärmaschine des JG 9 startet am 28. September 1989

gezweigt werden konnte, erreichte andere Dienststellen, die Peenewerft in Wolgast zum Beispiel. So war es lange, doch in den achtziger Jahren änderte sich auch das. Aus Mangel an Devisen, so hatte auch Stabschef Hein seinen Soldaten zu erläutern, reiche das „Angebot an Waren des höheren Bedarfs“ nicht mehr für alle. Man müsse deshalb von Berufssoldaten erwarten, daß sie ihre Bedürfnisse aus politischer Überzeugung zurückstecken.

Selbst bei den bislang in ihrem Dienst hochmotivierten Fliegeroffizieren kommt es daraufhin zu Unmut und Ratlosigkeit. Man registriert wie auch bei der Marine eine wachsende Zahl von Disziplinverstößen, Zuwiderhandlungen gegen Befehle, Entfernungen von der Truppe. Was sich über Jahre an tiefer Unzufriedenheit und Frust über die dogmatischen und lebensfremden Verhältnisse im Dienstalltag der NVA angestaut hatte, kommt nun, am Ende des Jahrzehnts, an allen Stellen zum Ausbruch. Auch der über dem Durchschnitt liegende bescheidene Lebensstandard kann das Bewußtsein nicht mehr kompensieren, von der erlaubten oder erzwungenen Liberalisierung des DDR-Alltags ausgeschlossen zu bleiben. Denn in der NVA wird selbst der „real existierende Sozialismus“ nicht einmal zur Kenntnis genommen.

Auch in der Volksarmee brodelt es, wie die zunehmenden Dienstvergehen und vor allem die Forderungen der Peenemünder Offiziere vor Augen führen: Gleiche Bedingungen für alle, das ist eine ihrer entscheidenden Forderungen.

Da seit Mitte der achtziger Jahre der Mangel an Devisen immer spürbarer wird und auch den Verteidigungshaushalt zu Einsparungen zwingt, wird auch das Peenemünder Jagdfliegergeschwader bei Neuanschaffungen kurzgehalten. Schon 1978 müssen für eine MiG 23 immerhin 18 Millionen Valuta-Rubel nach Moskau transferiert werden. Die letzten beiden MiG 23 werden im September 1985 zugesprochen. Die neue Generation der MiG-Jäger, die MiG 29, geht in 24 Exemplaren allein an das Jagdfliegergeschwader 3 in Preschen.

Als man am 28. September 1989 zum letzten Flugdienst antritt, verfügen die Peenemünder über 44 einsatzfähige MiG 23 verschiedener Ausführungen. Die Personalstärke wird mit 1 236 Mann, davon 104 Zivilangestellte, angegeben.[18] Zwischen 1961 und 1989 fanden 19 Piloten den Tod, und 37 Flugzeuge gingen verloren.[19] Der letzte tödliche Unfall ereignete sich bei einem Flug am 13. 9. 1990, nachdem der Platz bereits offiziell nicht mehr in Betrieb war.

18 Kopenhagen, Wilfried: Die andere ..., a.a.O., S. 57

19 Dietrich, Axel: Peenemünde im Wandel der Zeit. Peenemünde 1994, S. 51

Licht aus für die NVA

Unerwartete Demilitarisierung
1989 bis 1990

Wie sich Flottillenchef Gerd Leupold später erinnert, bestand 1990 im Peenemünder Kommando noch lange der Glaube, *„man könne mit den NVA-Matrosen den Grundstock für ein demokratisch legitimiertes Territorialheer stellen“*.[1] Die günstige strategische Lage des Marinehafens schien selbst unter den Zwängen radikaler Abrüstung alle Nachteile aufzuwiegen. Doch während man so in den Kommandoebenen einige Hoffnung hegte, trotz politischer Wende des Staatsschiffs die Flottille über Wasser halten zu können, wartete das Ende nur verdeckt hinter Wolkenbänken.

Dabei ließ sich der Anfang des Abstiegs durchaus moderat an. Bis Ende 1989 standen vorerst die Schiffe der Volksmarine auf ihren bisherigen Vorpostenpositionen in der Ostsee, obwohl die ersten Abrüstungsbefehle des Rostocker Marinekommandos zum Personalabbau im Oktober auch die Peenemünder erreicht hatten. Wie anderenorts auch verstand man sich zu behelfen. Der Rotstift strich zunächst die Posten der Kultur, und das war in der 1. Flottille das unschuldige Musikkorps. Die bis dahin zuverlässigen Partner der Konzert- und Gastspieldirektion, begehrt und beliebt bei manchem sommerlichen Kurkonzert, wurden als erste in die Arbeitslosigkeit entlassen.[2]

Als weitere bemerkenswerte Ereignisse vermeldet die Chronik der Flottille zunächst nur die Umstrukturierung der SED-Parteiorganisationen von der Kaserne in die Wohngebiete. Im November 1989, heißt es, seien von 1 154 Mitgliedern bereits 356 aus der Partei ausgetreten. Die Jugendorganisation FDJ stellt Ende Januar 1990 auf Befehl des Verteidigungsministeriums ihre Tätigkeit innerhalb der Armee ein.

Noch im alten Jahr, Anfang Dezember, war am Ortsausgang von Karlshagen der Schlagbaum zum militärischen Sperrgebiet beiseite geräumt worden. Damit standen wieder alle Wege offen. Das Ereignis hatte sich nicht nur auf der Insel herumgesprochen und zog bald Tausende von Schaulustigen an. Der breite, an manchen Stellen mit Schilf bewachsene Ostseestrand und der Peenemünder Haupthafen, der zwar zu sehen war, aber nicht betreten werden durfte, gehörten zu den Hauptattraktionen dieser Wochen. Wer gut zu Fuß war, konnte sogar bis zum Rollfeld der Jagdflieger vorwandern. Als es Frühling wird, stehen Wohnmobile und Zelte an vielen Stellen im Küstenwald. Man muß befürchten, daß herbeigelockte Touristen und heimliche Trophäenjäger eines Tages das Gelände stürmen. Daß solches nicht geschieht, daran hat schon der neue Eigentümer vehementes Interesse; mit dem Einigungsvertrag

1 Ersatzlos weg, in: Der Spiegel 46/91, S. 98

2 Vgl. Liebetrau, Reinhard: Abriß der Geschichte der 1. Flottille. Marinestützpunkt der Bundeswehr. Peenemünde, 1993

Seit Januar 1992 dienen die Peenemünder Hafenlagen als Auffangbecken für alle zum Verkauf oder zur Verschrottung bestimmten Schiffseinheiten der Volksmarine

ist das die Bundeswehr. Da, wie man bald überrascht feststellt, oft nur wenige Zentimeter tief im Strand und im Sand der Dünen Bombenblindgänger aus der Zeit des Krieges und dazu noch Granaten und Gewehrmunition aus der NVA-Ära gefunden werden, muß erneut eingezäunt und abgegrenzt werden. Außerdem besteht der Plan, auf dem Rollfeld des einstigen Jagdfliegergeschwaders ein Depot für NVA-Militärfahrzeuge einzurichten.

Doch zuvor werden auch in Peenemünde, wie überall in der DDR, im Juli 1990 die Soldaten neu vereidigt. Statt der Kokarde mit Hammer, Zirkel, Ehrenkranz trägt man jetzt den einfachen schwarzrot-goldenen Ring an der Dienstmütze. Zwar erreicht noch im März den Flottillenchef die Beförderung zum Kapitän zur See, doch in allen Schiffs- und Landeinheiten werden Waffen und Munition eingezogen und in zentrale Lager gebracht. Einzig die Wachkompanie darf zur Bewachung der Objekte und für ihre Schießausbildung noch die Kalaschnikow im Schrank behalten.

Je näher das Datum der deutschen Vereinigung rückt, um so mehr kommt die Gewißheit, daß auch in Peenemünde nichts mehr bleibt, wie es war. Da die Bundesmarine inzwischen unmißverständlich ihr Desinteresse am Weiterbestehen eines Marinestandortes Peenemünde bekundet hat, entschwinden auch die letzten Illusionen.

Am 2. Oktober wird nach preußischer Zucht und Ordnung noch einmal zur Flottillenmusterung angetreten. Nach der Entbindung vom Eid auf die Deutsche Demokratische Republik existiert die 1. Flottille mit Personen, Ausrüstung und Gerät nur noch als eine Altlast, die in den nächsten Jahren in Schich-

Kehraus beim Jagdgeschwader 9

Verlassene Shelter auf dem Flugplatz Peenemünde; Zustand April 1994

Klaus Hein, Jahrgang 1934, Oberst a.D., Stabschef des Jagdgeschwaders 9, später Chef des Wehrkreiskommandos Wolgast, plädiert seit 1990 für eine schonungslose Aufarbeitung der NVA-Geschichte

ten abgetragen werden muß. Die Verantwortung dafür übernehmen Offiziere der Bundesmarine. Ihr konkreter Auftrag sieht die Überführung des ehemaligen NVA-Standortes in ein Marinestützpunktkommando vor. Bis auf vier Schiffe und drei Schlepper sollen alle weiteren schwimmenden Einheiten nach einem festen Zeitplan außer Dienst gestellt werden. Das Personal des neuen Stützpunktes wird noch bis zum Ende des Jahres 1990 zu 80 Prozent entlassen.

Auch der Kommandeur des Jagdfliegergeschwaders, Oberstleutnant Wolfharry Dietze, wollte an solch düstere Zukunft für seine einstige Eliteeinheit lange nicht glauben. Als er im Sommer 1990 von einem Reporter nach den Perspektiven des Peenemünder Militärflugplatzes gefragt wird, antwortet er: *„Ich bin überzeugt, daß hier gesamtdeutsche Flieger bleiben werden."* Die strategische Lage des Platzes und die Effektivität der technischen Ausstattungen des Geschwaders hätten Fachbesucher aus der Bundesrepublik bislang beeindruckt.[3] Doch auch das erweist sich bald als Irrtum. Weder Peenemündes Schiffsbesatzungen noch seine Flieger passen mit ihren Leistungen und ihrem sowjetischen Gerät in die Logistik der Bundeswehr. Was einst zum wirtschaftlichen Knockout des DDR-Sozialismus beigetragen hatte, taugt nicht zur Komplettierung der NATO-Systeme. Einzig die MiG 29 hätte das Begehren wandeln können. Doch die war nicht mehr nach Peenemünde geliefert worden.

Der einstige Stabschef der Flieger, Oberst Klaus Hein, stand seit Mitte der achtziger Jahre dem Wehrkreiskommando in Wolgast vor. Rückblickend meint er 1994, sein innerer Bruch mit dem Sozialismus in der DDR habe mit dieser Leitungsfunktion eingesetzt. Erst hier sei er auf den Riß gestoßen, der die abgeschirmte NVA-Welt längst von den Realitäten des DDR-Alltags getrennt hatte. Nach innen war jedes abweichende Verhalten der Soldaten von der befohlenen Norm unterdrückt worden, draußen hatte man die Armee als wachsende Last empfunden. Klaus Hein zog als disziplinierter „Parteisoldat" aus dieser Erkenntnis vorerst keine persönlichen Konsequenzen. *„Ich hoffte auf Besserung, doch es veränderte sich nichts. So unterstützte ich das Alte weiterhin."*[4] Heins letzte Erfahrung im Wehrkreiskommando war die Weigerung von Wehrpflichtigen, in dieser NVA noch ihren Dienst zu leisten. Er selbst

Peenemünder Marine-Hafen, April 1994

3 vgl. Tagesspiegel vom 19.8.1990: Touristen sollen früheres V 2-Testgelände stürmen

4 Hein, Klaus: Interview, a.a.O.

Das Rollfeld des Peenemünder Flugplatzes dient seit 1991 der Materialdepot und Service Gesellschaft (MDSG) als Sammelstelle für Militärfahrzeuge der NVA

Vor profitablem Verkauf oder aufwendiger Verschrottung – Schiffseinheiten der Volksmarine im Peenemünder Hafen, April 1994

Der Materialdepot und Service Gesellschaft (MDSG) wurden nach eigenen Angaben bis zum 26. 1. 1994 insgesamt 10223 Radfahrzeuge aus NVA-Beständen zugeführt. Davon verkauft oder abgegeben an Länder: GUS (621), Mongolei (191), Ukraine (129), USA (34), Estland (30); an Kommunen: 916; an Einzelpersonen oder Firmen: 2419. An Erlösen aus Direktverkäufen wird eine Gesamtsumme von 7,11 Millionen DM angegeben.

kommt einem Befehl des Ministers zuvor, entscheidet eigenständig, Einberufungsverfahren abzubrechen, und stellt selbst Antrag auf Rücktritt. 1990 wird er als Sprecher des Runden Tisches in Wolgast gewählt. Der Befehl 50/90 des letzten DDR-Verteidigungsministers Eppelmann, nach dem alle Berufssoldaten über 55 Jahre und alle Oberste und Generale der NVA zu entlassen sind, versetzt ihn in den Vorruhestand. Seitdem fordert Klaus Hein öffentlich zum Nachdenken über die Geschehnisse in Peenemünde auf, fordert Reue und Umkehr.

Während im Oktober 1990 im Haupthafen die ersten Verbände der Bundesmarine einlaufen, wird an den verbliebenen fünf Schiffen der Peenemünder die bundesdeutsche Seekriegsflagge hochgezogen. Der Rest ist ausgemustert und zum Verkauf oder zur Verschrottung bestimmt. Der Hafen von Peenemünde wird von der Materialdepot und Service Gesellschaft Bonn (MDSG) als Abstellplatz für alle Schiffseinheiten der ehemaligen DDR-Marine genutzt, bis sie einer weiteren Verwertung zugeführt werden können. Im Spätherbst 1991 liegen mehr als 80 Raketenschnellboote, Minensucher oder Landungsschiffe an der Pier. Am schnellsten kann man die „Rosinen" absetzen – die Versorgungsschiffe, die Ramme und den Schwimmkran. Zahlreiche Kampfschiffe laufen wenig später unter den Flaggen Uruguays, Maltas, Lettlands und Indonesiens. In der Südsee, so meint man noch 1994 im Bundesverteidigungsministerium, habe man überhaupt das beste Geschäft anschieben können. Der Bundessicherheitsrat genehmigte den Export von 39 der in Peenemünde konservierten NVA-Schiffe. Da sich das mit Hermes-Bürgschaften abgesicherte Gesamtpaket der Rüstungslieferungen, zu denen auch fünf U-Boote aus bundesdeutscher Produktion gehörten, auf 1,4 Milliarden Mark belief, monierte sogar die Weltbank den Handel und erklärte, Indonesien habe

falsche Prioritäten in seinem Entwicklungshaushalt gesetzt. Auf dem Staat laste eine Auslandsverschuldung von 85 Milliarden Dollar.
Im September 1993 zählt Fregattenkapitän Jörg Krause nicht nur deutlich weniger Schiffe im Hafen, sondern auch nur noch 19 Soldaten und 47 Zivilbeschäftigte in seinem Marinestützpunkt. Bis September 1996, so sieht es die Abwicklung vor, soll sozialverträglich auf Null gefahren werden. Danach wird das Gelände in die Verantwortung der Standortverwaltung übergehen, die es wiederum altlastenfrei an das Bundesvermögensamt zu übergeben hat.
Auch das Rollfeld des einstigen Jagdfliegergeschwaders wird im Sommer 1991 nur noch von einem kleinen Nachkommando bewacht. Die Verantwortung für den Platz liegt inzwischen auch hier in der Hand der Materialdepot und Service Gesellschaft. Bald rollen in engen Reihen über 10 000 Radfahrzeuge der NVA, meist russischen Ursprungs, über die Betonpiste zum letzten gespenstischen Zählappell. Aus den schweren Werkstattwagen, Robur-Transportern und Jeeps tropft still das Altöl in die untergestellten Wannen.
Doch während militärische Technik und Anlagen ziemlich mühelos und planvoll zu vermarkten sind, trifft die einstigen Soldaten ein hartes Schicksal. Im Dezember 1990 stellen sie auf einen Schlag ein Arbeitslosenheer von fast 4 000 Mann. Während im gesamten Kreis Wolgast die Arbeitslosigkeit zu diesem Zeitpunkt bei 20 Prozent liegt, sind davon in Peenemünde und Karlshagen drei von vier Einwohnern betroffen. Da auch andere Betriebe der Region, wie die Fischereigenossenschaft in Karlshagen, die Peenewerft in Wolgast oder das Kernkraftwerk bei Greifswald, Personal reduzieren und die Produktion zurückfahren oder ganz einstellen, besteht selbst

Warnung vor Munitionsverseuchung am Strand von Peenemünde! Die Männer des Munitionsbergungsdienstes machen folgende Rechnung auf: Wenn zehn Arbeiter an fünf Tagen der Woche jeweils acht Stunden nach verborgener Munition im Boden suchen, benötigen sie 150 Jahre, um das Peenemünder Gelände frei melden zu können.

Boote der NVA-Flotte dienen 1993 in Peenemünde der „Antiterrortruppe" GSG 9 zu Sprengversuchen

für die technischen Offiziere der Marine oder die Flieger kaum eine Aussicht auf eine berufliche Tätigkeit. Was bleibt, sind Hoffnungen, mit einer Umschulung weiterzukommen. In der Siedlung in Karlshagen versucht sich manch einer auf dem glatten Parkett als Versicherungsvertreter oder Wirtschaftsberater.

Rainer Adam lenkt als Vorruheständler, der freilich nicht zur Ruhe finden will, sein Hauptinteresse auf Umweltpolitik und setzt sich fortan als Vertreter des Bundes für Umwelt und Naturschutz Deutschlands (B.U.N.D.) dafür ein, daß Usedoms naturgeschützte Landschaften und insbesondere die lange unangetasteten Gebiete an der Nordspitze der Insel erhalten bleiben. Seiner Überzeugung nach könnte auch mit sanftem Tourismus Wirtschaftsaufschwung in der Region befördert werden. Und das hieße: Arbeitsplätze schaffen.

Andere versuchen, aus der Vergangenheit Peenemündes ein Stück Zukunft zu gewinnen. Unter ihnen sind auch ehemalige Offiziere aus dem Jagdfliegergeschwader.

Zukunft aus Ruinen?

**Projekte, Illusionen, Hoffnungen
1991 bis 1996**

Die Peenemünder Denkmallandschaft umfaßt ein Areal von etwa 500 Hektar; hier Reste gesprengter Bunkeranlagen am Peenestrom

An unternehmerischen Ideen, dem historischen Ort Peenemünde wieder eine Zukunft zu geben, hat es seit 1990 nicht gemangelt. Allein, den hochfliegenden Gedanken folgte am Ende keine beherzte Investition – und oft genug muß man dafür dankbar sein.

Denn offenkundig versprachen weder das frühe Freizeitpark-Projekt in Disneyland-Manier, das der Flensburger Unternehmer Volker Thomsen vorlegte, noch der Vorschlag des Amerikaners Richard Coleman zum Bau einer Satelliten-Startanlage eine sinnvolle Vergangenheitsbewältigung, die gleichzeitig eine neue Zukunft für den Ort zugelassen hätte. In der Kommune bevorzugte man schon anfangs vernünftigere wirtschaftliche Dimensionen, zum Beispiel die Einrichtung eines Gewerbezentrums oder den Bau eines Seglerhafens und einer Feriensiedlung zur Beförderung des Tourismus. Das Projekt eines Raumfahrtparks sollte erst später die Gemüter erhitzen. Vorläufig dachte man an mittelständische Unternehmen, um die dringend erforderlichen Arbeitsplätze zu schaffen. Doch alle Pläne stießen immer wieder auf das gleiche Problem – ungeklärte Eigentumsverhältnisse bei den Liegenschaften. Und vorerst gehörten fast 97 Prozent des dörflichen Grund und Bodens ohnehin der Bundeswehr. Aber selbst im vorgefundenen Grundbuch der Gemeinde Peenemünde, so hieß es, sollten die ersten Eintragungen erst aus dem Jahre 1956 stammen.

Während im Bürgermeisteramt von Peenemünde und in der Kreisverwaltung von Wolgast die ersten potentiellen Investoren vorsichtig das Terrain erkunden, gründen andere, die nichts zu verlieren haben, aber an ihre Zukunft denken müssen, in der Kaserne des Jagdfliegergeschwaders einen Verein. Die Selbsthelfer, überwiegend ehemalige Offiziere der NVA, nennen ihre Interessengemeinschaft „Neuer Historischer Verein Peenemünde in Vorpommern e.V."

und gewinnen ab Sommer 1990 dafür eine Reihe weiterer Mitglieder zwischen Koserow und Wolgast. Ihr gemeinsames Ziel sehen die Freizeithistoriker in der Aufdeckung der im wahrsten Sinne „verschütteten“ Vergangenheit des Ortes. Um System in die Dinge zu tragen, teilt man den Lauf der Zeit in drei Interessenfelder: die Geschichte Peenemündes vor 1935, die Zeit der Raketenversuchsanstalten zwischen 1936 und 1945 und die Jahre nach 1945 bis zur Gegenwart. Da allerdings im Verein die Techniker überwiegen und einige der ehemaligen NVA-Offiziere auch bereits mit der Waffengeschichte Peenemündes vertraut sind, steht vor allem die Raketenentwicklung während des Dritten Reiches auf dem Erkundungsprogramm. Auf Pirschgängen im Kieferndickicht befördert man bald die ersten Antennenträger und Luftruder der A 4-Rakete zutage. Vereinsmitglied Reinhold Krüger, der sich aus seiner Lehrlingszeit in der Heeresversuchsanstalt noch beste Ortskenntnis bewahrt hat, führt seine staunenden Kollegen zu mancher Fundgrube auf dem inzwischen wieder eingezäunten, riesigen Gelände. So türmen sich bald die vom Rost zernagten Bleche und Ringe, Steuerräder, Ventile und Flansche, die einst das Innenleben einer Rakete ausfüllten. Von Archäologenglück beflügelt, beschließt der Verein noch im Sommer 1990, Zeitzeugen nach den Versuchsanstalten in Peenemünde zu befragen, historisches Fotomaterial, Dokumente und Literatur zu sammeln und mit der Einrichtung einer Ausstellungsstätte in der ehemaligen Bunkerwarte des Kraftwerkes zu beginnen.
Was so harmlos begann, wächst bald über den Kopf der Freizeitmuseologen. Ihr „Historisch-technisches Informationszentrum“, das fortan kühn die Behauptung „Peenemünde – Geburtsort der Raumfahrt“ im Schilde führt, erreicht zwar seit seiner Eröffnung im Mai 1991 Hunderttausende Besucher, doch Konzeption und Inhalt der Ausstellung lösen anhaltend zwiespältige Reaktionen in der Öffentlichkeit aus. Sowohl vereinfachende Dokumentationen zur militärischen Vergangenheit des Ortes, die mit Ausstellungsstücken bis in die Ära der NVA führen, als auch Versuche, die Peenemünder Vernichtungswaffen umzuwerten und an den Anfang der zivilen Raumfahrtentwicklung zu stellen, tragen kaum der historischen Wahrheit Rechnung, monieren zu Recht viele Besucher im Gästebuch. Andere freilich, darunter nicht wenige der ehemaligen Wissenschaftler und Ingenieure der Raketenversuchsanstalten, können mit ihrem Beifall über das in Peenemünde entstandene neue Memorial nicht lautstark genug in den Medien auftreten.
Mit solchem Rückenwind kommen bald hochfliegende neue Pläne auf. Dr. Dieter Genthe, Sonderbeauftragter der regierungsfinanzierten Deutschen Agentur für Raumfahrtangelegenheiten in Bonn, beschwört den „Genius loci“ und schlägt vor, nach

Blindgänger oder harmlose Metallhülse? Weite Teile des einstigen Peenemünder Militärgeländes bleiben noch für lange Jahre munitionsverseucht

Depot des Historisch-technischen Informationszentrums in Peenemünde zur Sammlung von NVA-Militärtechnik; im Hintergrund eine MiG 23

Modell einer A 4/V 2-Testrakete im Maßstab 1:1, das 1995 vom Förderverein Peenemünde mit Hilfe von Sponsorenmitteln errichtet wurde

Usedom-Karte, die 1977 vom amerikanischen militärtopographischen Dienst nach Luftbildaufnahmen angefertigt wurde und den NATO-Verbündeten zur Planung von Militäroperationen zur Verfügung stand

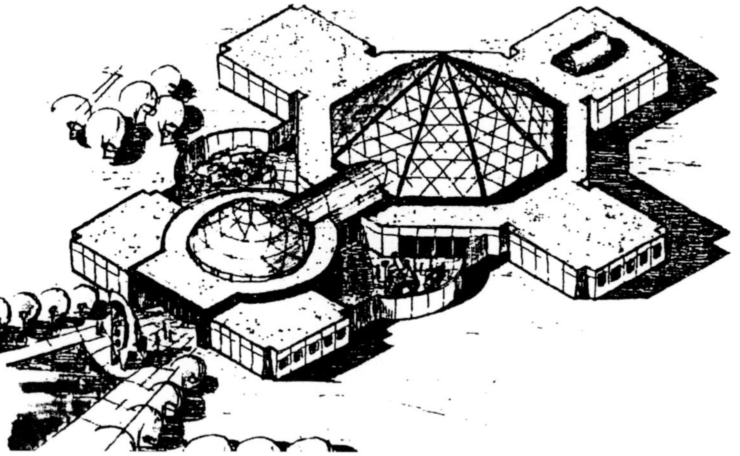

Projektskizze für ein Kongreßzentrum im „Raumfahrtpark Peenemünde"

dem Vorbild amerikanischer „Space camps" einen Raumfahrtpark in Peenemünde einzurichten. Das kommerzielle Unternehmen wird bald in einer Konzeptstudie der Firma Dornier Deutsche Aerospace näher vorgestellt. Es soll als „pädagogisch-didaktische Einrichtung" für Jugendliche und technisch Interessierte neben einem *„Raumfahrtmuseum von europäischem Rang ein Trainings- bzw. Erlebniszentrum, ein Kongreßzentrum sowie ein Filmtheater, Hotel und Gaststätten enthalten"*.[1] Das Projekt könnte auch dem Negativimage der Raumfahrt entgegenwirken, wird darin versichert. Schließlich habe *„eine mehr als zwanzigjährige technikfeindliche Erziehung dazu geführt, daß viele Lehrer in den alten Bundesländern über die Raumfahrt heute keinen sachlich zutreffenden Unterricht erteilen könnten"*.[2] Das Bundeswirtschaftsministerium will das Projekt mit zehn Millionen DM fördern, das wäre die Hälfte der benötigten Investitionen. Auf der Habenseite stünden fast 300 Arbeitsplätze – sehr viel für die strukturschwache Region.

Als sich zum fünfzigsten Jahrestag des Erststarts einer A 4-Rakete am 3. Oktober 1992 dann in Peenemünde sogar der Bundesverband der Deutschen Luftfahrt-, Raumfahrt- und Ausrüstungsindustrie und die Deutsche Forschungsanstalt für Luft- und Raumfahrt, unterstützt vom parlamentarischen Staatssekretär im Wirtschaftsministerium Erich Riedl (CSU), ansagen, um die *„Geburtsstunde der Raumfahrt"* gebührend zu begehen, scheinen alle wichtigen Weichen in die Zukunft plötzlich gestellt. In Peenemünde jedenfalls glaubt man beinahe schon, die Arbeitsplätze für das in Aussicht gestellte Raumfahrtpark-Projekt verteilen zu können.

Doch es sollte anders kommen. Der Fall fordert die Stellungnahme von Ministern und höchsten Parteigremien heraus. Schließlich folgt aus Bonn die Absage. Die Politiker sehen sich genötigt, nach heftigen Protesten aus der Bundesrepublik und auch aus Großbritannien die Feierstunde nicht stattfinden zu lassen. Es setzt sich die öffentliche Meinung durch, die verlangt, den 3. Oktober 1942 nicht als ein historisches Datum für den Beginn einer friedlichen Nutzung des Weltraums zu begehen. Auch Staatssekretär Riedl und die Industrie ziehen fortan ihr Votum für einen Raumfahrtpark in Peenemünde zurück. Ende 1992 scheinen also die Zukunftsaussichten wieder trübe, zumal die Eigentumsverhältnisse für die größten Liegenschaften auch weiterhin ungeklärt bleiben. Erst als im Sommer 1993 die für den Grundbesitz zuständige Wehrbereichsverwaltung der Bundeswehr überraschend erklärt, das Militärgelände bei Peenemünde bis auf wenige Ausnahmen bereits bis zum 30. September 1996 weitgehend von Munition und Altlasten gereinigt für eine zivile Nutzung freigeben zu wollen, kommt erneut Bewegung in die Sache. Denn da auch das Bundesvermögensamt kein Eigeninteresse anmeldet, würde die 500 Hektar große Gesamtfläche zwischen Haupthafen, Nord- und Weststrand den Kommunen und dem Land Mecklenburg-Vorpommern zufallen. Wenig später sagt auch die Landesregierung eine Anschubfinanzierung von 1,5 Millionen Mark für die Gemeinde Peenemünde zu, womit unter anderem die längst fällige Bauleitplanung auf den Weg gebracht werden kann. Erst mit solchen Unterlagen wären Investoren vertraglich zu binden.

Aber dennoch geht es lange nicht voran. Zwar sollen mehrere potentielle Investoren, darunter weiterhin die Deutsche Aerospace, auch 1993 noch am Peenemünder Haken hängen, aber da die Pläne der Landesregierung für den historischen Ort im Dunkeln bleiben, kommt man über Sandkastenspiele nicht hinaus. Erst als im April 1994 eine vom Kultusministerium geladene Gruppe von Historikern und Museumsfachleuten ihre deutliche Abneigung gegen den Raumfahrtpark und die „Selbstdarstel-

1 Konzeptstudie zur Realisierbarkeit des Raumfahrtparks Peenemünde, ausgearbeitet von Dornier, Deutsche Aerospace, o.O. 1993

2 Vgl.: Geschoß aus der Hölle, in: Die Zeit, 2. 10. 1992

Kapelle am alten Peenemünder Dorffriedhof; das historische Gebäude wurde von der Kirchgemeinde mit Spendenmitteln rekonstruiert und soll als Stätte des Gedenkens an die Opfer von Peenemünde erinnern

Einholen der Bundeswehrflagge am 21. März 1996. Peenemünde ist nach 60 Jahren wieder ein ziviler Ort.

lungspläne der Industrie" erklärt und Gegenentwürfe für eine „Museums- und Denkmallandschaft" ankündigt, fordert auch die damalige Kultusministerin Steffi Schnoor (CDU), endlich ein „zeitgemäßes, kritisches und objektiv bestimmtes Konzept" für ein neu einzurichtendes Museum in Peenemünde zu entwikkeln. Darin soll auch mit den Legenden und Mythen aufgeräumt werden, die die Peenemünder Forscher und Ingenieure inzwischen um ihre einstige Wirkungsstätte gewunden haben. Der kleine Ort mit der großen geschichtlichen Bedeutung, heißt es in aller Deutlichkeit, dürfe weder historisch uminterpretiert werden, noch sei es zugelassen, seine Topographie zu verändern. Doch dem Wort der Ministerin folgt weder eine Entscheidung noch eine Empfehlung, geschweige denn ein Finanzierungsplan für konkrete Projekte. Und so bleibt die Auseinandersetzung mit der Vergangenheit wieder einem freien Spiel der Kräfte ausgesetzt.

Als im Oktober 1994 nach längerer Pause die vom Ministerium berufenen Historiker und Museumsdiektoren zusammentreffen, um ihr angekündigtes Museumskonzept zu konkretisieren, müssen sie „mit Befremden und Entrüstung" feststellen, daß andere Interessengruppen bereits gehandelt haben und die Weichen neu gestellt sind. Die Initiative zur Vergangenheitsbewältigung war an eine „Gründungsgesellschaft zur Errichtung eines Raumfahrtparks" übergegangen. Deren Gesellschafter, zu denen der Förderverein, die Kommune, die örtliche Sparkasse und der Landkreis gehören, bekennen sich weiterhin zum Konzept der deutschen Raumfahrtindustrie. Damit ist auch die bis dahin einzige Initiative der Landesregierung gescheitert, Peenemünde in die deutsche Museumslandschaft zu integrieren. Der gerade erst berufene Experten-Rat tritt unter Protest zurück und erklärt, nicht teilhaben zu wollen an Plänen, „die eine erneute Demonstration moderner Bedenkenlosigkeit gegenüber der nationalsozialistischen Geschichte" sei.[3]

Wie die letzten Nachrichten besagen, scheinen inzwischen die Karten für die Zukunft des Museumsortes Peenemünde noch einmal neu gemischt zu werden. Doch die Initiative liegt weiterhin bei den Befürwortern der Raumfahrtpark-Idee. Seit Anfang des Jahres 1996 arbeitet eine Projektgruppe unter der Leitung eines promovierten Historikers dafür neue Pläne aus. Und auch die Ausstellungen des Museums sollen danach konzeptionell überarbeitet werden, um der Geschichte des Ortes zu entsprechen. Wichtigstes Korrektiv der Projektgruppe wird ein Beirat sein, dem namhafte Historiker und Museologen, Politiker der Bundes- und der Landesregierung sowie Vertreter der deutschen Raumfahrtindustrie angehören. Die Zusammensetzung läßt auf Streit hoffen, der öffentliches Interesse finden könnte.

Am 21. März 1996, sechs Monate vor dem ursprünglich angesetzten Termin, wurde im Marinestützpunktkommando Peenemünde die Fahne der Bundeswehr eingeholt. Damit endeten formell 60 Jahre Militärgeschichte. Die Räumung ihrer Hinterlassenschaften wird man nicht allein den Munitionsbergungsdiensten überlassen dürfen.

3 Gottmann, Günther, Direktor des Museums für Verkehr und Technik Berlin, zitiert nach: Ostseezeitung vom 14. 10. 1994

Anhang

Zeittafel

1914–1918 Erste Versuche mit gesteuerten Pulverraketen zur Luftkriegsführung

1923 Hermann Oberth veröffentlicht „Die Rakete zu den Planetenräumen“ – eine der ersten wissenschaftlichen Darstellungen zur Technik und Perspektive der Raumfahrt

5. Juli 1927 Gründung des Vereins für Raumschiffahrt in Breslau

Dezember 1929 Reichswehrminister Groener läßt militärische Verwendbarkeit von Flüssigkeitsraketen erproben

Frühjahr 1930 Heereswaffenamt beginnt mit systematischer Bestandsaufnahme zur Raketenforschung

Juli 1930 Chemisch-technische Reichsanstalt Berlin prüft erstmals eine Kegeldüse für Flüssigkeitstriebwerke

27. September 1930 Die Ingenieure Rudolf Nebel und Klaus Riedel eröffnen den „Raketenflugplatz“ Berlin-Tegel als private Forschungsstelle

1931 Start der ersten deutschen Flüssigkeitsrakete

1932 Einrichtung der militärischen Raketenversuchsstelle in Kummersdorf bei Berlin, militärische Leitung: Walter Dornberger, technische Leitung: Wernher von Braun

21. Dezember 1932 Erster Brennversuch mit einem Raketentriebwerk in Kummersdorf endet mit Explosion

1933 Entwicklung des Aggregats 1 (A 1) unter Federführung des Heereswaffenamtes, das bis 1945 einziger Auftraggeber für Raketenentwicklungen bleibt

Dezember 1934 A 2-Rakete erreicht auf Borkum eine Gipfelhöhe von 2 200 Metern

1935 Beginn der Entwicklung des Aggregats 3 (A 3) als Versuchsgerät mit einer Schubkraft von 1,5 Tonnen

1936 Auftrag zur Triebwerksentwicklung für das Projekt A 4, das mit einer Schubkraft von 25 Tonnen eine Sprengladung von 750 Kilogramm über 250 Kilometer ins Ziel tragen soll

März 1936 Oberbefehlshaber des Heeres inspiziert Kummersdorf-West und sagt großzügige Förderung durch Aufbau einer neuen Versuchsstelle zu

April 1936 Ankauf des Geländes auf der Ostseeinsel Usedom für Versuchsstellen des Heeres und der Luftwaffe

August 1936 Baubeginn in Peenemünde, Heeresversuchsanstalt und Luftwaffenerprobungsstelle dienen bis April 1945 vorwiegend der Entwicklung und dem Test der A 4-Rakete und der Flugbombe Fi 103

Mai 1937 Erste Werkstätten bezugsfertig, technische Versuchsanlagen im Entstehen, Stammannschaft verlegt von Kummersdorf nach Peenemünde

Juli 1937 Erste Wohnungen der Siedlung Karlshagen bezogen

4. Dezember 1937 Versuchsmuster einer A 3-Rakete auf der Greifswalder Oie gestartet

Sommer 1938 Neue Versuchsreihe mit A 5 erreicht maximale Weiten von 18 Kilometern und Gipfelhöhen von 8 000 bis 12 000 Metern

20. Juni 1939 Start des Raketenflugzeuges He 176 vom Flugplatz Peenemünde

6. Dezember 1939 Baubeginn für das Kraftwerk Peenemünde, das 1942 ans Netz geht

21. März 1940 Erster Brennversuch mit einem Triebwerk von 25 Tonnen Schubkraft

1. Mai 1940 Bauleitung für Peenemünde übernimmt Albert Speer, Generalinspekteur für die Reichshauptstadt

29. Juli 1940 Erster Entwurf einer zweistufigen Interkontinentalrakete, die New York treffen kann

Oktober 1940 Aufnahme des elektrischen Werkbahnbetriebes

5. Juni 1942 Fieseler Werke AG übernehmen den Bau der Flugbombe Fi 103 (der späteren V 1)

18. September 1942 Beginn der Entwicklung einer Flugabwehr-(Fla-)Rakete in Peenemünde

3. Oktober 1942 Erster erfolgreicher Start einer A 4-Rakete (der späteren V 2) in Peenemünde

24. Dezember 1942 Erprobung der Flugbombe Fi 103 in der Luftwaffenerprobungsstelle

April 1943 Luftwaffenerprobungsstelle und Heeresversuchsanstalt fordern KZ-Häftlinge für Einsatz in Peenemünde an

Mai 1943 Royal Air Force bereitet nach Luftbildauswertungen ersten Bombenangriff auf Peenemünde vor

7. Juli 1943 Dornberger und von Braun unterrichten Hitler über Stand der Raketenforschung; dieser bestimmt höchste Dringlichkeitsstufe für das A 4-Programm

17./18. August 1943 Nächtlicher Luftangriff der Royal Air Force auf Wohnstätten und Anlagen von Peenemünde

August 1943 Einrichtung einer Fernraketen-Truppenschule mit Versuchsbatterie in Köslin

22. August 1943 Entscheidung über Aufnahme der Serienfertigung der Peenemünder Waffen in einer unterirdischen Produktionsstätte im Kohnstein bei Nordhausen

28. August 1943 Häftlinge aus dem KZ Buchenwald richten das Außenlager „Dora" ein und beginnen mit dem Stollenausbau für das Mittelwerk

25. November 1943 Aufnahme des Erprobungsschießens auf dem Truppenübungsplatz „Heidelager" bei Blizna in Südostpolen

Dezember 1943 Aufstellung der ersten Fernraketenbatterie

1. Januar 1944 Aufnahme der Serienfertigung der A 4-Rakete im Mittelwerk

29. Februar 1944 Erster Start einer Fla-Rakete „Wasserfall" in Peenemünde

16. Mai 1944 Wehrmachtführungsstab entscheidet, Mitte Juni das Fernfeuer gegen England zu eröffnen

15. Juni 1944 Erster massierter Einsatz der Flugbombe Fi 103 gegen England aus Stellungen an der Westfront; Nazi-Propaganda führt Begriff der „Vergeltungswaffe" ein

18. Juli 1944 Luftangriff auf Peenemünde durch Bomber der US Air Force; weitere folgen am 4. und 25. August

August 1944 Nach dem Attentatsversuch auf Hitler vom 20. Juli wird der Fronteinsatz aller V-Waffen dem SS-General Hans Kammler übertragen

7. und 8. September 1944 Erster Fronteinsatz mit A 4/V 2-Raketen gegen Paris und London aus mobilen Stellungen an der Westfront

Spätherbst 1944 Beginn der Verlegung von Peenemünder Betriebsteilen in den Raum des Mittelwerkes

8. November 1944 Wehrmachtbericht meldet mit zweimonatiger Verspätung den Fronteinsatz von A 4/V 2-Raketen

31. Januar 1945 Kammler befiehlt die vollständige Auslagerung von Peenemünde

8. Februar 1945 Neun sowjetische Kriegsgefangene fliehen mit einem Bomber der Luftwaffe vom Flugplatz Peenemünde

17. Februar 1945 Letzter Teststart einer A 4/V 2 vom Prüfstand 7 in Peenemünde

27. Februar 1945 Gründung der „Entwicklungsgemeinschaft Mittelbau" als Interessenträger von Heer und Industrie; Wernher von Braun wird Generaldirektor

12. März 1945 Luftangriff amerikanischer Bomber auf Kriegshafen und Stadt Swinemünde; die Rote Armee steht 30 Kilometer vor Peenemünde

27. März 1945 Letzter Verschuß einer A 4/V 2 gegen London

30. März 1945 Letzter Einsatz einer Flugbombe Fi 103/V 1 gegen Antwerpen

7. April 1945 Annähernd 500 Peenemünder Raketenexperten verlassen mit einem Sonderzug den Raum des Mittelwerkes in Richtung Oberammergau

Anfang April 1945 Beginn der Todesmärsche aus dem KZ Mittelbau

10. April 1945 Die Arbeiten im Mittelwerk werden eingestellt

11. April 1945 3. US-Panzerdivision besetzt Nordhausen und befreit das KZ-Mittelbau

12. April 1945 Frontabteilung des technischen Nachrichtendienstes der US-Armee erkundet V-Waffen-Produktionsstätte im Kohnstein

26. April 1945 Das letzte Häftlingskommando wird von Peenemünde nach Barth verbracht

30. April 1945 Sowjetische 2. Stoßarmee dringt aus Richtung Wolgast auf die Insel Usedom vor

2. Mai 1945 Wernher von Braun und Generalmajor Dornberger nehmen in Reutte (Tirol) Kontakt zur anrückenden US-Armee auf

4. Mai 1945 Sowjetische Soldaten erreichen kampflos Peenemünde und besetzen das Gelände

22. Mai 1945 US-Armee läßt aus dem Mittelwerk über 100 V 2-Raketen als Kriegsbeute zum Versuchsgelände White Sands (Neu Mexiko) transportieren

5. Juli 1945 Nach Abzug der Amerikaner aus Thüringen treffen sowjetische Raketenfachleute im Mittelwerk ein und bereiten die Wiederaufnahme der V 2-Produktion vor

17. August 1945 Beginn der Demontage in Peenemünde

Ende September 1945 Die USA übernehmen Wernher von Braun und die erste Gruppe Peenemünder Raketenforscher zur Weiterentwicklung der V 2 für ihr Waffenprogramm

2. Oktober 1945 Die Britische Armee startet mit Unterstützung von kriegsgefangenen Soldaten deutscher Raketentruppen und Peenemünder Fachleuten bei Cuxhaven eine A 4/V 2

Mitte Oktober 1945 Sowjetische Raketenfachleute erkunden Peenemünder Anlagen und legen Dokumentationen zur Weiterführung der V 2-Produktion an

Ende Oktober 1945 Im Zentralwerk in Nordthüringen arbeiten 5 000 deutsche Fachleute an V 2-Raketen für die UdSSR; Generaldirektor des sowjetischen Betriebes ist der Peenemünder Diplomingenieur Helmut Gröttrup

November 1945 Zweite Gruppe Peenemünder Raketenforscher übersiedelt aus Bayern zur Weiterarbeit in die USA; ab Februar 1946 stehen 118 hochrangige deutsche Fachleute in amerikanischen Diensten

16. April 1946 Erster Start einer A 4/V 2 auf dem amerikanischen Versuchsgelände White Sands

Frühsommer 1946 Weitere Demontage der Peenemünder Anlagen durch deutsche Arbeitskräfte; gleichzeitig Wiederaufbau von Prüfständen und Testeinrichtungen durch sowjetische und deutsche Fachkräfte

August 1946 Abbruch der Rekonstruktion von Prüfstand 9 in Peenemünde nach Protest der West-Alliierten im Kontrollrat

22. Oktober 1946 UdSSR verlagert die im Zentralwerk begonnene Raketenproduktion in den Raum Moskau; deutsche Fachleute müssen mehrere Jahre für die sowjetische Forschung arbeiten

18. Oktober 1947 Start der ersten rekonstruierten A 4/V 2 auf dem sowjetischen Raketenversuchsgelände Kapustin Jar unter Mitwirkung deutscher Raketenforscher

Frühjahr 1948 Abschluß der Demontagen in Peenemünde und Sprengung der restlichen Anlagen

Sommer 1948 Sprengung der Zugänge zum unterirdischen Stollensystem im Kohnstein bei Nordhausen durch Pioniereinheit der sowjetischen Armee

1948 Wiederherstellung des Flugplatzes Peenemünde zur Nutzung durch sowjetische Marineflieger

Januar 1951 Aufbau einer Räum- und Küstensicherungsdivision der Seepolizei der DDR im Haupthafen von Peenemünde

Dezember 1952 Peenemünde wird Standort der ersten Flottenbasis der „Volkspolizei See"

1953 Einstellung von Zivilbeschäftigten

Juli 1956 Bildung der Flottenbasis Ost der Volksmarine

November 1956 Peenemünde wird Standort der 1. Flottille der DDR-Seestreitkräfte (Volksmarine)

1958 Nach Abzug der sowjetischen Marineflieger übernimmt die Nationale Volksarmee den Flugplatz Peenemünde; Bau einer neuen Start- und Landebahn

Mai 1961 Übernahme des Flugplatzgeländes durch das Jagdfliegergeschwader 9 der Luftstreitkräfte der NVA; Peenemünde wird wieder militärisches Sperrgebiet

20. November 1962 Im Peenemünder Nordhafen machen die ersten zwei Raketenschnellboote der Volksmarine fest; die Schiffe sind mit je vier Seezielraketen sowjetischer Herkunft (P-15) bewaffnet

September 1963 Rat der Stadt Nordhausen beschließt die Einrichtung einer Mahn- und Gedenkstätte auf dem Gelände des KZ Mittelbau-Dora

28. September 1989 Letzter offizieller Flugdienst des Jagdgeschwaders 9 in Peenemünde
2. Dezember 1989 Öffnung des Sperrgebietes

3. Oktober 1990 Auflösung der NVA und damit auch der in Peenemünde stationierten Einheiten der Volksmarine und der Luftstreitkräfte; die Bundesmarine unterhält ein Stützpunktkommando, das 1996 aufzulösen ist

Anfang 1991 Hafen und Flugplatz dienen der Materialdepot und Service Gesellschaft als Liegeplatz und Sammelstelle für militärisches Gerät der NVA mit dem Auftrag zu Abgabe und Verkauf

9. Mai 1991 Eröffnung des Historisch-technischen Informationszentrums Peenemünde

1992 Die Firma Dornier Deutsche Aerospace legt eine Konzeptstudie zur Errichtung eines Raumfahrtparks in Peenemünde vor

3. Oktober 1992 Internationale Proteste verhindern eine hochrangig besetzte Jubiläumsfeier der deutschen Raumfahrtindustrie in Peenemünde, die demonstrativ an den ersten gelungenen Start einer A 4/V 2-Rakete vor 50 Jahren erinnern sollte

April 1994 Das Schweriner Kultusministerium beruft eine Gruppe Historiker und Museumsfachleute mit dem Auftrag, ein Konzept für die Museums- und Denkmallandschaft Peenemünde zu erarbeiten

Oktober 1994 Der Landkreis Ostvorpommern betreibt die Gründung einer GmbH zur Errichtung eines Raumfahrtparks; das Vorhaben, von dem sich auch Kultusministerin Schnoor (CDU) distanziert, führt zum sofortigen Rücktritt der gerade berufenen Expertengruppe

Februar 1996 Bildung einer weiteren Projektgruppe zur Ausarbeitung eines Konzeptes für den Museumsstandort Peenemünde. In den Beirat sollen Vertreter der Bundes- und der Landesregierung, führender Technik-Museen und der deutschen Raumfahrtindustrie berufen werden

21. März 1996 Mit dem Einholen der Flagge räumt das letzte Marinestützpunktkommando den Standort. Peenemünde ist nach 60 Jahren wieder frei von Militär

Abkürzungsverzeichnis

A	Aggregat; in numerischer Folge A 1, A 2 ff.
AK	Armia Krajowa (Heimatarmee Polen)
AVKO	Altenwalde Versuchskommando
BBBO	Bistum Berlin; Bischöfliches Ordinariat, Arbeitsstelle für Zeitgeschichte
BDC	Berlin Document Center
BGS	Baugruppe Schlempp
BLHAPo	Brandenburgisches Landeshauptarchiv Potsdam
BAMZPo	Bundesarchiv, Militärisches Zwischenarchiv Potsdam
DAF	Deutsche Arbeitsfront
CAW	Centralne Archiwum Wojskowe, Warszawa (Zentrales Militärarchiv, Warschau)
EW	Elektromechanische Werke GmbH Karlshagen/Pommern
EW	Entwicklungswerk
F 1	Fertigungshalle 1
Fi	Fieseler
Gestapo	Geheime Staatspolizei
HAP	Heeres-Artillerie-Park
HAP	Heimat-Artilleriepark Peenemünde
HVP	Heeresversuchsanstalt Peenemünde
HTIZPeA	Historisch-technisches Informationszentrum Peenemünde, Archiv
IVVdNAB	Interessenverband ehemaliger Teilnehmer am antifaschistischen Widerstand, Verfolgter des Naziregimes und Hinterbliebener e.V., Archiv Berlin
JG 9	Jagdgeschwader 9 der NVA-Luftstreitkräfte
KdF	Kraft durch Freude
KZGDMA	KZ-Gedenkstätte Dora-Mittelbau, Archiv
MIBAU	Mittelbau
MVTBA	Museum für Verkehr und Technik Berlin, Archiv
NVA	Nationale Volksarmee
OKW	Oberkommando der Wehrmacht
OSOAVIACHIM	Obschestvo Sodeistvija Oborone, Aviazionnomu i Chimitscheskomu stroitelstvu (Gesellschaft zur Unterstützung der Verteidigung, des Aufbaus der Luftfahrt- und der Chemieindustrie)
OT	Organisation Todt
P 1	Prüfstand 1 und folgende
RAF	Royal Air Force
RAD	Reichsarbeitsdienst
RSHA	Reichssicherheitshauptamt
SD	Sicherheitsdienst
SAPMO-BA	Stiftung Archive der Parteien und Massenorganisationen der DDR, Bundesarchiv Berlin
TW	Teilewerkstatt
VKN	Versuchskommando Nord
VW	Versuchsserienwerk
WaPrüf	Waffenamt-Prüfwesen
WFSt	Wehrmachtführungsstab
ZW	Zusammenbauwerkstatt

Quellen- und Literaturverzeichnis

Archive, Sammlungen

Berlin Document Center (BDC)

Bistum Berlin. Bischöfliches Ordinariat, Arbeitsstelle für Zeitgeschichte (BBBOAZ)

Brandenburgisches Landeshauptarchiv, Potsdam (BLHAPo)

Bundesarchiv Militärisches Zwischenarchiv, Potsdam (BAMZPo)

Bundesarchiv Stiftung Parteien und Massenorganisationen, Berlin (BASPMO)

Deutsches Museum München

Historisch-technisches Informationszentrum Peenemünde, Archiv (HTIZPeA)

Interessenverband ehemaliger Teilnehmer am antifaschistischen Widerstand, Verfolgter des Naziregimes und Hinterbliebener e.V. Berlin, Archiv (IVVdNAB)

KZ-Gedenkstätte Mittelbau-Dora, Archiv (KZGDMA)

Museum für Verkehr und Technik Berlin, Archiv (MVTBA)

Polski Zwiazek b. Wiezniow Politycznych Hitlerowskich Wiezien i Obozow Koncentracijnych (PZBWP)

Privatarchiv Harald Tresp, Koserow

Technische Universität Berlin, Hochschularchiv (TUBA)

Interviews und Gespräche mit Zeitzeugen und Wissenschaftlern

Eisfeld, Rainer, Prof. Dr., April 1994

Elzenga, Godfried, April 1994

Galinski, Ruth, August 1994

Krüger, Reinhold, März 1994

Petzold, Walter, August 1994

Saathoff, Joachim, April, August 1994

Steenkerk, Jan, April 1994

Szatanowski, Zbigniew, Oktober 1994

Konferenzen

„Vernichtung durch Fortschritt. Am Beispiel der Raketenproduktion im Konzentrationslager Mittelbau", Tagung der Thüringischen Evangelischen Akademie, 21.–23. 1. 1994, Neudietendorf

„Widerstand in den Konzentrationslagern des Dritten Reiches. Leistungen, Opfer, weiterwirkende Bedeutung", Tagung, 15. bis 16. 4. 1994 in der KZ-Gedenkstätte Mittelbau-Dora

Literaturverzeichnis

Adamsberger, Gerda; Dietzel, Karin: *Soziologische Analyse. Häftlingstransporte von 1944 zum KZ Dora.* Unveröff. Staatsexamensarbeit. Humboldt-Universität Berlin 1968

Agoston, Tom: *Teufel oder Technokrat? Hitlers graue Eminenz.* Berlin, Bonn, Herford 1993

Albring, Werner: *Gorodomlia. Deutsche Raketenforscher in Rußland.* Hamburg, Zürich 1991

Arct, Bohdan: *Polacy w walce z bronia „V" (Die Polen im Kampf mit der „V"-Waffe).* Warszawa 1972

Ast, Jürgen: *Aus der Hölle zu den Sternen.* Fernseh-Dokumentation, MDR 1993

Bartel, Walter: *Zusammenwirken von Monopolen und SS bei der V-Waffen-Produktion.* Weimar/Buchenwald 1976

Barth, Hans: *Hermann Oberth. „Vater der Raumfahrt".* Autorisierte Biographie. München 1991

Bergaust, Erik: *Wernher von Braun. Ein unglaubliches Leben.* Düsseldorf, Wien 1976

Bonifas, Aime: *Häftling 20801. Ein Zeugnis über die faschistischen Konzentrationslager.* Berlin 1968

Buchenwald. Mahnung und Verpflichtung. Berlin 1960

Burakowski, Tadeusz u.a.: *Rakiety bojowe 1900–1970 (Militärische Raketen).* Warszawa 1974

Cabala, Adam: *Upiory tunelu DORA (Die Spukgestalten des Stollens Dora).* Warszawa 1958

Calder, Angus: *The People's War. Britain 1939–1945.* London 1971

Czarnecki, Waclaw u.a.: *Kryptonym DORA. (Deckname DORA).* Warszawa 1973

Dewjatajew, Michail: *Poljot k solnzu (Flug, der Sonne entgegen).* Moskau 1972

Ders.: *Pobeg is ada (Flucht aus der Hölle).* Saransk 1985

Dietrich, Axel: *Peenemünde und die Marine.* Peenemünde 1994

Ders.: *Peenemünde. Geburtsort der Raumfahrt.* Wegweiser durch das Historisch-technische Informationszentrum und Umgebung. 2. Aufl., Peenemünde 1993

Ders.: *Peenemünde im Wandel der Zeit.* 2. Aufl., Peenemünde 1994

Dittmann, Fred u.a.: *Größter Geheimwaffenproduzent des Dritten Reiches. Die Mittelwerk GmbH im Kohnstein bei Nordhausen.* Kelbra/Kyffhäuser 1992

Dornberger, Walter: *V 2 – Der Schuß ins Weltall. Geschichte einer großen Erfindung.* Esslingen 1952

Ders.: *Peenemünde – Die Geschichte der V-Waffen,* unveränd. Ausgabe, Frankfurt, Berlin 1989

30 Jahre 1. Flottille. Hrsg.: Politabteilung des Verbandes Born. Peenemünde 1986

Eisfeld, Rainer: *Die unmenschliche Fabrik: V 2-Produktion und KZ „Mittelbau-Dora".* Nordhausen 1992

Engelmann, Joachim: *Raketen, die den Krieg entscheiden sollten.* Friedberg o.J.

Fiedermann, Angela u.a.: *Das Konzentrationslager „Mittelbau Dora".* Ein historischer Abriß. Berlin, Bonn 1993

Garlicki, Jozef: *Ostatnie bron Hitlera V 1 – V 2 (Hitlers letzte Waffe V 1 und V 2).* London 1977

Golowanow, Jaroslaw: *Koroljow i Fau (Koroljow und die V),* in: Dossier Literaturnaja gazeta Nr. 8/94

Gröttrup, Helmut: *Über Raketen. Allgemeinverständliche Einführung in Physik und Technik der Rakete.* Berlin, Frankfurt, Wien 1959

Gröttrup, Irmgard: *Die Besessenen und die Mächtigen. Im Schatten der Roten Rakete.* Stuttgart 1958

Hahn, Fritz: *Waffen und Geheimwaffen des deutschen Heeres 1933–1945.* Band 2, Koblenz 1987

Hein, Wincenty: *Zaglada wiezniow obozu Mittelbau (DORA) (Die Vernichtung der Häftlinge des Lagers Mittelbau (DORA)),* in: Biuletyn Glownej Komisji Badania Zbrodni Hitlerowskich w Polsce. Band XVI, Warszawa 1967

Hochberg, Stephanie von; Steinle, Holger: *Von der Hölle zu den Sternen. Wernher von Braun, die Entwicklung der Rakete und das Dritte Reich,* in: Ich diente nur der Technik. Sieben Karrieren zwischen 1940 und 1950. Berlin 1995, S. 139ff.

Hölsken, Dieter: *Die V-Waffen. Entwicklung und Einsatzgrundsätze,* in: Militärgeschichtliche Mitteilungen. 2/85, S. 95ff.

Ders.: *Die V-Waffen: Entstehung, Propaganda, Kriegseinsatz.* Stuttgart 1984

Hoffmann, Horst: *Raketenwaffen. Gestern. Heute. Morgen.* Neuenhagen 1962

Holloway, David: *Stalin & the Bomb. The Soviet Union and Atomic Energy.* New Haven & London 1994

Huzel, Dieter: *Von Peenemünde bis Canaveral.* Berlin 1994

Irving, David: *Die Geheimwaffen des Dritten Reiches.* Gütersloh 1965

Jaworska, Janina: *Nie wszystek umre … (Nicht alles stirbt …).* Warszawa 1975

Kisielewski, Wladyslaw: *W walce z V 1 i V 2 (Im Kampf mit der V 1 und V 2).* Warszawa 1975

Klee, Ernst; Merk, Otto: *Damals in Peenemünde. An der Geburtsstätte der Weltraumfahrt.* Oldenburg und Hamburg 1963

Klemke, Christian; Köhler, Manfred: *Alles war möglich … Das KZ Dora und die V-Waffenfabrik.* Video, Sensofilm 1992

Knauft, Wolfgang: *„Fall Stettin" ferngesteuert.* Berlin 1994

Konzeptstudie zur Realisierbarkeit des Raumfahrtparks Peenemünde, ausgearbeitet von Dornier, Deutsche Aerospace, o.O. 1993

Konzentrationslager Buchenwald. Bericht. Buchenwald/Weimar o.J.

Kopenhagen, Wilfried: *Die andere deutsche Luftwaffe.* 2. Aufl., Stuttgart 1994

Kozlowska, Krystyna: *Milczaca Wyrzutnia (Die schweigende Startrampe).* Warszawa 1985

Kraft, Ruth: *Insel ohne Leuchtfeuer.* 3. Aufl., Berlin 1994

Dies.: *Menschen im Gegenwind.* 2. Aufl., Berlin 1994

Kriegstagebuch des Oberkommandos der Wehrmacht. Wehrmachtführungsstab. Band III, Frankfurt/M. 1963; Band IV, Zweiter Halbband, Frankfurt/M. 1961

Kuczynski, Jürgen: *Die Geschichte der Lage der Arbeiter in Deutschland von 1789 bis in die Gegenwart.* Band II, Erster Teil 1933–Mai 1945. Berlin 1953

Kühn, Heinz: *Blutzeugen des Bistums Berlin.* Berlin 1950

Kuhlbrodt, Peter: *„Mittelbau-Dora" bei Nordhausen 1943 bis 1945.* Nordhausen 1991

KZ. Bildbericht aus fünf Konzentrationslagern. Hrsg.: Amerikanisches Kriegsinformationsamt im Auftrag der Alliierten Streitkräfte, o.O. 1945

Liebetrau, *Reinhard: Abriß der Geschichte der 1. Flottille. Marinestützpunkt der Bundeswehr.* Peenemünde 1993

Lill, Rudolf u.a.: *20. Juli. Porträts des Widerstands.* Düsseldorf, Wien 1994

Ludwig, Karl Heinz: *Technik und Ingenieure im Dritten Reich.* Düsseldorf 1974

Mader, Julius: *Das Geheimnis von Huntsville.* Berlin 1963

Magnus, Kurt: *Raketensklaven. Deutsche Forscher hinter rotem Stacheldraht.* Stuttgart 1993

Mahn- und Gedenkstätte Peenemünde-Karlshagen. Hsg.: Bezirksleitung der SED Rostock u.a. Wolgast 1970

McGovern, James: *Spezialisten und Spione.* Gütersloh 1967

Mehl, Hans; Schäfer, Knut: *Die andere deutsche Marine.* Berlin 1992

Middlebrok, Martin: *The Peenemünde Raid. The Night of 17.–18. August 1943.* London 1982

Müller, Wolfgang; Kramer, Reinhard: *Gesunken und verschollen. Menschen- und Schiffsschicksale. Ostsee 1945.* Herford 1994

Nebel, Rudolf: *Raketenflug.* Berlin 1932

Ders.: *Die Narren von Tegel.* Düsseldorf 1972

Neufeld, Michael J.: *Hitler, the V 2 and the Battle for Priority. 1939–1943,* in: The Journal of Military History, Vol. 57, Nr. 3, July 1993, S. 511ff.

Niemeyer-Holstein, Otto: *Lüttenort. Das Bilder-Leben und Bild-Erleben des Malers Otto Niemeyer-Holstein nach seinem Erzählen wiedergegeben von Achim Roscher.* Berlin 1989

Nowarra, Heinz J.: *Die deutsche Luftrüstung 1933–1945.* Band 4. Koblenz 1988

Oberth, Hermann: *Die Rakete zu den Raketenräumen.* Berlin 1923
Ders.: *Wege zur Raumschiffahrt.* München 1929

Pachaly, Ehrhard u.a.: *Konzentrationslager Mittelbau-Dora. Zum antifaschistischen Widerstandskampf im KZ Dora 1943 bis 1945.* Berlin 1992

Polak, Edmund: *Dziennik buchenwaldzki (Buchenwald-Tagebuch).* Warszawa 1983

Pruß, Ursula: *Der „Fall Stettin“,* in: St. Hedwigsblatt. Berlin, 45–50/1984

Raketenpost, Peenemünde. Folge 1 und 2 (1993)

Rebrow, Michail u.a.: *Moskwa – Kosmos. Puteschestvija po kosmitscheskim adressam Moskwy i Podmoskowja. (Moskau – Kosmos. Wanderungen zu kosmischen Adressen Moskaus und des Moskauer Umlandes).* Moskwa 1983

Reinhold, Christine; Reinhold, Hartmut: *Telegramm aus Holland. Erinnerung an Johannes ter Morsche – Ein Kommunist und Widerstandskämpfer,* in: Wolgast-Buch 3. Wolgast 1986,

Rolfs, Peter August (Hrsg.): *Usedom. Die Insel: Ein Heimatbuch und Reiseführer.* Swinemünde 1933, Faksimilenachdruck Husum 1991

Ruland, Bernd: *Wernher von Braun. Mein Leben für die Raumfahrt.* Offenburg 1969

SS im Einsatz. Eine Dokumentation über die Verbrechen der SS. Berlin 1957

Stache, Peter: *Sowjetische Raketen im Dienst von Wissenschaft und Verteidigung.* Berlin 1987

Tresp, Harald u.a.: *17./18. August 1943. Vor 50 Jahren Bomben auf Peenemünde. „Operation Hydra“.* Peenemünde 1993

Ders.: *Peenemünde. Menschen, Technik und ihre Erben.* Illertissen 1992

Tschertok, Boris: *U sowjetskich raketnych triumfow bylo nemezkoje natschalo (Die sowjetischen Raketentriumphe hatten deutsche Wurzeln),* in: Iswestija vom 4. bis 10. März 1992

Wille, Hermann H.: *Die Insel Usedom.* 2. Aufl., Rostock 1954

Wisnewski, Michal: *Polacy w walce z niemiecka bronia V (Polen im Kampf mit der deutschen V-Waffe),* in: Wojskowy Preglad Historyczny, Warszawa 2/66, S. 59–87

Wojewodzki, Michal: *akcja V 1, V 2 (Die Aktion V 1 und V 2). Warszawa 1970,* 3. u. erw. Aufl., Warszawa 1975

Wolff, Waldemar: *Einführung in die Ballistik. Raketen und Raketenballistik.* 2. Aufl., Berlin 1964

Bildnachweis

Archiv Verteidigungsministerium der Russischen Föderation 147, 148, 149, 150, 152

Berlin Document Center 19, 46, 100, 101

Bistum Berlin 56, 62

Bundesarchiv Koblenz 116, 108

Centralne Archiwum Wojskowe (Zentrales Militärarchiv) Warschau 59, 60, 74, 77, 80, 81

Deutsches Museum München 7, 15, 17, 28, 29, 30, 31, 35, 42, 47, 48, 54, 55, 56, 68, 91, 95, 96

Dietrich, Axel 188, 191

Fischer, Angelika 102

Historisch-technisches Informationszentrum Peenemünde 20, 21, 27, 31, 32, 33, 34, 35, 36, 37, 38, 39, 40, 41, 42, 43, 45, 48, 49, 52, 53, 54, 57, 58, 61, 65, 67, 68, 69, 71, 75, 80, 97, 99, 110, 112, 114, 115, 121, 124, 125, 127, 130, 142, 143, 146, 156, 158, 170, 171, 172, 173, 174, 179, 190

Hochschularchiv TU Berlin 14

Imperial War Museum London 60, 111, 113, 117

KZ-Gedenkstätte Mittelbau Dora 86, 88, 89, 90, 92, 93, 137, 138, 139, 141

Militärpressedienst (MPD) Berlin 57, 164, 165, 166, 167, 168, 169

Museum für Verkehr und Technik Berlin 10, 12, 13, 16, 19

Neues Deutschland Bildarchiv Berlin 34, 144, 167

Privat 44, 120

Privatarchiv der Autoren 18, 77, 189

Privatarchiv Hein, Wolgast 180

Privatarchiv Mewes, Berlin 151

Privatarchiv Tresp, Koserow 57, 66

Privatarchiv Wojewodzki, Warschau 109

Privatarchiv Schmalz, Nordhausen 153

Stiftung Archive der Parteien und Massenorganisationen der DDR, Bundesarchiv Berlin 64

Thiel, Christian 9, 21, 23, 45, 51, 61, 63, 67, 70, 73, 76, 81, 85, 87, 102, 103, 104, 119, 123, 135, 147, 152, 155, 157, 158, 159, 160, 161, 171, 175, 177-187, 191, 193

Personenregister

Volkhard Bode

Jahrgang 1944, Ausbildung als Dreher, Studium der Germanistik in Berlin, 1970–1974 Dramaturg beim Deutschen Fernsehfunk, später Redakteur und Reporter beim Berliner Rundfunk, Schwerpunkt Kultur; seit 1991 freier Journalist für Hörfunk und Fachzeitschriften, u.a. mehrere Hörfunksendungen zum Thema Peenemünde.

Gerhard Kaiser

Jahrgang 1933, gelernter Schmied, Studium der Geschichte an der Moskauer Universität, Promotion zum Dr. phil. an der Universität zu Leipzig, 1956–1968 Nationale Volksarmee, Oberstleutnant, bis 1991 soziologische Forschungen für den Deutschen Fernsehfunk, zahlreiche Veröffentlichungen zur deutschen Heeresgeschichte und Militärpolitik; Buchübersetzungen aus dem Russischen und Polnischen. Im Ch. Links Verlag erschienen von ihm bisher: „Katyn – Der Massenmord an polnischen Offizieren" (gemeinsam mit polnischem Ko-Autor), 1991 und „Sperrgebiet – Die geheimen Kommandozentralen in Wünsdorf seit 1871", 1993.

Christian Thiel

Jahrgang 1963, Ausbildung zum Gasmonteur, 1981/85 Gelegenheitsjobs: Platzanweiser im Kino, Gebührenkassierer bei der Post, Krankenwagenfahrer, Tontechniker; seit 1985 autodidaktische Beschäftigung mit Fotografie, 1988/90 Assistent bei Sibylle Bergemann, 1990/92 Assistent bei Prof. Arno Fischer, seit 1992 freier Fotograf, Mitarbeit u.a. an „Sperrgebiet – Die geheimen Kommandozentralen in Wünsdorf seit 1871", Berlin 1993.

Udo Paulitz:

Die letzten Dampfloks der deutschen Bundesbahn

160 Seiten, Format 27,0 x 22,0 cm,
gebunden,
durchgehend farbige Abbildungen
Best.-Nr. 285 528
Sonderausgabe nur DM 24,80

Hans-Joachim Mau
Charles E. Scurrell:

Flugzeugträger – Trägerflugzeuge

288 Seiten, Format 24,5 x 27,5 cm,
gebunden,
farbige und s/w Abbildungen
Best.-Nr. 246 959
Sonderausgabe nur DM 29,80

Frank Gruber
Gerhard Richter:

Das grosse Buch der Eisenbahn

312 Seiten, Format 26,4 x 33,5 cm,
gebunden mit Schutzumschlag,
durchgehend farbige Abbildungen
Best.-Nr. 281 543
Sonderausgabe nur DM 49,80

Siegfried Breyer
Gerhard Koop:

Schlachtschiff Bismarck

144 Seiten, Format 29,5 x 21,0 cm,
gebunden,
durchgehend s/w-Abbildungen
Best.-Nr. 274 019
Sonderausgabe nur DM 19,80

Eberhard Rössler:

Geschichte des deutschen U-Bootbaus

2 Bände, insgesamt 550 Seiten,
Format 21,0 x 25,0 cm,
gebunden mit Schutzumschlag,
durchgehend s/w-Abbildungen,
incl. 11 Faltkarten
Best.-Nr. 265 603
Sonderausgabe nur DM 49,80

Klaus Herrmann:

Ackergiganten – Technik, Geschichte und Geschichten

192 Seiten, Format 21,5 x 27,5 cm,
gebunden,
durchgehend farbige und s/w Abbildungen
Best.-Nr. 313 957
Sonderausgabe nur DM 19,80